◎湖北省社科基金一般项目"论我国法治社会建设中的普法创新"（2021098）资助

◎湖北汽车工业学院博士科研启动基金项目"我国法治社会建设中的普法创新研究"（BK202111）资助

◎湖北汽车工业学院马克思主义学院学术基金资助

◎检察理论与实务研究基地学术基金项目（SYRJ-2021）资助

# 论我国法治社会建设中的普法创新

## 景勤　著

吉林大学出版社

·长春·

**图书在版编目（CIP）数据**

论我国法治社会建设中的普法创新 / 景勤著 .— 长
春：吉林大学出版社，2022.8
ISBN 978-7-5768-0291-7

Ⅰ．①论… Ⅱ．①景… Ⅲ．①社会主义法制－建设－
研究－中国 Ⅳ．① D920.0

中国版本图书馆 CIP 数据核字（2022）第 151700 号

书　　名：论我国法治社会建设中的普法创新
　　　　　LUN WO GUO FAZHI SHEHUI JIANSHE ZHONG DE PUFA CHUANGXIN

作　　者：景　勤　著
策划编辑：邵宇彤
责任编辑：李潇潇
责任校对：高珊珊
装帧设计：优盛文化
出版发行：吉林大学出版社
社　　址：长春市人民大街 4059 号
邮政编码：130021
发行电话：0431-89580028/29/21
网　　址：http://www.jlup.com.cn
电子邮箱：jldxcbs@sina.com
印　　刷：三河市华晨印务有限公司
成品尺寸：170mm×240mm　　16 开
印　　张：12.25
字　　数：213 千字
版　　次：2022 年 8 月第 1 版
印　　次：2022 年 8 月第 1 次
书　　号：ISBN 978-7-5768-0291-7
定　　价：78.00 元

# 序

　　景勤的《论我国法治社会建设中的普法创新》一书出版，我作为导师深感欣慰。她对普法问题的研究是从跟随我做国家社科基金重大专项项目"十八大以来党中央推进法治社会建设重要战略研究"开始的，持续了近四年的时间，在此过程中确立了此方向的选题并顺利完成了博士论文。

　　随着法治社会建设的全面深入推进和"八五"普法规划的展开，我国普法工作有了新的发展和突破。《法治社会建设实施纲要（2020—2025年）》绘制了"信仰法治、公平正义、保障权利、守法诚信、充满活力、和谐有序"的社会主义法治社会蓝图，提出到2025年，要实现"法治观念深入人心，社会领域制度规范更加健全，社会主义核心价值观要求融入法治建设和社会治理成效显著，公民、法人和其他组织合法权益得到切实保障，社会治理法治化水平显著提高"的总体目标。要达成这一目标，必须在更宽广的视野上认识普法教育的发展。法治社会建设中普法工作的系统发展是一项重大的时代命题，目前学界尚缺乏深入研究。本书在明确法治社会建设对普法提出新要求的基础上，依托社会系统理论的基本原理，重塑了普法体系，包括普法目标的深度挖掘、"共建共享"的普法体制建构、国家法规范和社会规则兼具的普法内容遴选、多层次多形式的普法方式创新等。书中的诸多观点，如普法目标需要从培训"守法公民"转向塑造"法治公民"，建立"谁共建谁普法"的责任体系，吸纳社会规则对普法内容进行扩充，将普法融入立法、执法、司法、社会等情景，加强普法指标体系建设等均有新的见解，并契合了普法工作的发展趋势。

值得一提的是，本书在核心观点上充分关注了"共建共治共享"社会治理新格局下的普法工作拓展问题。目前社会力量参与的领域主要集中于立法、司法、重大行政决策等，普法宣传教育中的社会力量参与问题值得深入探索，原"谁执法谁普法"是以政府为主导的普法责任体系，存在一定的结构性局限。本书对此均有回应，并提出了自己的独到见解，我认为这是一部公众参与普法工作的成功作品。

　　景勤的读博之路颇为艰辛，四年中承担着攻读学位、教学工作和生育爱子的三重任务。但她以踏实勤奋、不怕吃苦的韧性一步步走了过来。毕业后，我们时常联系，亦一直关注她的学术发展。期待她能在法治社会建设和普法领域继续深入研究，有更多、更好的作品问世。

　　是为序。

方世荣

2022 年 3 月 27 日

于中南财经政法大学

# 目　录

绪　论 / 001

第一章　法治社会建设：我国普法工作的新使命 / 019

　　第一节　我国现有普法格局的形成 / 019

　　第二节　法治社会建设的提出 / 032

　　第三节　现有普法与法治社会建设要求的

　　　　　　差距及弥补路径考察 / 038

第二章　法治社会建设中普法发展的系统论分析 / 044

　　第一节　社会系统理论的基本原理及其对

　　　　　　普法发展的启示 / 044

　　第二节　社会系统理论视野下的普法定位 / 047

　　第三节　社会系统理论视野下普法的理想形态 / 051

第三章　法治社会建设中普法目标的再定位 / 056

　　第一节　个人层面：法律素质的提升和权利的

　　　　　　高质量享有 / 056

　　第二节　社会层面：法治社会的稳固元素养成 / 065

　　第三节　国家层面：民族伟大复兴的人力资源培育 / 068

第四章　"合作共建"的普法体制转型 / 073

　　第一节　普法格局的共建 / 074
　　第二节　普法责任的系统性共担 / 083

第五章　国家法规范与社会规则兼具的普法内容扩展 / 105

　　第一节　国家法规范的普法内容优化 / 106
　　第二节　社会规范的纳入 / 116
　　第三节　党内法规的选取 / 123

第六章　多层次多形式的普法方式创新 / 132

　　第一节　优化普法资源的合作普法 / 132
　　第二节　情境式普法的新模式 / 137
　　第三节　普法对象与普法方法的合理调适 / 153
　　第四节　以评估推动普法方法的改进 / 159

参考文献 / 167

结　语 / 185

致　谢 / 186

# 绪　论

## 一、选题的理论及现实意义

进入新时代，我国社会主要矛盾为人民日益增长的美好生活需要和不平衡不充分的发展之间的矛盾，美好生活的需要不仅有物质需要，还包括对民主、法治、公平、正义的追求需要。民主、法治、公平、正义是人民对国家和社会法治建设的美好期待。党的十八届四中全会通过的《中共中央关于全面推进依法治国若干重大问题的决定》提出了法治国家、法治政府、法治社会一体建设的全面推进依法治国的总体布局，并提出要实现依法治国的总目标需要坚持人民主体地位，在这个过程中"必须使人民认识到法律既是保障自身权利的有力武器，也是必须遵守的行为规范，增强全社会学法尊法守法用法意识，使法律为人民所掌握、所遵守、所运用"。在法治社会建设部分提出了要推进法治社会建设需要增强全民法治观念。要实现这一目标，前提就是要开展有效的普法工作。普法工作大众已不陌生，自1986年开始，我国的法制宣传教育工作已开展了30多年，每五年为一个阶段，我们已经完成了七次大规模普法，目前正处于"八五"普法开局之年，普法显然已经成为我国法治建设中的常规工作。在三位一体建设中，提出最晚的是法治社会建设，相对来说其涉及面还是最广的，所以建设的时间紧，任务重，审视法治社会建设中的普法，需要更全面更系统地探究。本选题关注法治社会建设中的普法，针对法治社会对普法的新要求及实施体系展开研究，以期为法治社会建设提供工具支持，为普法工作贡献新的视角和方向。本选题具有以下理论和现实意义。

## （一）理论意义

### 1. 丰富社会治理理论内涵

随着社会的变革和转型期矛盾的复杂，我国的社会管理面临诸多挑战，政府一元管理的模式要向社会多元主体转变，西方的治理理念被引入我国，其所倡导的公民参与、权责对等等制度模式被应用到社会生活的多个方面，被发展为共建共治共享的社会治理格局。社会治理理论指导下的治理需要政府职能不断调适和重新定位，也需要培育社会力量参与，实现"协同治理"。目前社会力量参与的领域主要集中于立法、司法、重大行政决策等，普法有利于社会治理的法治化，应是社会治理理论拓展应用的空间。本研究提出并研究了普法社会协同的未来走向，将社会参与领域扩大至法治教育领域：普法主体吸纳国家机关之外的社会主体，普法内容吸取法律规范之外的习惯、道德、宗教、自治等社会规范，构建了从主体到内容的"大普法"的社会参与内核。该协同治理不仅有公众的人力支持，还贡献了内容的输出，是对社会治理理论内涵的丰富。

### 2. 完善普法理论体系

学界关于现有普法体系的研究理论性较弱，大多侧重于从实践出发，针对部分问题提出相应的完善建议。本研究始终着眼于法治社会的建成，在对普法实践加以反思的基础上探索我国法治社会建设普法实现的一般理论，通过整合普法的目标、权责、内容、方法等要素对现有普法体系进行系统性的完善。而该体系中的各要素具有自身的运行逻辑，所以这一体系的完善不仅适用于法治社会建设，而且其各要素还能随着客观环境的变化而不断更新，这也是对普法理论体系的进一步发展。

## （二）现实意义

### 1. 为法治社会建设中普法的具体实施提供解决思路

2035 年建成法治社会是远景目标，普法作为重要的基础性工作，在现有的模式下无法很好地助力，需要探索能够帮助该目标达成的路径。本研究试图寻找相应的可行性方案，从普法的多维目标追求到普法责任主体的扩展、普法内容的遴选、普法方式的改进等均进行了一体化的建构，既具有形而上的理想的找寻，又期待全社会形成一个法治共同体，广大公民既关心自身的权益，又关注共同的利益。同时，兼顾客观现实，提供需要拓展和完善的方向，如以往在普法责任上除了"谁执法谁普法"的提法外，还有"谁主管谁普法""谁用工谁普法"的号召，但都流于口号，没有具体的操作建议，本研究提出的"谁执法谁普法""谁管理谁普法""谁宣教谁普法""谁监护谁普法""谁懂法谁普法"，将其融于现有的客观现实，并在考虑其可能存在的困难基础上提供解决方案。整体解决方案可以促进普法多维度、全面地开展。

### 2. 改造普法者和普法对象的沟通模式，加强普法的人文关怀

普法效果如何，关键在于受众的主观认识，公众在理性的认识下自动选择尊法、守法、学法、用法就达到了普法的目的。以往的普法活动虽然也在不断探索适宜公众接受的模式，但侧重形式的多样性，法治教育的核心目的是内容的输出得到有效接收，只有精准把握了受众的需求，选取适宜的内容并通过能够被感知的方式潜移默化地对大众的意识形成产生影响，才能收到好的效果。本研究以国家法律规范、社会规范、党内法规等规则为内容，以人为本，侧重于与大众的日常生活紧密契合，并通过情景式的方式，将法治知识的展示融入立法、司法、执法、社会的各个情境中，让公众在体验中汲取法治的营养，而非通过灌输，更突显了提供普法这种公共服务的人文关怀。

## 二、国内外研究现状述评

### （一）国内研究现状

本研究建立在对法治社会建设和普法两个领域的知识认知基础之上。

### 1. 法治社会建设的国内研究现状

从现有资料来看，在党的十八届三中全会提出法治国家、法治政府、法治社会的三位一体建设之前，法治社会基本上与法治国家、依法治国等概念混用，没有进行细化的区分，指涉范围广，相关研究不具有直接针对性。法治社会作为单独的法治建设领域后，学界尚未出现专门针对法治社会建设的理论专著，在对期刊论文进行梳理后发现，目前对法治社会建设的研究主要涉及法治社会的内涵和特征、法治社会建设与其他建设的关系、法治社会建

设的路径等基本问题。

（1）法治社会的内涵和特征。

江必新、王红霞（《法治社会建设论纲》）从制度、心理、秩序三个方面对法治社会的基本内容进行了框架性的描述，将法治社会的特性概括为两点：一是法治的融贯性，二是社会的共治性。史丕功、任建华（《法治社会建设的价值选择及主要路径》）认为法治社会应当具有完善有效的法律体系，社会各领域可以进行规范管理，所有社会主体都能以法律为指南，社会自治广泛有序开展。张文显（《全面推进依法治国的伟大纲领——对十八届四中全会精神的认知与解读》）认为法治社会的基本标志是：一是党和政府依法治理社会，二是社会依法自治，三是全体人民自觉守法。蒋晓伟（《论中国特色的法治社会》）认为具有中国特色的法治社会是以"民主"与"和谐"为基本特征的社会，可实现崇德与法治、自觉与自治、传统与现代、一元与多元相统一。其有制度、机制、社群、规则四大基本要素：确立社会管理最重要的主体是广大市民和村民的体制、各种社会自治组织形成自我发展、堪任社会管理职责、在公民意识主导下公民勇于担当、构建中国特色法治社会的规则体系。张鸣起（《论一体建设法治社会》）结合学界的研究成果和实践需求，将法治社会定义为："相对于法治国家、法治政府而言的，是指全部社会生活的民主化、法治化，简单讲就是将社会权力和社会成员的行为纳入法治轨道的一种社会类型。"认为法治社会具有5个基本特征：全社会恪守法治的基本价值和精神、国家正式规则（法律法规）与无形规则（自治规则、习惯等）之间具有融贯性（与江必新、王红霞观点一致）、党和政府依法治理社会、社会自治的法治化水平明显提升、法律服务体系完备。陈柏峰（《法治社会的辨识性指标》）从具体化、可操作化出发，列出了法治社会4个辨识性指标：公众有序参与社会治理、良性的物质文化生活秩序、基本公共服务资源的供求平衡、社会组织的行为空间恰当。

（2）法治社会建设与其他建设的关系。

围绕法治社会建设与其他法治相关建设的区分问题展开研究，姜明安（《论法治国家、法治政府、法治社会建设的相互关系》）认为法治国家、法治政府、法治社会三个概念一同使用时，分别侧重于国家公权力的法治化、国家行政权行使的法治化、政党和其他社会共同体行使社会公权力的法治化。法治国家建设是法治政府建设的前提，是法治社会建设的基础，法治政府建设是法治国家建设的关键，是法治社会建设的保障，法治社会建设是法治国家建设的条件，是法治政府建设的目标。莫于川（《法治国家、法治政府、法治社会一体建设的标准问题研究——兼论我国法制良善化、精细化发展的时代任务》）从法治一体建设的标准角度分析了法治国家、法治政府、法治社会各自的基本侧重。郭道晖（《论法治社会及其与法治国家的关系》）分析了法治社会与法治国家、公民社会、和谐社会的关系。庞正（《法治社会和社会治理：理论定位与关系厘清》）针对法治社会和社会治理的关系展开研究。

（3）法治社会建设的路径。

本部分的研究建立在对国家方针政策的掌握及社会领域法治建设的追求等基础上，喻中（《法治社会建设在现阶段的任务》）认为法治社会建设现阶段"应当着眼于对我国社会管理机制与社会事业发展的有效推进，应当着眼于促进整个社会的经济发展水平与整个社会的民生发展水平，应当实现全体社会成员均衡发展与引导全体社会成员遵守法律"。孙文凯从社会主体的"政治人、经济人、法律人"三个层次论证了法治社会的"社会"追求，即法律规范与限制权力、保障权利与依法行政、法律意识与遵守法律。张鸣起（《论一体建设法治社会》）认为建设法治社会应以坚持党的领导、政府主导与社会共治结合、培育和增强公民的法治信仰和法治观念、形成政社分开、权责明确、依法自治的现代社会组织体制和多元融贯的规则体系。方世荣（《论我国法治社会建设的整体布局及战略举措》）认为法治社会应包括本体性建设和关联性建设。本体性建设通过社会治理方式法治化、法治社会全方位建设、各方主体协同共治落实，关联性建设需要依法从严治党引领法治社会建设、法治政府与法治社会一体建设、法治社会与道德社会融通建设整体推进。陈柏峰（《法治社会的辨识性指标》）认为法治社会建设应以引导公众有序参与社会治理、维护良性的物质文化生活秩序、调适基本公共服务资源的供求、界定社会组织的适当行为空间为目标指引。李瑜青（《"法治社会"概念的历史演绎及文化意蕴》）对法治社会概念的历史演绎及文化意蕴展开研究。除此之外，还有学者聚焦于法治社会建设中某一特殊领域的建设研究，如石佑启、黄喆（《论法治社会建设中的软法之治》）关注法治社会的软法建设，李林（《建设法治社会应推进全民守法》）关注法治社会的守法建设，谭玮、郑方辉（《法治社会指数：评价主体与指标体系》）关注法治社会的评价体系建设等。

2. 普法的国内研究现状

国内普法研究起步于普法教育的实施，从"一五"普法到"七五"普法，对普法的相关研究呈逐年上升的趋势，其是法治建设相关研究的基础关注领域。目前已发表了大量论著，涵盖了法学、社会学、教育学、传播学等多个学科。以下根据本文的研究主旨，重点梳理有关普法性质的研究、普法价值功能的研究、普法实施状况的研究、普法制度建设的研究以及针对特殊群体的普法研究。

（1）普法性质的研究。

普法性质的研究不同学科有不同的侧重方向：从法学的角度，将普法视为政治动员、社会控制的形式，如冯象（《木腿正义——关于法律与文学》）认为法治是处于主导地位的意识形态，苏力（《法治及其本土资源》）认为法律知识和意识是权力运作的载体，凌斌（《普法、法盲与法治》）在冯象和苏力的基础上进一步阐释了通过普法的"教化""规训"，现代法制才得以确立统治地位，许章润（《普法运动》）认为普法是建构"法律共同体"的政治动员，李一宁（《"以法为教"：普法中的知识／权力关系》）把普法视为社会动员和社会控制形式，李振宇（《试析法律传播学研究》）从传播学角度，普法就是一种法律信息传播的过程，法律传播被视为交叉学科，主要对法律传播现象展开研究，侧重于研究法律信息的传递过程、活动特点、传播规律等，郑杭生（《试论公民意识教育的基本内涵——从政治学、社会学的视角看》）从思想政治教育的角度，将普法视为公民教育的内容，如公民意识的基础内容是民主、法治，公民教育体现在政治教育、民主法治教育等方面。

（2）普法价值功能的研究。

普法的价值功能研究是对普法意义的深层认识，学界的研究以肯定普法具有重要意义和价值为主，如王学栋（《普法教育与公民法律观念现代化》）阐释了普法教育在法律观念现代化中的作用及改善方法。宋方青（《普法教育与法治》）认为普法教育的最终目的是使受教育者具有较高的法律意识，养成守法的品质，守法的品质主要包括法律知识、法律观念和守法行为的方式等方面。李刈（《论普法教育的法治意义》）看到了普法教育具有的法治意义，是法治建设的重要基础性工程、终极目标是让受教育者养成守法的品质。汪太贤《从"受体"的立场与视角看"普法"的限度》）认为"普法"架起了法律走进公民生活的桥梁。夏丹波（《公民法治意识之生成》）认为普法过程就是公民法治意识生成的过程。许章润（《普法运动》）自上而下的"普法运动"，凝练了中国公民理想的内涵，关于美好人世的愿景。也有学者对普法的价值持怀疑态度，如季卫东（《普法随潭》）认为普法出现了形式与实质的悖论、普法与上访的悖论、政府普法和国家权力悖论、非制度化与制度功能发挥的悖论等。宋晓（《普法的悖论》）认为普法是功利主义和中国传统法家的"杰作"，存在意识、目的、知识的悖论，不利于法治的发展。

（3）普法实施状况的研究。

从普法实施状况角度的研究主要侧重于寻找普法效果不足的深层原因，包括因中国传统法律文化与法治文化之间的差异造成，如中国传统法律文化把权和利割裂让人畏惧法律，重"刑"轻"民"妨碍社会公平、等价、民主观念的形成，片面强调法的阶级属性和工具性，妨碍"法律面前人人平等"观念的形成（张坤世《普法热中的冷思考——以法律文化为视角》）；对普法目的、功能的认知偏差造成，如普法是具有重大意义的工程，却陷入低层次的误区，普法只是法律教育而非法治理念的灌输，只囿于法律概念、条文的形式化了解，法律常识问答，且带有应付形式、完成任务的迹象，这无助于了解法治的真谛，应以培植法治信仰为目的的法治教育（王佐龙《论法治信仰》），只有将普法看作一种特定的、实现意识形态"社会黏合"功能的方式方法，"守法"才能真正实现（吕明《在普法与守法之间——基于意识形态"社会黏合"功能的意义探究》）；对普法作用的高估造成职责不明，权限不清，工作起来缺乏力度，如普法只起到桥梁作用，再精细的设计，也是局限在普法者的视角与立场上（汪太贤《从"受体"的立场与视角看"普法"的限度》），加之有些部门有法不依，执法不严（王金增《论加强我国普法教育的重要性和必要性》）；普法的方式方法存在问题，如普法宣传缺乏亲和力（王金增《论加强我国普法教育的重要性和必要性》）。普法存在普法之"体"不足和普法之"道"乏力的困境。普法之"体"不足表现为民主立法不足致使所普之法缺乏民意基础，司法不公对普法的致命消解以及执法者不守法严重败坏法律形象。普法之"道"乏力体现为普法流于形式、被动普法及普法中"供体"与"受体"缺乏互动（付子堂、肖武《普法的逻辑展开——基于30年普法活动的反思与展望》）。2015年随着"谁执法谁普法"责任制的确立，普法实施状况的分析包括了"谁执法谁普法"的普法责任制在实践中存在的问题，如胡向东（《关于实行国家机关"谁执法谁普法"责任制的实践与思考》）认为责任主体不明确、执法普法的界定有误区、执法与普法缺乏有效衔接、无配套保障机制。何登辉（《国家机关"谁执法谁普法"责任制实施问题及出路》）认为普法责任制存在主体责任不明确，相关工作机制不完善（联席会议制度、督查考核制度、第三方评估制度、以案释法制度），普法工作的人、财、物保障不到位，普法责任主体之间联动不紧密（各自为政，单打独斗，没有形成合力），普法的方式创新不足，实效性不足等问题；朱莹（《推行国家机关"谁执法谁普法"普法责任制的实践与思考——以江苏省泰州市为例》）认为普法产品和服务和供给不匹配，普法活动场面热闹，效果有限。除了不足外，也不乏从实践中的优良经验出发进行的研究，如何登辉（《国家机关"谁执法谁普法"责任制实施问题及出路》）介绍了安徽省在"谁普法谁执法"责任制实施方面三个可供借鉴的经验，如负责人高度重视、会议制度（工作部署总结会议、成员单位例会、普法联络员会议）、考核制度以及江苏省可供借鉴的经验，即具有明确性和可操作性的规划、注重普法和法治实践相结合、优化评估制度等。朱莹（《推行国家机关"谁执法谁普法"普法责任制的实践与思考——以江苏省泰州市为例》）介绍了江苏省泰州市的做法：出台普法责任清单，将主体范围扩大至"谁主管谁普法、谁服务谁普法"，标准化推进"法治大讲堂"、常态化推进"以案释法"、制度化推进"媒体公益普法"，定好绩效管理"风向标"等。

（4）普法制度建设的研究。

与普法制度建设相关的研究主要是探索推动普法实践发展的方式方法。主要包括以下方法：如严励（《法制宣传的理性思考》）对法制教育进行理性思考，认为要积极宣传公民的权利、正确处理普法宣传的内容和形式的关系，还提出了制定法制宣传条例这一至今仍具有现实意义的思路（亦有其他研究者呼吁对法制宣传进行立法，如宋方青），要正确处理普法与依法治理的关系，由普及法律常识的一般性教育转向依法治理，这与今天法治社会建设中倡导的社会要依法治理契合，其依法治理重在规范政府行为。张坤世（《普法热中的冷思考——以法律文化为视角》）注意到普法热背后，人们的法律意识距法治社会的前景和市场经济的要求还很远，在社会生活中还远未体现出它应有的权威。究其原因是需要着重授权性法律规范的宣传、民法的宣传、对法的公正性和平等性的宣传。彭拴莲（《法律教育，还是法治教育？》2004）认为应将最浅显的法治的理念、法律的精髓和实质告诉民众，传授给民众。凌斌（《普法、法盲与法治》）认为普法者和普法对象之间不是简单的服从与被服从关系，必须尊重和体现公民的主体地位和能动性，走群众路线，反对与国情脱离的模式和法治精英主义，建立新的法理学，与此类似的还有在普法者和普法对象之间建立良性有效的互动机制（吕明《在普法与守法之间——基于意识形态"社会黏合"功能的意义探究》）。王双群、余仰涛（《法治教育与德治教育的关系研究》）提出用德治教育来补充、促进、辅助法治教育的实现。庹继光、李缨（《法律传播导论》）将法学与传播学相结合，为法律传播提供指导。夏雨（《法治的传播之维》）在研究中国的法治建构基础上，明确了政治领袖、执政党、法律知识分子应承担的法治传播使命以及新闻报道在法治传播中的作用、存在的问题及对策。张光东（《法制宣传教育全覆盖的理论与实践》）从目标、平台、内容、方法等方面对法制宣传教育进行了整体性的构建。付子堂、肖武（《普法的逻辑展开——基于30年普法活动的反思与展望》）认为应在科学定位普法地位的基础上，通过科学立法、严格执法和公正司法着力改善普法之"体"，以严格落实普法责任制、破除普法形式主义、加大对重点对象的普法力度以及推动"互联网+法治宣传"行动等方式优化普法之"道"，通过普法之"体"的改善和普法之"道"的优化推动普法的良善发展。随着科技的发展，有学者设想将人工智能、大数据技术引入普法，如魏志荣、李先涛（《大数据环境下网络普法模式创新研究——基于需求与供给的视角》）提出通过大数据的"精准普法"，付镇铖（《人工智能普法传播模式创新研究》）认为可以通过人工智能普法传播模式实现"精准化普法"。

近年来，依托普法责任制的发展，普法制度的完善较多地围绕普法责任制展开，如闫友森（《强化普法责任制的三种责任》）认为要强化普法责任制的主体责任、督导责任、社会责任，有权责明晰、齐抓共管的普法组织体系、覆盖全局、统筹推进的普法运行体系，有全民参与、共建共享的普法促进体系（全社会的参与被很多研究者提出，如劳泓、朱莹、王正航等）。胡向东（《关于实行国家机关"谁执法谁普法"责任制的实践与思考》）认为要加快立法顶层设计、厘清实施主体、完善运行机制、加大执法普法工作创新。杨伟东（《落实"谁执法谁普法"，推动普法转型升级》）认为普法由"独唱"变为"合唱"，执法者需要具备普法的素质，做守法模范，还要转变观念，把执法由单向过程变为双向交流、互动过程，制定科学的考核标准，并纳入法治建设评估体系。齐红英（《"谁执法谁普法"责任制的探索与思考》）提出要健全以主体责任、督导责任、社会责任为主的普法责任体系、建立常态化普法机制、加大普法方法的创新（如借助新媒体、创新以案释法等）。何登辉（《国家机关"谁执法谁普法"责任制实施问题及出路》）设计了普法责任制的实施路径，以属地与条线相结合、普法宣传与法治实践相结合、日常宣传和集中宣传相结合为基本原则。转变普法是司法行政部门的职责、是"可为可不为"的"副业"的观念，从消极被动转向积极主动。建立有效的运行机制（明确的实施主体、系统科学的责任制规划、健全工作制度、科学公正的考评机制、落实责任追究），同时有配套制度，如组织协调、人员参与、经费支持制度，确保工作机制有效运行。创新普法方式，运用"互联网+"思维，推广新媒体普法、公益普法、以案释法、交互式普法，引进社会组织参与普法，加强理论研究等。黄丽云（《普法宣传工作论纲》）认为政府在普法中应承担目标设计、组织实施、量化考核等功能。

（5）针对特殊群体的普法研究。

针对特殊群体的普法研究，主要聚焦青少年、农民、少数民族等群体。青少年一直是我国普法的重点对象，在特殊群体普法里研究成果最多，包括大学生群体的普法教育研究，如张德广（《法治教育中法治型人格的培养》）认为对大学生进行法治教育，应该在对法治型人格进行科学界定的基础上，通过将法律知识内化为法律意识、外化为法律行为来塑造大学生法治型人格。彭拴莲（《法律教育，还是法治教育？》）提出高校法律教育应转向法治教育，改变片面的教育守法的认识，着眼于法治社会建设（该"法治社会"还未与"法治国家"和"法治政府"区分）需要，提高大学生法治素养、承担法治建设使命；针对中小学生的普法教育研究，如康树华等（《我国青少年法制教育的完善》）总结了青少年法治教育存在的主要问题：相关知识的教育不应纳入思想政治课、法制课未受重视、缺乏统一规范的教材、缺少专业的教师、教育形式较单一等。需要把法制课独立，法制教育工作制度化，提高师资水平，建立督导评估考核制度，规范教材和教育形式，构筑由学校、家庭和社会共担责任的"三位一体"教育网络等。秦晓峰（《中学法治教育存在的问题及对策研究》）认为中学的法治教育在课程设置、教育内容、教育方式和师资力量上都严重不足。应以培养法治意识为目标、改革课程设置和教学内容、丰富教育方式、强化师资力量。2016年《青少年法治教育大纲》发布后针对中小学、大学生的法治教育的研究增多，如江必新（《青少年法治教育需要进行"五个转变"——兼评〈中小学法治教育读本〉》）认为做好青少年普法工作需要在认识上做出以下转变：从定位于一般的普法活动到现代国民教育的重要内容、目标从简单传授法律知识到系统培养法治素养，方式上从分散式法治教育到系统完整的法治教育体系，模式上从单一式学校教育到学校、社会、教育、自我四位一体的综合教育模式，效果上从学法懂法与用法守法负相关到二者正相关。李红玲（《当代大学生法治思维培育研究》）对当代大学生法治思维培育展开研究。相对于青少年群体，针对农民、少数民族的普法研究数量偏少，王平（《电视法制信息传播与农民法律意识培育研究——以江苏睢宁农村为例》）选取江苏睢宁农村为例，将电视法制信息传播和农民法律意识培育结合进行研究。董光鹏（《法律意识培育进程中农民工普法的路径探究》）对农民工的普法路径探究，吕朝辉、李敬（《边疆少数民族法治文化认同：问题呈现与生成之道——以云南省为例》）从少数民族在法治文化认同上存在法律供给不足、经济发展滞后、法治观念淡薄、法治建设不力等问题出发提出应对之策，如应完善其法律体系，进行具有民族特色的法律宣传、保证司法的公正和执法的严格并发挥法治文化的作用。

### （二）国外研究现状

普法并非我国特有，世界上很多国家开展法律（法治）教育或公民教育活动。国外相关的法学研究主要从法理学、法社会学角度展开。涉及法治教育的目标、法治教育的参与主体、法治教育的方式等。

#### 1. 与法治教育目标相关的研究

普莱特（Pratte）认为，公民教育是体会认识共同生活所需建立的规则，了解遵守规范的原因，不依赖外力逼迫，主动遵守。小蒂莫西·H在《法律教育介绍》中认为法律教育的目标是：公民道德教育、预防犯罪、生存教育和养成批判性思维，法律教育在社会科学课程中具有重要地位。德国教育家凯兴斯坦纳（瞿保奎：《教育学文集》）认为对公民的教育应达到把获得的知识应用于自我控制、正义和履行义务的实践中，过有强烈个人责任感的明智生活。马克·范·胡克认为法律只有得到了所适用的社会中的普遍接受才能实现社会学上的制度化（见马克·范·胡克《法律的沟通之维》，孙国栋译）。哈特认为规则被人接受且能以此指引自己的行动、判断他人的行为是规则的内在方面（哈特《法律的概念》，张文显译）。

#### 2. 与法治教育参与主体相关的研究

法治教育法参与主体包括法治教育承担主体和受教育对象。承担主体主要涉及政府、学校、民间组织等研究，如法治教育在美国称为 Law-related Education（法律相关教育），由美国经济机会办公室（OEO）、美国律师协会（ABA）、美国法学院协会（AALS）、教育工作者等负责（Jond. Whitler）。公立学校是教育公民树立民主责任感的最佳场所（Butts）。有学者在调查大学法律教育发展历史的基础上，提出高等教育应该发挥振兴公共教育的社会责任，创建公共法学院为法律相关教育服务（Neal. 等）。美国佛罗里达州律师协会成立了法律教育委员会（Law Related Education Committee）

来推广公民教育，该委员会下设模拟法庭和模拟审判小组委员会、法律教育协会（FLREA）、法律指导小组委员会等，法律教育协会有明确的责任。21世纪，法律教育和法学院在培训律师从事公益业务方面被认为应发挥作用（James A 等）。法治教育的对象不同国家有所区别，但学生一般都被视为基本对象，如美国在20世纪就将穷人、中产阶级、学生作为法律教育的重点对象。英国对有特定需求的人提供教育服务，如知识、咨询、交流等，使其理解自己的权利和责任。加拿大，20世纪60年代就开始了针对学生和新获得加拿大公民身份的人开展的法治教育，称为 Public Legal Education（PLE）。

### 3. 与法治教育方式相关的研究

西方国家很重视法治教育的实践，在实践中使用多种方法展开教育活动。例如，加拿大出版了丰富的公众法律教育书籍，大部分免费向公众提供，且这些书籍与日常生活学习相关，如针对房屋租赁编制法律指南以及与遗嘱相关的法律知识、产权相关知识等。图书馆馆员在加拿大公共法学教育的历史与发展中也起到了重要作用并产生了影响（Wurmann Kirsten）。美国通过出版专刊研究法治教育，以集中法律教育相关资源供教师利用，便于将法律教育注入课堂。美国出版有法律教育相关的文集，其中包括法律相关教育背后的原因研究、法律相关教育的项目介绍、法制节目的报道、法制竞赛文章、法律相关教育的课程特点、为教师和学生提供书籍、视听材料和参考书目等相关资源的目录（ATSS/UFT Journal）。汇总法律相关教育的最新情况，提供广泛的法律问题的背景信息和法律相关教育的教学策略。通过法院最新动态和国会最新动态提供最高法院和其他联邦法院案件判决和美国国会活动的最新信息。提出课堂讨论、合作学习和角色扮演等教学方法。美国法律指导小组委员会还会编写《成人法律指南》（*Legal Guide for New Adults*），该协会还为佛罗里达州各地的学生提供法律教育项目，主题包括正义教育和志愿者活动。协助律师和法官走进课堂，支持中学的法律教育活动，如在模拟法庭竞赛中担任教练员、裁判员来推动模拟法庭比赛项目，带动更多人参与比赛。美国特别重视律师在法律相关教育中的重要作用，认为法律教育是律师应该履行的公共职责，应以身作则，对公众进行法律教育。律师的案例教学法亦成为美国法律教育的教学方法（Hanson，Robert L）。英国还对法律教育的对象进行分类，如以年龄、性别、宗教信仰等来划分，进行有针对性的目标和内容设计，另将法律教育纳入中小学和大学教育中。2004 年英国咨询服务联盟（ASA）、公民基金会（CF）、法律行动小组（LAG）共同对英国公民的法律教育状况进行了调查研究，显示大多数人不知道如何将法律用于自身利益的维护，只在遇到麻烦时才想起法律，所以在遇到诉讼时就显得无能为力。2018 年英国下议院成立了公共法律教育小组，以推广对公民的法律教育，包括基本的民事权利和刑事权利。英国比较重视律师在法律教育中的重要作用，鼓励律师参与学校的活动，激励年轻人从事法律的职业，同时帮助教师提升能力，让公民教育更具吸引力。法律教育是一个注重教育内容进而提升应用能力的教育过程，英国和澳洲的学者在2015 年做过一项调查，认为虽然在过去十年中，互联网具有作为公共法律教育（PLE）工具的潜力，在人们面临民事司法问题寻找解决策略时扮演着越来越重要的角色，但接触在线法律信息并不直接等同于掌握权力知识或懂得如何处理民事司法问题。互联网在这方面的效用继续受到所提供信息的质量以及公众以有意义的方式使用和应用信息能力的限制。在法律教育的形式上，国外也注重形式的创新，如运用戏剧进行普法教育（Thomas Lorna）、研发普法教育的手机 APP（英国有的大学法学院或民间社会组织开始让学生参与跨学科项目，开发手机应用程序，为公众提供免费的法律信息和指导），让学生利用科技知识和学科知识，增进公共利益（Hugh McFaul 等）。

### （三）研究现状评价

综观目前国内外的现有研究成果，关于法治社会建设的研究，目前总体上处于起步阶段，虽有共识性的观点形成，但还没有共识性的体系建构，加之国家层面的法治社会建设相关设计才落地，学界对其进行的研究需要不断深入。有关普法的研究已经从不同学科、不同领域、不同层次和不同角度展开大量研究，取得了丰硕的成果，形成了丰富多样的理论观点、实践经验、研究方法和制度模式。这为继续深入研究法治社会建设中的普法提供了充实的理论基础、实践材料、启发性思路以及研究方法借鉴。

然而，随着法治社会建设的深入展开，对普法工作提出了新的要求，针对法治社会建设方面的普法研究寥寥无几，存在着一些空缺需要填补，这主要集中于以下几个方面：

（1）现有研究尚未回答法治社会与普法的关系这一基本问题。"三位一体"建设中，普法工作集中于法治社会建设领域，然而现有普法的相关研究置于依法治国的基础背景中。国家对法治社会建设的详细部署肇始于 2020年 12 月中共中央印发的《法治社会建设实施纲要（2020—2025 年）》开启了法治社会全面建设的新篇章。随着法治社会建设目标和路径由理论的研究和设想向实践转化，普法研究应找准法治社会建设的着力点，对二者的关系展开研究，这关系到普法未来的定位和发展走向。

（2）现有研究成果将普法的价值功能局限于法律意识的提高和守法品质的养成。这没有突破从普法者视角审视的局限性，以国家利益、公共利益至上为价值选择，缺乏社会视角和个人视角。对普法价值功能的发掘不够系统，尚未形成对普法多重功能的认识，不利于全面正确认识普法并在今后充分发挥其重要功能。

（3）对普法责任主体的研究集中于行政机关，以"谁执法谁普法"的普法责任制为中心。对普法责任制的内涵还未形成统一的学术共识，实践中由于缺乏统一指导，各地区、各部门出现了执行上的差异。对社会主体参与普法尚没有细致研究，缺乏参与主体的梳理、责任的划定、方式的选择等相关研究。

（4）缺乏对普法内容的系统化研究。普法内容与普法主体、普法形式密切相关，内容的选取和编排直接影响普法的效果，加之法治社会建设中的普法在内容侧重上会有新的变化，需要对其进行分类梳理和研究。

（5）现有研究在普法方法上追求创新，其中不乏利用人工智能、大数据等适应科技发展潮流的方式方法，但没有从根本上突破形式的追求，也无法影响普法环境，在效果的推动上发挥的作用不大。这需要在研究上找到新的突破口，将普法和环境融合，进而对公民产生持续的、潜移默化的信息刺激。

总之，法治社会建设中的普法尚有许多新的研究课题，本研究力图在现有研究的基础上，针对上述不足进行一些弥补和推进，对法治社会建设中的普法进行基本的体系建构。

### 三、主要内容及基本思路

全书共分为六章。第一章法治社会建设：我国普法工作的新使命。是对普法所处宏观历史背景的介绍，通过系统梳理我国普法发展历程，发现普法自诞生时就承担着回应现实需求的使命，为法治社会建设服务是普法新的时代使命。通过对一系列政策文件的相关设计及实践观察，目前普法基本形成了自身的制度格局。在论证普法今后的工作中心在于服务法治社会建设后，罗列了普法应回应法治社会建设的新要求。现有普法与法治社会建设要求存在差距，需要进行系统性的弥补，即普法目标需要从偏重守法向多维追求延伸，普法体制需要从政府包揽向全社会参与扩展，普法内容需要从法律规范向社会规范拓宽，普法方式需要从单向普法向普法互动改进，普法效益需要从短期效果的追求到长远效益的谋划。

第二章法治社会建设中普法发展的系统论分析。介绍了普法的未来发展可从社会系统理论中得到启示，在卢曼的社会系统理论中，社会系统是由功能系统构成、系统具有自我创生性，这两项基本原则可以指导普法反思自己的社会系统定位、解析普法发展的路径。基于卢曼社会系统理论中系统的不断分化性，可将普法视为法律系统的子系统，法律系统的其他子系统——立法子系统、执法子系统、司法子系统是其环境。普法可以与环境进行沟通：立法系统可与普法的内容、责任、方式进行沟通；执法系统和司法系统均可与普法的责任、方式进行沟通。社会系统理论视野下普法要达到理想形态，需要自我创生，建立起有明确目标指引、权责分配清晰、内容遴选完善并有丰富方法进行调适的普法系统，以适应法治社会建设。以上建设路径一一对应第三章至第六章的内容。

第三章法治社会建设普法目标的再定位。本章对普法目标进行挖掘，层层深入。首先，个人层面，普法应立足于提升公民的法律素质，推动权利的高质量享有。其中，公民法律素质的提升需要将培养守法公民转向塑造法治公民，法治公民的塑造应从法治意识的形成、法治行为能力的培养、法治传播习惯的养成三个方面进行。法治教育是一项终身教育工程，应将普法上升至全民受教育权的实现高度来建设。法治社会状态下，规则作用于生活、工作的方方面面，没有规则知识，就容易在日常行为和交往中碰壁，生存和发展亦会受到影响，应将普法视为个体生存权、发展权的保障。其次，社会层面，普法要让作为社会细胞构成的公民成为法治社会的稳固元素，需要重点从交往理性的培养、社会成本的控制、法治文化氛围的形成等方面认识普法应发挥的作用。最后，上升至国家层面，普法要为民族的伟大复兴培育人力资源，普法目标需要立足于将规则意识向国际化方向提升，助力法治强国建设。

第四章"合作共建"的普法体制转型。本章从社会治理的全民参与出发，打破主要依靠行政机关普法的格局。进一步完善党委对普法工作的领导、发挥人大的普法职责和监督作用、推进政府普法的多样化发展、施行社会主体的广泛参与。建立共同而有区别的"第三代"普法责任体系——"谁共建谁普法"，具体包括"谁执法谁普法"（国家承担主导性的普法责任），"谁管理谁普法"（社会组织承担协同性的普法责任），"谁宣教谁普法"（宣传机构和学校承担本职性的普法责任），"谁监护谁普法"（家庭承担补充性的普法责任），"谁懂法谁普法"（特定社会个体承担配合性的普法责任）。

第五章国家法规范和社会规则兼具的普法内容扩展。党内法规体系纳入"中国特色社会主义法治体系"打破了法治就是依据法律而治的固有印象。坚持法治、德治、自治相结合是《法治社会建设实施纲要（2020—2025年）》确立的法治社会建设的主要原则之一。"七五"普法中也提及要发挥市民公约、乡规民约、行业规章、团体章程等社会规范在社会治理中的积极作用，深入学习宣传党内法规。以上倡导释放了明确信号，即在法治社会建设中发挥规范作用的不仅有法律规范，还应挖掘更多有益于社会治理的其他规范。法治社会建设的"大普法"格局不仅要体现在普法主体的拓展上，还应体现在内容的扩展上，即普法在对国家法规范的内容进行优化的基础上，将民间良好习惯、公德伦理规范、有益宗教规范、自治规范等社会规范以及党内法规作为法治社会的治理规则，纳入"大普法"格局。

第六章多层次多形式的普法方式创新。本章描述了合作普法的三种机制：普法机关内部合作机制、普法的社会资源整合利用机制、通过政府购买提供普法服务机制。分别从立法、执法、司法、社会几大模块展示了情境式普法的方法。提出应对普法对象进行基本的类型化区分，寻找适合每类对象的重点方法以提高普法效率、保障普法公平。另外，随着法治社会建设中普法格局的新调整，应更新普法工作的评估标准，通过评估来推动普法工作的改进，以评促建。

## 四、研究方法

### （一）文献分析法

对党的方针政策、宪法法律、规章、地方性法规等中涉及普法、法制（治）教育等相关的文本进行系统整理，梳理目前我国普法的工作逻辑，全面掌握现行规范和规划指导存在的不足。广泛收集学理研究的既有成果，梳理涉及普法、法制（治）教育、社会治理、软法、公众心理、供需关系等相关研究文献，提炼理论和观点，总结不足，在现有研究成果的基础上进行进一步的分析、研究。

### （二）比较分析法

长期以来我国法治宣传教育的对象重点都是领导干部和青少年，且国家宏观规划上法治政府建设的起步早于法治社会建设，传统的普法工作宏观规划和具体实施的侧重点都是自上而下的"权力"式开展，目前法治社会建设作为"三位一体"建设的重要部分对普法的要求不同，需要将法治建设中的普法与传统的普法进行比较分析，在肯定传统普法模式的优秀实践经验基础上，探索适合法治社会建设的特有普法模式，需要通过比较分析进行选择和发展。同时，国外在公民的法治教育方面有各自的实践，需要在比较分析的基础上，汲取适合我国的一些经验。

### （三）实证分析法

普法具有实践性，在丰富的法治传播实践中，选题研究过程需要选取各地、各普法主体在普法工作中的实际案例以及新闻报道、法治电视节目等进行实证分析。在了解普法需求时需要借助社会调查的方式进行一定的调研，根据实际的调研结果进行分析，进而得出结论，给出建议。

## 五、拟创新点与不足

### （一）观点创新

本研究创造性地将社会系统理论应用于普法建设中，并认为法治社会建设提出后，下一阶段普法的核心工作应围绕法治社会建设展开。法治社会建设对社会共治和治理规范体系提出了新要求，既有普法格局应做出改变，新格局有如下关键点：以个人、社会、国家的多维追求为目标，建立"谁共建谁普法"的第三代普法责任体系（"谁执法谁普法""谁管理谁普法""谁宣教谁普法""谁监护谁普法""谁懂法谁普法"），精准识别普法对象，建立以人为本的普法内容谱系，开展合作普法和浸入式普法。

### （二）视角创新

现有普法工作主要由行政机关承担，理论研究亦聚焦行政机关的普法，该自上而下的推进模式成效有限。本研究从社会视角来审视普法，偏向于自下而上，更加关注公众的参与度和受众的感受，以期提高普法效能。

### （三）方法创新

本选题的方法创新侧重于实践方法创新。完善了法治社会中需求和相应供给的内容，如果没有相关的方法保障，不能保障实践中受众的舒适体验，所以本选题在研究过程中试图找到将理论变成可供实践的方法，以实现理论指导实践，为今后法治社会建设中普法工作的顺利开展提供可行性指导或参考。

当然，除了以上可能的创新以外，由于人力有限，无法展开大规模调研，存在调研不足的问题，另外，还存在理论深度不够，政策、法律等文本的考察未必全面等问题。

# 第一章　法治社会建设：
# 我国普法工作的新使命

经历了 30 多年的普法历程，普法迎来了推动法治社会建设的新时代任务。与以往不同的是该任务的实现需要具有一定的前瞻性，不能仅将目光立足于现有需求，把工作规划和设想建立在现有的社会条件之上，应立足于 2035 年法治社会建成的远景目标。这就需要在对现有普法进行客观认识的基础上，分析其与新历史使命的要求之间存在的差距，并寻找契合发展的路径。

## 第一节　我国现有普法格局的形成

### 一、普法的内涵

何谓普法？其系"普及法律常识"的简称，源于 1985 年中宣部、司法部制定的《关于向全体公民基本普及法律常识的五年规划》（"一五"普法），虽然此后六次普法规划的名称均将"普及法律常识"的表述换为"法制宣传教育"，但普法的简称被沿用下来，其准确定义，官方文件中未涉及。普法在理论研究中有多种名称，如普法运动、法制宣传教育等，通常具有相同内涵。普法有广义和狭义的区分，按照普法的对象不同，广义的普法对象包括公权机关与民众，狭义的普法对象只包括民众，学界研究一般采取狭义标准。① 按照普法的形式与内容的不同，广义的普法涵盖法律制定、法律宣传、法律出版、法学教育等各种与法律、法学信息传播有关的行为。狭义的普法

---

① 齐延平. 当代中国的法制转型——以权利为视角的考察 [M]. 济南：山东大学出版社，2016：147.

特指实施了若干个五年规划的全民普及法律常识教育活动。① 大部分的研究将"一五"普法规划的实施作为我国普法的起步，对普法进行定义时，诸多定义明示了这一起点，如"特定历史条件下执政党和国家有意识、有组织、有计划发起并直接领导和推动的大规模群众性普及法律常识的活动"②。"我国的普法于20世纪80年代中期开始的，是由司法行政机关所主导、推动的，并在民众中普及法律常识，提高法律素质、法律意识的专门活动"③ 等。本研究在吸收学者观点的基础上，立足普法工作的未来发展趋势，将普法定义为：国家有计划发起并由全民参与的普及法治知识的活动，旨在增强社会公众法治意识和依法办事能力，构建良好法治秩序。

## 二、普法的起步与演进

### （一）我国普法的起步

在"一五"普法规划实施前，我国亦有法制宣传教育活动和普法的萌芽，如1952年基于《中华人民共和国婚姻法》在各地执行的情况不平衡，大部分地区未能深入贯彻，全国范围内开展了一次大规模宣传《中华人民共和国婚姻法》的活动④，这是新中国最早进行的大规模法制宣传教育活动。1979年，时任全国人大常委会法制委员会主任的彭真在对关于七个法律草案的说明时提出，法律制定出来后，要贯彻执行，需要做到三个方面，其中就包括"把法律交给九亿人民掌握，使他们运用这个武器监督国家机关和任何个人依法办事"⑤。1982年《中华人民共和国宪法修改草案》形成后，法制宣传教育的重要性进一步受到重视："为了使宪法和法律得到严格遵守，还要大力进行法制宣传教育……全国人民要养成良好的守法习惯。"⑥ 促使普法教育有计划推进的是胡耀邦同志在党的十二大上的报告和五届人大五次全会通过的《中华人民共和国宪法》（八二宪法），报告中提及"要在全体人

---

① 张光东. 法制宣传教育全覆盖的理论与实践 [M]. 南京：江苏人民出版社，2014：8.

② 张明新. 对当代中国普法活动的反思 [J]. 法学，2009（10）：30-36.

③ 卢刚. 新时期中国普法问题研究 [D]. 长春：吉林大学，2014.

④ 孟昭华，王涵. 中国民政通史（下卷）[M]. 北京：中国社会出版社，2006：1234.

⑤《彭真传》编写组. 彭真传（第四卷）[M]. 北京：中央文献出版社，2012：1364-1366.

⑥ 张友渔. 张友渔文选（下）[M]. 北京：法律出版社，1997：189-190.

民中间反复进行法制的宣传教育"①，八二宪法通过以后，其第二十四条把国家普及法制教育作为社会主义精神文明建设的内容，普法具有了宪法地位。1985 年国家"七五规划"进一步明确加强法制宣传教育，1985 中宣部、司法部制定了《关于向全体公民基本普及法律常识的五年规划》，普法进入规划时代。

现有普法的起步历经曲折，来之不易，最终促使普法工作成为法制建设的常规工作离不开三个条件：第一，法律制度的不断完善。没有"法"何谈普法，在法制不健全的时代，政策治理虽然灵活，但具有一定的主观性和人治色彩，法律偏重客观理性，政策治理转向法律治理是一种观念的转变，也是行为方式的转变，需要漫长的过程。法律越完备，更多领域有法可依，才能更大范围地营造遵守法律的氛围，践行法制的训练越多越有助于转变观念。第二，对历史的反思和教训的吸取。党纪国法面前人人平等，任何人都不能有党纪国法之外的特权。第三，客观现实的推动。进行普法活动需要领导集体做出决策并进行相关部署，决策的做出是在对客观现实进行研判的基础上进行，个别群众甚至党员干部漠视法律，有法不依、执法不严等社会现实是推动普法活动进入国家决策并在实践中落实的重要因素。

### （二）我国普法的演进规律

自 1985 年起至今，我国普法已历经了七个五年规划，2020 年是"七五"普法的收官之年，回首发展历程，普法活动的开展除了承担基础的增强公民法制观念和法制意识的任务外，需要围绕党和国家的中心工作展开，承担时代赋予的使命。

#### 1."一五"普法规划

使公民知法守法，扭转社会风气，保障社会主义现代化建设和民主法制建设。"一五"普法规划是根据八二宪法中关于在公民中普及法制教育的规定和胡耀邦同志在党的第十二次全体代表大会上的报告进行的部署。规划将其任务定位为："巩固和发展安定团结的政治局面，争取社会风气、社会秩序、社会治安状况的根本好转，使国家长治久安；保障和促进社会主义物质

---

① 《十一届三中全会以来历次党代会、中央全会报告公报决议决定》编写组.十一届三中全会以来历次党代会、中央全会报告公报决议决定（上）[M].北京：中国方正出版社，2010：148.

文明和精神文明的建设。"普法规划的初始目的是应对人民对法制建设的认识不够，有法不依、执法不严的现象。

2. "二五"普法规划

"二五"普法规划是在对"一五"普法的工作成果进行巩固的基础上，适应经济建设和法制建设提出的新要求，维护社会稳定。《关于在公民中开展法治宣传教育的第二个五年规划》（"二五"普法规划）实施之际，正值国际国内动荡期，乔石同志 1990 年 2 月 28 日在全国政法工作会议上强调"加强社会主义民主和法制建设……是维护社会稳定的重要保证……在全国人民中深入开展法制宣传教育，是加强法制建设的一件大事"①。所以创造良好法制环境，保障国家的稳定发展成为"二五"普法的时代要求。

3. "三五"普法规划

服务市场经济，促进依法治国，努力建设社会主义法治国家。党的十四大将发展社会主义市场经济定为改革的目标，十四届五中全会通过的《中共中央关于制定国民经济和社会发展"九五"计划和 2010 年远景目标的建议》提出 15 年内建立起比较完善的社会主义市场经济体制，全面实现第二步战略目标（第一步，到 1990 年，解决温饱问题；第二步，到 20 世纪末实现小康；第三步，到 21 世纪中叶，达到中等发达国家水平），向第三步战略目标迈出重大步伐，社会主义民主和法制是重要保障，要加强立法、司法、执法、普法工作。②1996 年 2 月 8 日江泽民在中共中央领导同志法治讲座上做了《坚持依法治国》的讲话，提出"（加强社会主义法制建设）必须同时从两个方面着手，既要加强立法工作，不断地健全和完善法制；又要加强普法教育，不断提高干部群众遵守法律、依法办事的素质和自觉性"③。在建设市场经济和依法治国的背景下，《关于在公民中开展法治宣传教育的第三个五年规划》（"三五"普法规划）的总目标突出了依法治国，主要内容突出了社会主义市场经济法律知识。

---

① 乔石. 乔石谈民主与法制（上）[M]. 北京：人民出版社、中国长安出版社，2012：186-192.

②《十一届三中全会以来历次党代会、中央全会报告公报决议决定》编写组. 十一届三中全会以来历次党代会、中央全会报告公报决议决定（下）[M]. 北京：中国方正出版社，2010：554-573.

③ 江泽民. 论社会主义市场经济 [M]. 北京：中央文献出版社，2006：284-287.

### 4. "四五"普法规划

回应现实需求，推进依法治国，法治教育和思想道德教育相结合。《关于在公民中开展法治宣传教育的第四个五年规划》（"四五"普法规划）是进入 21 世纪后的首次规划，新千年我国加入了世贸组织，党的十五届五中全会通过的《中共中央关于制定国民经济和社会发展第十个五年计划的建议》确定了西部大开发战略，此后《中华人民共和国国民经济和社会发展第十个五年计划纲要》对实施西部大开发战略再次进行了具体部署，法制宣传教育工作因此面临着新任务，除了宣传与社会主义市场经济相关的法律法规，还突出了涉及保障和促进国家西部大开发的法律法规、与加入世界贸易组织相关的法律知识的宣传。另外，随着依法治国被党的十五大确定为治理国家的基本方略，并于 1999 年写入宪法，此后的普法始终作为依法治国的重要范畴，被定位为推进依法治国、建设社会主义法治国家的重要基础性工作，普法规划始终站在依法治国的全局角度进行。2001 年初，江泽民同志在全国宣传部长会议上提出依法治国的同时也要坚持不懈地加强社会主义道德建设，以德治国。① "四五"普法即开始要求把法制教育和思想道德教育紧密结合。

### 5. "五五"普法规划

以人为本，依法治理，助力科学发展，服务社会主义和谐社会建设。《关于在公民中开展法治宣传教育的第五个五年规划》（"五五"普法规划）首次提出了"以人为本，服务群众"的工作原则，并以开展法律"六进"活动来凸显此原则。2003 年，胡锦涛同志在全国防治非典工作会议上提出全面发展、协调发展、可持续发展的发展观。党的十六届三中全会将以人为本，全面、协调、可持续的科学发展观思想作为深化经济体制改革的指导思想和原则。科学发展观被确定为中国共产党的重大战略思想后，"五五"普法随即进行了相关任务的安排："要积极开展人口、资源、环境和公共卫生等方面法律法规的宣传教育，推进资源节约型和环境友好型社会建设。"2004 年，国务院发布《全面推进依法行政实施纲要》，其贯彻实施也成为"五五"普法中贯彻依法治国基本方略，开展依法治理的重要任务。"五五"普法期间正值北京举办奥运会，为了更好地服务奥运，普法任务还特别提到了"深入开展文化、体育及与奥林匹克相关法律法规的宣传教育"。

---

① 江泽民 . 江泽民文选（第 3 卷）[M]. 北京：人民出版社，2006：200.

6. "六五"普法规划

学习宣传中国特色社会主义法律体系，开展社会主义法治理念教育，加强反腐倡廉法制宣传教育，推进社会主义法治文化建设，加强法制政府建设，深入推进依法治理。2011年，随着中国特色社会主义法律体系被宣告形成，其宣传就开始成为普法的热点任务。此前，国务院发布《关于加强法治政府建设的意见》，推进法治政府建设成为《关于在公民中开展法治宣传教育的第六个五年规划（2011—2015年）》（"六五"普法规划）的重要任务之一。反腐工作一直是中国共产党的常规工作，早在2005年1月3日中共中央办公厅就下发了《建立健全教育、制度、监督并重的惩治和预防腐败体系实施纲要》，2006年10月11日《中共中央关于构建社会主义和谐社会若干重大问题的决定》中加强党对构建社会主义和谐社会的领导提到要"深入开展党风廉政建设和反腐败斗争"，"六五"普法将与廉政工作相关的法律法规和党纪条规的宣传教育正式纳入普法工作。

7. "七五"普法规划

为全面依法治国和依法治理服务，继续宣传中国特色社会主义法律体系，党内法规纳入普法内容。十八届三中全会确立了法治国家、法治政府、法治社会一体建设的重大部署，要求健全社会普法教育机制，增强全民法治观念。十八届四中全会通过《中共中央关于全面推进依法治国若干重大问题的决定》（以下简称"十八届四中全会《决定》"），对推进依法治国进行全面的战略部署，此次涉及普法的相关安排集中于法治社会建设部分，普法是法治社会建设的助推器，是依法治国的长期基础性工作。随着中央层面对党内生活规范化的重视，2013年11月27日发布《中央党内法规制定工作五年规划纲要（2013—2017年）》，首次对党内法规制定工作进行规划，开启了党内法规的体系化建设，此后，《中国共产党廉洁自律准则》《中国共产党纪律处分条例》颁布，中宣部、司法部《关于在公民中开展法治宣传教育的第七个五年规划（2016—2020年）》（"七五"普法规划）将学习宣传党内法规纳入普法任务。

从普法规划的发展历程看，普法的任务除了回应现实需求，部分任务具有延续性，如宪法的学习宣传始终摆在首要位置；从"二五"普法开始，推进依法治理作为普法的任务并不断发展，至"七五"普法延伸至多层次多领域；从"三五"普法开始服务依法治国始终是普法的任务之一；从"五五"

普法开始，以人为本的普法工作原则贯穿于普法任务中……未来的普法工作如何展开，除了传统任务外，显然其应适应新的法治发展要求。

### 三、现有普法的基本格局

自普法被明确提出以来我国普法工作已经持续了 30 多年，通过对一系列政策文件的制定及实践进行观察，目前普法基本形成了自身的制度格局。

#### （一）普法的主要价值目标：培养守法公民

七个五年普法规划的总体目标如表 1.1 所示：

表 1.1　七个五年普法规划的总体目标

| 普法历程 | 总体目标 |
|---|---|
| "一五"普法 | 普及法律常识教育，增强公民法制观念，养成知法、守法、依法办事的习惯 |
| "二五"普法 | 提高干部群众的社会主义法律意识和民主意识，促进各项事业的依法管理，为治理整顿和深化改革创造良好的法制环境，保证国家政治、经济和社会的稳定发展 |
| "三五"普法 | 增强公民的法律意识和法制观念，不断提高各级干部依法办事、依法管理的水平和能力，促进依法治国，建设社会主义法治国家 |
| "四五"普法 | 全面提高全体公民特别是各级领导干部的法律素质；扎实推进地方、行业、基层依法治理，全面提高社会法治化管理水平；努力实现由提高全民法律意识向提高全民法律素质的转变，实现由注重依靠行政手段管理向注重运用法律手段管理的转变；全方位推进各项事业的依法治理。为依法治国、建设社会主义法治国家奠定坚实的基础 |
| "五五"普法 | 提高全民法律意识和法律素质；增强公务员社会主义法治理念，提高依法行政能力和水平；增强各级政府和社会组织依法治理的自觉性，提高依法管理和服务社会的水平 |
| "六五"普法 | 提高全民法律意识和法律素质，提高全社会法治化管理水平，促进社会主义法治文化建设，推动形成自觉学法守法用法的社会环境 |
| "七五"普法 | 全民法治观念和全体党员党章党规意识明显增强，全社会厉行法治的积极性和主动性明显提高，形成守法光荣、违法可耻的社会氛围 |

从以上可见，我国普法的目标定位从公民层面和政府层面进行：公民层面主要强调守法、法律意识和法律素质的提高，落脚点是守法；政府层面主要强调依法管理、依法治理（守法行政），核心是遵守法律。普法带有较强的国家意志性，"一五"普法将普及法律常识作为"国家政治生活中的一件大事"，普法工作的开端是一项政治任务。历届普法目标的确立亦注重与时俱进，如"三五"规划在基本要求中提到了"（公民）努力做到知法、守法、护法，依法维护自身合法权益"。在强调治国和国家建设的同时提到了自身合法权益的维护，关注点从国家层面扩展至个人层面。"四五"规划将个人层面的关注点放在了"法律素质"的提高，"法律素质"侧重于能力的获得，行为方式的要求。"五五规划"开始关注个人的需求，主要任务中首次提出"法律六进"（进机关、进乡村、进社区、进学校、进企业、进单位），工作原则首次提出"坚持以人为本，服务群众"等。因普法是以权力为主导的自上而下的格局且主要被视为政府的职责，加之政府易将其作为管理社会的手段，所以出发点和落脚点主要为国家利益、公共利益。在普法实践中基于行政机关传统管制思维的影响，普法也更偏重于让公民守法、服从管理。

### （二）普法的主体范围：以政府为主导

从历届普法规划看，法制宣传教育的主体总体上比较稳定，主要为公权力机关，工作体制逐步发展并固定为"党委领导、人大监督、政府实施"。

首先，党委领导。普法规划中的党委领导没有具体的实践指导，但实践中部分地区普法规划实施情况考评标准将党委领导作为组织领导的一部分①，党委的领导主要表现在纳入考核、开会上。其次，人大监督。通过实践调研，人大监督主要通过会议的方式进行。例如，湖北、江苏等省的考核办法中规定了人大常委会要通过工作汇报、代表视察、专项检查等监督普法

---

① 《湖北省"七五"普法规划实施情况考评标准》中，市州对党委领导的考核为："将法治宣传教育工作纳入当地国民经济和社会发展规划，纳入党委和政府年度目标考核、法治建设绩效考核、综治考核和文明创建考核内容，五年内在原有权重上增加2%。落实党政主要负责人履行推进法治建设第一责任，各级党委主要领导亲自过问，明确1名常委具体分管，党委、政府每年召开普法工作相关会议不少于1次，听取法治宣传教育工作专题汇报，安排部署工作，研究解决具体问题。"省直考核为："落实党政主要负责人履行推进法治建设第一责任，党委（党组）每年至少召开1次专题会议，研究、部署和推进法治宣传教育工作，解决有关问题。"

的实施情况并规定了人大和政协对普法工作监督检查的最低次数。会议虽然可以起到督促作用，但监督面较窄，听取被监督人做汇报，视察和专项检查通常是被检查机关安排或提供材料，不能保证客观、真实、全面地了解情况。再次，政府实施。政府的普法实施以"谁执法谁普法"的普法责任制为指导，涉及国家机关"谁执法谁普法"责任制的文件包括《中共中央关于全面推进依法治国若干重大问题的决定》和《法治政府建设实施纲要（2015—2020年）》《关于实行国家机关"执法谁普法"普法责任制的意见》（以下简称普法责任制《意见》）等。从现有制度上看，"谁执法谁普法"的普法责任制只是宏观规划，相对有针对性的普法责任制《意见》也只是从总体要求、职责任务、组织领导三个方面进行宏观规划，各地在制定地方性实施意见时，进行了一些创造性发展，如将"谁执法谁普法"扩展至"谁主管谁负责""谁服务谁普法""谁用工谁普法"等，但主要停留在概括性的表述，缺乏细则。从现有研究看，对于普法主体的研究主要针对公权主体，并集中于行政机关，行政机关普法研究集中于"谁执法谁普法"的普法责任制研究。除此之外，从"四五"普法开始，普法倡导社会的参与，"五五"普法鼓励和引导社会组织、公民参与支持普法工作，培养专兼职相结合的法制宣传教育队伍。"六五"普法倡导媒体承担公益性普法责任，鼓励引导社会组织和公民参与普法。"七五"普法建立以案释法制度，其中包括律师的参与，还强调"谁主管谁负责"的普法责任的落实，即各行业、各单位结合行业特点和特定群体的法律需求在管理、服务过程中进行普法。除此之外，媒体继续承担公益普法的责任。然而如何确保参与落到实处，尚未有相关的指导和规划，且普法作为一项公益事业，在没有相关配套制度保障之前，让社会主体实际发挥积极的作用是困难的，主要任务的完成和效果的创造依赖公权力机关的状况不可能改变。

**（三）普法的对象确定：以领导干部和青少年为重点对象**

七个五年普法规划的对象如表1.2所示：

表1.2　七个五年普法规划的对象

| 普法历程 | 普法对象 |
|---|---|
| "一五"普法 | 工人、农（牧、渔）民、知识分子、干部、学生、军人、其他劳动者和城镇居民中一切有接受教育能力的公民。<br>重点对象：各级干部尤其是领导干部、青少年 |
| "二五"普法 | 工人、农（牧、渔）民、知识分子、干部、学生、军人、个体劳动者以及其他一切有接受教育能力的公民。<br>重点对象：县（团）级以上各级领导干部，特别是党、政、军高级干部；执法人员，包括司法人员和行政执法人员；青少年，特别是大、中学校的在校生 |
| "三五"普法 | 工人、农（牧、渔）民、知识分子、干部、企业经营管理人员、学生、军人、个体劳动者以及其他一切有接受教育能力的公民。<br>重点对象：县（处）级以上领导干部，司法人员，行政执法人员，企业经营管理人员，青少年 |
| "四五"普法 | 一切有接受教育能力的公民。<br>重点对象：各级领导干部、司法和行政执法人员、青少年、企业经营管理人员 |
| "五五"普法 | 一切有接受教育能力的公民。<br>重点对象：领导干部、公务员、青少年、企业经营管理人员和农民 |
| "六五"普法 | 一切有接受教育能力的公民。<br>重点对象：领导干部、公务员、青少年、企事业经营管理人员和农民，领导干部和青少年是重中之重 |
| "七五"普法 | 一切有接受教育能力的公民。<br>重点对象：领导干部和青少年 |

　　从上表可以看出，历次普法规划中普法的对象为"一切有接受教育能力的公民"，每个时期侧重不同的传播对象但又基本固定。领导干部和青少年作为重点对象始终没有改变，"三五"普法至"六五"普法的重点对象还包括企业经营管理人员，"五五"普法和"六五"普法重点对象还包括农民。地方普法规划在普法对象的确定上，以"七五"规划为例，有的与国家规划保持高度一致，如湖南、山东等省，有的在国家规划的基础上增加了重点普法对象，如湖北省增加了村（居）民、企业经营管理人员[①]，广东省增加了外来务工人员，黑龙江省增加了企业经营管理人员，吉林省增加了企业经营管理人员、农民和农民工、流动人口、特殊人群等。

---

① 湖北法制网.中共湖北省委湖北省人民政府关于转发《省委宣传部、省司法厅关于在全省公民中开展法治宣传教育的第七个五年规划（2016—2020年）》的通知[EB/OL].（2016-09-12）[2019-12-3]http://www.124.gov.cn/2016/0912/5525592.shtml.

### （四）普法的内容构成：以国家法为主要内容

历届普法除了"一五"普法规划和"二五"普法规划专门列举了普法的内容，"三五"普法规划及之后的普法规划将普法内容穿插于主要任务和工作要求中，对其进行梳理，我国普法内容的变迁如表 1.3 所示：

表 1.3　中国普法内容的变迁

| 普法历程 | 内容 |
|---|---|
| "一五"普法 | 宪法、刑法、刑事诉讼法、民事诉讼法（试行）、婚姻法、继承法、经济合同法、兵役法、治安管理处罚条例以及其他与广大公民有密切关系的法律常识（可根据具体情况调整，可根据不同地区、不同对象的需要选学其他，不同职业有不同要求，领导干部多学、学深一点） |
| "二五"普法 | 宪法、行政诉讼法、义务教育法、集会游行示威法、国旗法以及全国普法主管机关确定需学习的新颁布的法律、法规。（有针对性地选学第一个五年普法期间已经学过的有关内容；各地区根据实际需要，确定在本地区内选学的其他有关法律、法规；各部门、各系统根据业务需要，有重点地学习与工作、生产相关的法律知识。）中央和地方各级国家机关要学习有关组织法和选举法，各级党政机关要学习有关廉政建设方面的法律、法规，各级党政机关、企业事业单位和科技部门要学习保密法，各企业、事业单位和个体劳动者要学习国家税收方面的法律、法规 |
| "三五"普法 | 宪法、基本法律、社会主义市场经济法律知识。（不同对象侧重点不同：一切有接受教育能力的公民：宪法和基本法律；县（处）级以上领导干部：宪法、国家赔偿法、行政处罚法、行政诉讼法、国家公务员暂行条例；司法人员和行政执法人员：熟练掌握和运用与本职工作相关的法律、法规；企业经营管理人员：重点掌握公司法、劳动法等与社会主义市场经济密切相关的法律、法规；青少年：法律常识教育。） |
| "四五"普法 | 宪法、国家基本法律，与公民工作、生产、生活密切相关的法律法规。社会主义市场经济特别是与整顿规范市场经济秩序相关的法律法规，涉及保障和促进国家西部大开发的法律法规，与世界贸易组织相关的法律知识，维护社会稳定相关的法律法规 |
| "五五"普法 | 宪法、经济社会发展的相关法律法规（人口、资源、环境和公共卫生等方面法律法规、体育及与奥林匹克相关法律法规）、与群众生产生活密切相关的法律法规（大力开展与城镇房屋拆迁、农村土地征用和承包地流转、国有企业改制等相关法律法规的宣传教育）、整顿和规范市场经济秩序的法律法规、维护社会和谐稳定、促进社会公平正义的相关法律法规 |
| "六五"普法 | 宪法、中国特色社会主义法律体系和国家基本法律、社会主义法治理念教育、促进经济发展的法律法规、保障和改善民生的法律法规、社会管理的法律法规、反腐倡廉法制宣传教育、社会主义法治文化建设 |
| "七五"普法 | 习近平总书记关于全面依法治国的重要论述、宪法、中国特色社会主义法律体系（传播法律知识的同时，注重弘扬法治精神、培育法治理念、树立法治意识，大力宣传宪法至上、法律面前人人平等、权由法定、权依法使等基本法治理念，破除"法不责众""人情大于国法"等错误认识）、党内法规、社会主义法治文化建设、多层次多领域依法治理（发挥市民公约、乡规民约、行业规章、团体章程等社会规范的作用） |

由上表可知，历届普法的内容主要围绕国家公权力机关制定的法律法规展开，随着法律体系的不断完善，普法内容从具体列举转向概括性说明。由于普法的内容以普法者的意志为主，普法者作为"管理者""治理者"中的一员，基于普法对维护社会稳定目标的追求，其在普法工作中天然倾向于什么内容有利于达到管理的效果就普什么法，容易造成偏科，重守法普法教育，轻依法治理实践的完善。值得注意的是"七五"普法提及社会规范在社会治理中的重要作用，虽然并未明确将其作为普法的内容，但为今后我国的普法工作对传统普法内容进行大胆突破奠定了基础。再者，"六五"普法规划和"七五"普法规划在法律知识的传播基础上，挖掘了更深层次的普法内容，如法治理念、法治文化等，但理念的传播和文化氛围的形成，需要多方发力并受多种因素影响，靠现有以行政机关为主力的普法工作模式是很难实现的，现有普法机制无法顺利实现法治理念的传播和形成法治文化的浓厚氛围。

### （五）普法的基本方法：以供体角度为主视角

普法宣传教育的方式，就是普法宣传教育活动的具体表现形态，通俗地说就是怎么进行宣传教育，包括方法、途径、媒介、形式等。从历届普法规划看，普法的方式方法创新、使用人民群众喜闻乐见的方式进行普法被反复提及，目前我们已形成了多种类型的普法宣传方式，这些方式主要从普法的供体视角进行，即普法者怎么普法更多地从普法者自身的认识和条件出发进行相关设计。

#### 1. 编写普法教材

发放普法教材是最便捷、涵盖面最广泛的普法方式，教材的编写质量是关键，近年来相关普法读本注重趣味性，如推出浅显易懂的漫画故事版，但从基层普法调研情况看，趣味性的教材并非免费发放，基础编写的普法教材大多是以法律法规汇编为主，内容枯燥乏味，有些严重脱离日常生活所用之法，如"农村普法读本"中充斥着《反不正当竞争法》《反垄断法》等内容①，这类读本不仅起不到普法效果，反而造成资源的浪费、普法经费的浪费。有些地区的基层单位，将普法简化成了对普法教材的强制购买，司法行

---

① 骆庆国，荣剑.刍议"六五"普法的深化与形式变更 [J].萍乡高等专科学校学报，2010（8）：31-33.

政部门对普法教材的购买数量作出强制性规定。

2. 普法讲座

口头普法是面对面地直接传播，针对性强，效率高，便于与宣教对象互动，释疑解难。但从传播学的角度来说，口头普法属于单向传播，即宣传教育主体说，宣传教育对象听，宣教对象的被动性比较突出，效果难以确定，如果时间的选择和内容的安排不当甚至会引起受众的反感，如在农村地区普法讲座并不是一种受欢迎的普法方式，"开这样的会，也很难找群众代表，人家都不愿去，因而，上报材料上群众代表的话都是我们自己编的"①。

3. 传统媒体普法

广播、电视、报刊这些传统传媒普法相对来说趣味性更强，更受公众的欢迎，但实践中媒体普法也存在一些问题，如工作人员主动挖掘素材的积极性不高，存在"等、靠、要"现象②；舆论监督易受公权力机关干涉；重视情节的渲染，吸引性强，但教育深度不足，公众"看热闹"后没有大的收获。

4. 网络普法

网络普法具有方便、快捷的特征，但官方的网络普法往往受关注度较低，公众易受网络红人的影响，由于素质的参差不齐，关注度更高的网络红人容易对法律相关问题解读不准确甚至错误解读。另外，娱乐化、低俗化、片面化的法治报道以及涉法谣言易引发舆情发酵，造成负面影响大于正面效果等。

5. 竞赛普法

通过举办与普法相关的竞赛，如法律知识竞赛、征文比赛、演讲比赛等调动公民学法的热情。此种方式通常设置有相关物质奖励或精神奖励，公众参与积极性相对较高，但该种方式的普法通常形式大于内容，公众的收获并不多。

---

① 王平.电视法制信息传播与农民法律意识培育研究——以江苏睢宁农村为例 [D].南京：南京师范大学，2014.

② 王平.电视法制信息传播与农民法律意识培育研究——以江苏睢宁农村为例 [D].南京：南京师范大学，2014.

综上，虽然普法目前的制度表现形态不是正式的制度的形式，但这种非正式制度具有一定的规范操作性，推动我国普法工作向前发展。其已经具备了制度的基本要素，如目标、主体、内容、权责关系、责任履行等。未来要出台法制宣传教育从非正式制度转向正式的法律制度，现有的基本格局可为其提供参照，并在此基础上进行完善。

# 第二节　法治社会建设的提出

## 一、法治社会的内涵及基本特征

"法治社会"一词很早就被使用，在没做细化区分之前，其涉及的范围较广，与法治国家、依法治国等概念混用。① 近年来，针对依法治国中央发布了诸多纲领性文件，法治社会建设拥有了独立地位。从上节我国普法历程可以看出我国的法治建设从无到有，从单一到系统，过程曲折，能在法治建设中细化出法治国家、法治政府、法治社会一体建设是中国共产党对中国特色社会主义法治理论体系的创造性发展，自此"我国法治建设步入了崭新的历史阶段，站在了新的历史起点上，在更高的历史起点上开启新的征程"②。

2020 年基本建成法治政府是党的十八大提出的目标，为了实现这一目标，中共中央、国务院于 2015 年 12 月 27 日印发《法治政府建设实施纲要（2015—2020 年）》，对法治政府建设进行了详细规划。《法治社会建设实施纲要（2020—2025 年）》使法治社会建设也进入了纲要时代，为法治社会建设指明了方向。从时间节点上看，法治社会建设起步最晚，加之与法治政府相比"法治社会建设是在全社会展开，社会是一个具有开放性的大系统，有着广泛、多层、多样的社会主体，人群关系纷繁交织，利益诉求多元化，产生的矛盾复杂交错"③，所以，要基本建成法治社会时间紧，任务重，需要在明确法治社会内涵的基础上找准着力点。中央文件虽然对法治国家、法治政府、法治社会三者在名称上做了区分，但对各自的边界没有统一界定，学界对三者在同一语境使用时，相互之间的关系和各自的侧重点展开了讨论，有

① 江必新，王红霞.法治社会建设论纲 [J].中国社会科学，2014（1）：140-157.
② 张文显.全面推进依法治国的伟大纲领——对十八届四中全会精神的认知与解读 [J].法制与社会发展，2015（1）：5-19.
③ 方世荣.论我国法治社会建设的整体布局及战略举措 [J].法商研究，2017（2）：3-14.

学者认为三者是涵括关系，即强调法治国家是较法治政府、法治社会更大的概念。① 较多的学者认为一体化建设中，应强调三者之间的差异性，如姜明安、江必新、张鸣起等认为：法治国家侧重政治的法治化、国家公权力的法治化，公权力被有效控制，既能积极履行又不被滥用；法治政府侧重国家行政权行使的法治化，强调依法办事，依法行政；法治社会侧重政党和其他社会共同体行使社会公权力的法治化，强调依法共治并更加仰赖社会自治，重视人权保障。②

在法治社会建设中，找准建设的核心应重点关注特性，所以需要对法治社会的特有状态进行描述。学界对法治社会的内涵有较多研究成果，如江必新、王红霞将法治社会的特性概括为两点：一是法治的融贯性，其强调法治社会的规则系统不仅包括国家的法律法规，也包括社会自治性规范、习惯等，这些正式规则和非正式规定在价值取向和基本原则上应具有一致性并得到社会主体的认可与服从。二是社会的共治性。强调共治非孤立的自治。③ 史丕功、任建华认为法治社会应当具有完善有效的法律体系，社会各领域可进行规范管理，所有社会主体都能以法律为指南，社会自治广泛有序开展。④ 张文显认为法治社会的基本标志为：一是党和政府依法治理社会，二是社会依法自治，三是全体人民自觉守法。⑤ 张鸣起结合学界的研究成果和实践需求，将法治社会定义为："相对于法治国家、法治政府而言的，是指全部社会生活的民主化、法治化，简单讲就是将社会权力和社会成员的行为纳入法治轨道的一种社会类型。"认为法治社会具有 5 个基本特征：全社会恪守法治的基本价值和精神、国家正式规则（法律法规）与无形规则（自治规则、习惯等）之间具有融贯性（与江必新、王红霞观点一致）、党和政府依法治理社会、社会自治的法治化水平明显提升、法律服务体系完备。⑥ 方

---

① 杜晓."法治国家法治政府法治社会"论述引关注：权威解析三个"法治"为何要一体建设（李林接受采访的内容）[N].法制日报.2013-03-01（4）.

② 姜明安.论法治国家、法治政府、法治社会建设的相互关系[J].法学杂志,2013(6):1-8.；江必新，王红霞.法治社会建设论纲[J].中国社会科学,2014（1）:140-157.；张鸣起.论一体建设法治社会[J].中国法学,2016（4）:5-23.

③ 江必新，王红霞.法治社会建设论纲[J].中国社会科学,2014（1）:140-157.

④ 史丕功，任建华.法治社会建设的价值选择及主要路径[J].山东社会科学,2014（9）:183-188.

⑤ 张文显.全面推进依法治国的伟大纲领——对十八届四中全会精神的认知与解读[J].法制与社会发展,2015（1）:5-19.

⑥ 张鸣起.论一体建设法治社会[J].中国法学,2016（4）:5-23.

世荣将法治社会建设的总体布局概括为本体性建设和关联性建设，其中本体性建设一定程度上对法治社会的状态进行了描述：社会治理法治化，即以法律制度来对各类社会事务（直接关系社会成员基本民生和社会生活秩序的事务）进行规范、调节，通过立法、执法、守法、司法等一系列法治运行环节构建和维系公平、有序、稳定、规范的社会状态；"四位一体"（全社会树立法治意识、多领域多层次依法治理、完备的法律服务体系、依法维权和化解纠纷机制健全）的全方位建设是社会治理的内容；社会治理体制是各方社会主体协同共治。① 陈柏峰从具体化、可操作化出发，列出了法治社会 4 个辨识性指标：公众有序参与社会治理、良性的物质文化生活秩序、基本公共服务资源的供求平衡、社会组织的行为空间恰当。②《法治社会建设实施纲要（2020—2025 年）》中对法治社会的描述列举了六个特征：信仰法治、公平正义、保障权利、守法诚信、充满活力、和谐有序并且将坚持社会治理共建共治共享作为主要原则之一，全民守法视为基础工程。在健全社会领域的制度规范中，除了要完善社会重要领域立法，还要促进社会规范建设和加强道德规范建设。

纵观学者们的研究和法治社会建设的相关部署，虽然对法治社会的状态在细节上有所区别，但恪守法治和社会共治是共识性的特征：恪守法治，"法"的范围扩展至自治规范、习惯等，不仅公民学法、守法、用法，党和政府也应依法治理，恪守法治的保障条件是有被认可与服从的规则、法治宣传、领导干部带头守法、完备的法律服务体系等；社会共治，社会主体广泛参与、有序协作治理。此外，如何推动法治社会建设，《法治社会建设实施纲要（2020—2025 年）》中列明了推动全社会增强法治观念是首要措施，要求法治宣传教育要加强针对性和实效性，引导公民崇尚、遵守、捍卫法治，使法治成为社会共识和基本原则。十八届四中全会《中共中央关于全面推进依法治国若干重大问题的决定》中，"普法"字眼出现了 11 次，全部集中在推进法治社会建设部分，可见三位一体建设中，普法工作的中心是法治社会建设中的普法，普法是法治社会建设的重要着力点。

## 二、普法是法治社会建设的基石

法治社会的概念没有单独提出之前，普法规划始终站在依法治国的全局

---

① 方世荣. 论我国法治社会建设的整体布局及战略举措 [J]. 法商研究，2017（2）：3-14.
② 陈柏峰. 法治社会的辨识性指标 [N]. 北京日报，2019-06-17.

角度进行。基于前文的梳理分析，未来很长一段时间普法工作的重点应为推动法治社会的建成，因为普法是法治社会建设的基石。

### （一）普法是法治社会全民守法的前提

法治社会需要全社会树立法治意识，要求把全民普法和守法作为长期的基础性工作，可见全民普法和守法是法治社会建设的基础，全民守法需要先知法，开展法制宣传教育也是党的十八大报告对全民守法提出的明确要求。法治社会建设要强化法律在维护群众权益、化解社会矛盾中的权威地位，引导和支持人们选择法律途径维权需要事前做好维权途径、权益内容相关的法律普及工作，所以普法是法治社会建设的前提。

### （二）普法是实现法治社会依法治理的前提

法治社会建设要求推进多层次多领域依法治理，法律治理是社会治理的重要手段，"法律治理在人类历史上的出现是人类走向文明的标志，也是保证人类文明传承的重要手段之一"[①]，习近平总书记多次将法治和德治并列提出，在中共中央政治局第三十七次集体学习时指出二者在国家治理中是互为补充、促进的关系[②]，可见国家治理体系和治理能力的现代化强调法律治理和道德治理协同发力，社会治理作为国家治理的一部分，二者也应协同发力，但"没有法治，社会就不可能有公正和秩序，而没有公正和秩序，更高的道德要求就不能成为现实。……更高的道德要求……必须在由法治所保障的公正和秩序的基础上才能实行"[③]。所以，社会依法治理的核心是法治，需要通过普法进行基础性保障。

### （三）普法可调动公民广泛地参与到法治社会建设中

法治社会是多元参与社会治理的社会，公民的广泛参与是现代社会管理的重要特征，公民不仅扮演着参与者的角色，还应该作为法治社会的建设者，承担维持良好社会秩序的社会责任，所以其状态不能是消极、被动的。现阶段，随着社会结构和利益格局的深刻变动和调整，公民积极参与社会

---

① 马振清.国家治理方式的双重维度研究[M].北京：中国言实出版社，2014：111.

② 张树军.十八大以来全面深化改革纪事（2012—2017）[M].石家庄：河北人民出版社，2017：730.

③ 张树军.十八大以来全面深化改革纪事（2012—2017）[M].石家庄：河北人民出版社，2017：111.

意识明显提高，公民不再是被动的参与者，而是法治社会建设的主体。公民的权利不再是静止的被赋予的状态，而是鼓励公民权利动态行使，公民和其他社会组织与政府和其他国家机关一样在法治社会建设中扮演着主人翁的角色。现在社会成员的素质虽比近代有了很大的提高，但距离现代法治社会的基本要求还相差甚远，提高公民的法治能力是推进法治社会建设的重要实施路径。① 普法可以提高公民的法治能力，在社会活动中能够主动运用法律思维思考问题、解决问题，"法治社会离不开具有较高守法意识的组成法治社会的每一个的公民个体"②，只有全民践行法治，积极参与法治建设，法治社会才是充满活力的。公民广泛地遵守法律，是在为法治社会建设提供人员保障，方方面面才可能接近法治的状态。

## 三、法治社会建设对普法的新要求

法治社会建设是普法的新任务和未来核心任务，普法在法治社会建设中承担着重要作用，普法的质量关联法治社会建设的质量，要适应新时代新任务，普法应对法治社会建设的以下新需求进行回应。

### （一）广泛的社会力量参与社会治理

"三位一体"建设中，法治社会建设对社会主体的参与度要求最高，多领域多层次的依法治理需要调动公众的积极性参与才能实现。公众参与社会治理可从两个方面展开：其一，协助国家机关开展治理工作，公民在遵守国家机关治理要求的基础上，还可以为国家机关的治理工作提供协助，如人力支持、智力支持等；其二，通过自治实现有效治理，法治社会建设支持各类社会主体自我约束、自我管理，加之再全能的政府都不可能事无巨细地触及所有的社会事务，公众在社会自治领域发挥能动性就显得尤为重要。现有的以行政机关为主要推动力量的普法模式无法在根本上调动公众力量参与社会多领域多层次的依法治理，需要通过普法主体和普法内容的重构及普法方法的改善来实现公众参与。

### （二）更加完善的规则体系维持社会秩序

社会秩序的形成依靠规则的有效实施，维持社会的和谐运转不仅依靠法

① 马长山.国家、市民社会与法治[M].北京：中国商务出版社，2002：14.
② 莫纪宏.全民守法与法治社会建设[J].改革，2014（9）：6-10.

律规则体系，市民公约、乡规民约、行业规章、团体章程等社会规则也承担着重要作用，发挥社会规范的积极作用是法治社会建设的要求。现有的社会规则是分散的、不成体系的，且除了有实际奖惩措施匹配的社会规则，大部分社会规则在一定程度上容易被忽视，不仅缺乏实际的落实，也欠缺指导，所以法治社会建设需要建设除法律规则体系之外的社会规则体系，且两种规则体系均应不断优化完善，才能让规则发挥应有的作用。普法要回应法治社会建设对规则的新需求就需要在内容上进行调整，将所普之"法"的范围进行延伸，同时匹配相应的方法让规则发挥作用。

### （三）社会成员公平地享受法治建设成果

法治社会建设覆盖的人群范围广泛，全社会践行法治是法治社会的追求，全体公民共享法治发展的红利应是法治社会追求的重要价值目标。普法之"普"是对受众广度的概括，现有普法在受众的划定上虽然以一切有接受教育能力的公民托底，但实践中普法资源在分配上有倾斜。法治资源作为一种公共产品，社会成员应平等地享受相关供给福利，如此才能真正体现普法的广度，也是要求全体社会成员践行法治的前提，所以法治社会建设中的普法对象应更加注重广度，并在方法上实现公平供给。

### （四）践行法治成为公民自发的选择

要形成全民自觉守法、遇事找法、解决问题靠法的社会氛围最根本的是将法治意识根植于公民的心中，要求法治宣传教育不仅要"入耳"，还要"入脑""入心"，只有帮助公民形成正确的法治观，才能在遇到问题和解决问题时首先想到的是依靠法律及规则、运用法律及规则，而非优先选择靠关系、靠暴力、自认倒霉等。目前的普法模式工作侧重点还是"入耳"，该种灌输式的教育理念无法直接促成公民行为上的自觉，需要在普法理念和价值目标上做出转变，同时，以"入耳"为主的普法方法也需要加以改进。

## 第三节　现有普法与法治社会建设要求的
## 差距及弥补路径考察

### 一、普法目标：从偏重守法向多维追求的延伸

现有普法目标强调守法的潜台词有把公民看作不稳定因素的意味，"守法光荣、违法可耻"将守法和违法之间一刀切，人们愿不愿意遵守法律本质上是自己内心的价值判断，强调守法就是代替公众强行进行价值判断，在此压力状态下，部分法律的遵守除了基于内心的真实拥戴，也可能出于压力不得不遵守，这种状态下法律的运行就处于消极状态。将公民看作不稳定因素势必在普法过程中忽略互动，普法者只是任务性地完成普法的工作，容易忽视对普法内容、方式方法的研究，追求的效果只能是外在能够看到的"指标"，不能真正站在公众的角度理解需求，适时调整方法，普法过程也会处于消极状态。强调守法某种意义上是强调"我讲你听"，即普法的主动权掌握在公权力机关手中，对公民的要求是服从，若普法只强调服从是片面的。法治社会的治理需要调动最广泛公民的参与，其应是平等主体交往展示的舞台，国家权力在法治社会建设中应体现其服务的一面，而非强势的一面。

《法治社会建设实施纲要（2020—2025 年）》提出要建设信仰法治、公平正义、保障权利、守法诚信、充满活力、和谐有序的社会主义法治社会，守法只是其中的一个维度，只实现让公民守法的社会不是完整的法治社会，普法还需要关注法治社会以下维度的建设：

第一，信仰法治。何谓"信仰"？《辞海》中解释为"对某种主张、主义、宗教或某人极其相信和尊敬"。《哲学大辞典》中解释为："信仰是对某种理论、思想、学说的心悦诚服，并从内心以此作为自己的行动的指南。"[①]可见，信仰是发自内心的，不仅有精神上的服从，还可以将其化为行动上的认可。现代法治是西方的舶来品，我国上下五千年的历史中，有三千多年都处于封建社会，小农社会以自给自足的经济为主，奉行的是自上而下的家长权威制，没有形成诸如自由、平等理念的社会环境。在奉行市场经济的现代社会，奉行法治是发展的必备条件，"在商业文明的时代、在法理社会中，主体信仰的规则基础不应是传统的伦理，而应是现代的法律。法律信仰不仅

---

① 冯契. 哲学大辞典 [M]. 上海：上海辞书出版社，1992：1214.

是支持法律和法治事业的精神动力，而且是市场经济、民主政治和文明精神的基本支持力量"①。通过灌输式的普法很难形成法治信仰，价值认同不是凭空产生的，法治的价值认同产生于法治对主体利益的满足感，同时外部环境的营造也发挥着重要作用。

第二，权利保障。"权利，是贯穿于法的运动过程的法律现象，是最核心的法律要素。法的运动，无论其具体形态多么复杂，但终究不过是围绕权利这一核心要素而展开的。"② 对于权利的本质，张文显在《法学基本范畴研究》一书中介绍了国内外最具代表性的八种学说，即资格说、主张说、自由说、利益说、法力说、可能说、规范说、选择说。③ 学者们在给权利下定义时，虽然侧重点不同，但总体上都在八种学说之内阐述权利，夏勇在《人权概念的起源》一书中认为在利益、主张、资格、权能、自由的五个要素中，基于所强调权利的属性，以任何一种要素为原点，其他要素为内容，给权利定义都不为错。④ 可见权利与利益、自由等基本价值息息相关，利益的满足和自由的体验是人获得感、幸福感、安全感的重要来源。列宁曾将宪法描述为一张写着人民权利的纸，其强调的是宪法在公民权利保障上的重要地位，但要让纸上的权利变为实际的权利，让公民能够切实地体会到利益的实现、自由的享有，普法是必要的环节，如权利的享有者需要知晓自己有哪些权利、如何正确地行使权利、权利受损时如何自行或通过协助进行维权等，有权利的享有者就有支撑权利实现的义务承担者，通过普法，义务承担者可以知道他人的哪些权利需要自己消极不作为，如所有权的实现，哪些权利需要积极作为，如债权的实现等。

第三，社会活力。法治的本意并非只有服从，如只有服从，社会是压抑的、缺乏活力的。亚里士多德良法之治道出了法治的双层含义：公民对规则的普遍服从、被普遍服从的规则是制定得良好的规则。规则被普遍遵守是社会有序的前提，普法是规则被普遍遵守的前提，但普法不能直接推导出公民守法，只能将普法视为守法的因素之一，还有诸多因素影响守法目的的达成。只有公民在了解法律的基础上对法律规则做出积极评价，才会愿意并实际遵守规则。反之，如果做出了消极评价，且不遵守不会带来处罚或者违反

---

① 谢晖. 法律信仰的理念与基础 [M]. 北京：法律出版社，2019：2.
② 舒国滢. 权利的法哲学思考 [J]. 政法论坛，1995（3）：1-11.
③ 张文显. 法学基本范畴研究 [M]. 北京：中国政法大学出版社，1998：74-80.
④ 夏勇. 人权概念的起源 [M]. 北京：中国政法大学出版社，1992：42-44.

规则的成本较低甚至会从中获利，那么遵守该规则的可能性就小①，对法律的"积极评价"是亚里士多德良法之治中最核心的部分即"制定得良好"。当前我们的普法教给公众的是已制定好的法律，并未教会公众如何判断规则是否良好并给予正当的途径让其表达（虽然目前我们有立法参与，但这并不是通过普法的途径让公众知晓，即使有立法参与，大部分公众也缺乏主动参与的积极性和科学提出问题的能力），部分以违法甚至流血为代价进行抗争。所以要让法治社会有活力，需要通过普法教会公民进行法治的表达，在法治的框架内对社会秩序进行确认或批判。

## 二、普法体制：从政府包揽向全社会参与的扩展

十九届四中全会《中共中央关于坚持和完善中国特色社会主义制度 推进国家治理体系和治理能力现代化若干重大问题的决定》对社会治理制度进行了创新性的部署，提倡共建共治共享，提出了党委领导、政府负责、民主协商、社会协同、公众参与、法治保障、科技支撑的社会治理体系和人人有责、人人尽责、人人享有的社会治理共同体。十九届五中全会通过的《中共中央关于制定国民经济和社会发展第十四个五年规划和二〇三五年远景目标的建议》进一步提出要完善共建共治共享的社会治理制度，加强和创新社会治理，实现政府治理同社会调解、居民自治良性互动，建设人人有责、人人尽责、人人享有的社会治理共同体。《法治社会建设实施纲要（2020—2035年）》在推进社会治理法治化，完善社会治理体制机制中，继续强调要建设人人有责、人人尽责、人人享有的社会治理共同体，确保社会治理过程人民参与、成效人民评判、成果人民共享。

法制宣传教育不单单是政府的事，也应该是每位公民的事，该种意识的形成有利于公民对自身法治建设共同体身份的认同。目前的普法设计无法使政府机关以外的主体明确自身的责任担当，不利于法治认同感的培养。当然，也不能把普法教育这种终身教育与"公益"完全割离，轻量化政府责任②，需要以利益共同体作为纽带推动法治建设共同体的形成。普法作为确保法治社会依法治理的基础工作，需要在体制上形成普法事务共建、法治发展红利共享的格局。目前，总体来说，在"党委领导、人大监督、政府实

---

① 朱景文 . 法社会学 [M]. 北京：中国人民大学出版社，2005 : 358-365.

② 我国是政府推动型的法治发展模式，与西方自然演进的模式不同，政府目前是法治的领导者和主要推动者，在此情况下，我们的法制宣传教育应该吸收最新的教育理念。

施"的工作体制中如何发挥党委的领导作用、如何落实人大的监督职责几乎没有配套制度安排，相关研究也属于空白状态，国家机关的普法责任制需要进一步在微观层面进行规划和落实。号召社会主体参与普法，如何定位社会主体在普法中的地位，切实鼓励并发挥社会主体的优势参与普法工作等均有待进一步完善。

### 三、普法内容：从法律规范向社会规范的拓宽

《法治社会建设实施纲要（2020—2025 年）》提出了要健全社会领域制度规范，除了要完善社会重要领域立法外，还提及了社会规范和道德规范的建设，所以除了法律规范外，法治社会还要发挥社会规范、道德规范等规则的作用。普法在本意上并非让公民知晓有什么法、具体的法条规定是什么，而是建立自身行为的边界，在界限范围内是自由的，在界限范围外需要自我约束。一个和谐的法治社会只教会公民法律范围内的规则是不够的，通过普及法律规则，建立的只是最低限度的行为边界，能够避免作恶，但不能教导向善，也解决不了诸如倒地老人扶不扶、电梯吸烟劝不劝等道德问题。要建设一个高质量的法治社会，应将除法律之外的所有与社会生活相关的规范作为行为限度建设的支撑，以往我们也提倡宣传社会公德、职业道德、家庭美德、个人品德等，但没有建立起系统的宣传体系，作为法律规则的宣传通道可以将这些社会规则、道德规范纳入其中。

值得注意的是"七五"普法提及社会规范在社会治理中的重要作用，虽然并未明确将其作为普法的内容，但这为今后我国的普法工作对传统普法内容进行大胆突破奠定了基础。目前，在普法实践中能被普法系统吸纳的主要为法律规范，且持续了几十年，如今法治社会建设中社会规则被不断提及，将社会规则的普及纳入普法的框架是大势所趋，但显然相较于法律规范，社会规则的普及不论在制度设计上还是实践操作上，都属于空白状态，二者明显失衡。普法内容的发展应回应法治社会建设中的规则系统拓展的需求，同时进一步解决哪些规则可以纳入普法的范畴、选取的标准、操作性等问题。

### 四、普法方式：从单向普法到普法互动的改进

翻新普法方法是普法实践中寻求创新的常用方法，政府从普法者层面叙述普法成效时以方式方法为类进行总结是常态，如编写了多少本知识读本，举办了多少场讲座，创办了多少个普法网站、微信微博平台等。量化的评价一定程度上能够反映普法工作开展的广度，但不能反映普法工作的深度和成

效。多样性的形式追求目前停留在普法者行为的产出阶段，属于单向输出，且片面追求形式的多样性，只能短暂地吸引眼球，有些方式无形中还增加了普法对象的配合负担，不仅不能真正获得能够用于指导实践的法治知识，还容易造成心理上的反感。

法治社会是人人都践行法治的社会，普法目标是否实现主要看普法对象是否消化吸收了法治知识，所以未来的普法应是形式服务于普法目标的达成，更多关注的是普法对象的体验和反馈。以普法者视角为主，从普法者自身的认识和条件出发进行相关普法形式设计的方式需要转变，更加关注互动性，用普法受众的视角来审视普法形式，寻找能够让受众通过实在的体验感知法治的普法方式，让公民沉浸于普法环境中。要让法治真正的入脑入心，普法不是普法者的独奏，而是普法者与普法对象双向互动的合奏。

### 五、普法效益：从短期效果到长远效益的谋划

要实现 2035 年建成法治社会的宏伟蓝图，普法需要从该长远的战略出发进行设计，为法治社会的建成铺路搭桥。对历届普法进行梳理可见历次的普法规划在宪法、社会主义法律体系这些常规内容的基础上，有阶段性的侧重，如与社会主义市场经济相关的法律法规，与涉及保障和促进国家西部大开发的法律法规，与加入世界贸易组织相关的法律知识，与人口、资源、环境和公共卫生等相关的法律法规，与文化、体育及奥林匹克相关法律法规，与廉政工作相关的法律法规和党纪条规等。普法机关在实践中也容易以此为导向展开工作，虽然这在特定的历史时期，增加了公民特定的法律知识，但容易使普法在追求短期目标的指引下工作浮于表面，无法深层次地对法治社会的建成进行系统的普法配套建设，工作缺乏创新活力。基于法律会随着社会的发展不断更新，加之人口的代际更迭，普法必将是一个长期的工作，"那种认为可以通过一两个 5 年时间，就可以一劳永逸的想法，是不切实际的。对于这项工作，我们要一个 5 年，两个 5 年以至 10 个 5 年，长期不懈地抓下去"[①]。即使是法治社会建成了，为了维持法治社会的状态，我们依然需要继续普法。所以基于此，与其追求短期普了什么法，不如从长远战略出发，把法治社会建设中的普法地基打稳定，2035 年之前就是我们打好基础的关键阶段。

---

① 中国司法行政发展研究报告编辑部.1996 年中国司法行政发展研究报告 [M].北京：北京法律出版社，1997：19-20.

根据《法治社会建设实施纲要（2020—2025 年）》，2020—2025 年在法治社会建设上的实施措施是增强全民法治观念、健全社会领域制度规范、加强权利保护、推进社会治理法治化、依法治理网络空间。这些措施没有跳出此前学者对法治社会建设的总体判断。要实现全体社会成员恪守法治、参与社会治理的法治社会，前期的普法工作当然是今后工作开展的重要积累，但以往的普法建立在已有的社会环境之下，在应对上具有滞后性。当前法治社会建设是法治建设的长远目标，普法发挥的功能立足于尚未发生的社会环境，与法治社会建设的长远战略配合，所以普法需要发挥能动性，以长远效益的实现为参照率先对普法工作和环境进行改造。

## 六、差距弥补的路径——普法的系统性发展

法治社会建设的提出为普法工作带来了新使命，用发展的眼光审视现有普法与法治建设要求之间的差距，可将法治社会的建设视为普法发展的契机，将差距的弥补作为普法工作改进的方向。

以往学者对普法的研究具有一定的侧重性，通常选取部分内容展开，选取普法的价值理念、方法、效果、特定对象的普法等问题中的一个或多个进行研究，其适用于短板建设，可以推动普法某一方面的进步。法治社会建设提出后，普法工作需要以法治社会的建设为参照进行系统性的改进，在新使命的完成上，未来的普法不是对以往普法的小修小补，应该寻找合适的理论分析工具，在原有普法格局的基础上展开创造性的工作，对偏重守法与多维追求之间的目标差距、政府包揽与全社会参与之间的体制差距、法律规范与社会规范之间的内容差距、单向普法与普法互动之间的方式差距、短期效果到长远效益之间的效益差距进行系统性的弥补。

# 第二章　法治社会建设中普法发展的 系统论分析

从前文对普法的研究梳理中可见，针对普法的研究主要从实践经验中来，多是对某些问题的发现总结及应对之策的提出，且实务部门的研究占了很大比例。碎片化的研究可以对普法工作某一方面的发展进行修补，但基于普法要回应法治社会的新要求，为了弥补差距需要进行整体性的调整，这时理论的分析工具就非常重要，本章将在社会系统理论中寻找支撑普法发展的基础原理。

## 第一节　社会系统理论的基本原理及其对普法发展的启示

### 一、社会系统理论的基本原理

系统论产生于自然科学的研究，美国学者巴纳德将社会学和系统论思想运用于管理中，创立了社会系统理论。当代社会系统理论中德国社会学教授卢曼（Luhmann，也有译为鲁曼）的社会系统论被认为是最杰出的代表，卢曼通过近30年的理论研究，实现了个人最大限度地研究循环，获得了史无前例的研究成果。[①] 其社会系统理论是在对众多理论的吸收、发展、批判的基础上形成的，如吸取智利生物学家马图拉那和瓦内拉生物学的研究成果、德国弗尔斯特的控制论的理论见解，发展帕森斯的系统功能论，与哈贝马斯的沟通行动理论进行激烈的争论等。近年来，卢曼的社会系统论被引入我国的学术研究，除了涉及理论介绍外，还涉及卢曼的相关著述的翻译、对其理论进行历史的和内容的梳理等，还有学者将其理论引入具体问题的分析，如

---

[①] 高宣扬. 鲁曼社会系统理论与现代性 [M]. 北京：中国人民大学出版社，2016：11.

软法概念的成立（翟小波）、思想政治教育传播体系的构建（闵清）、婚姻纠纷的解决（赵天宝）、邻避问题（张文龙）、"儿童形象"的知识生产（石艳）等。普法高度依赖社会而生存，且社会的有序发展需要规范系统来维持，普法在推动规范系统对社会产生作用上承担着重要的功能，所以在分析法治社会建设中的普法发展时，选取在法学和社会学的现代化中都占据重要地位的卢曼的社会系统理论，在该理论的启发中延伸观点。由于该理论体系庞大，故选取以下两项基本原理作为后续普法建设的理论根基。

### （一）社会是由功能系统构成

从传统的理论来看，人是社会的主体，离开了人，社会将不复存在。而在卢曼看来，虽然社会在形成阶段，人是重要因素，但一旦形成了社会，其就不可能被某个个人影响，没有人能成为社会的中心，社会能够产生一套用来维持自身运行的逻辑。[1]其将当代社会的本质看作系统："对于当代社会，我们再也不能把它描述成'市民社会''资本主义社会'或某种'科技贵族专制系统'。我们必须改之以一种指涉社会分化的社会定义。不同于一切早先社会的当代社会，它是一种功能上不断分化的系统。"[2]卢曼发展了帕森斯的系统功能论，从根本上颠倒了系统与功能的相互关系，从原来的"系统 → 功能"转变为"功能 → 系统"。[3]在卢曼的理论中，世界是一个总括性的范畴，在这个界域之内，可以观察到许多不同类型的系统，而社会系统仅仅是其中的一种。社会系统论遵循套套逻辑，社会系统下又因功能的不同，包含诸多子系统，如政治系统、经济系统、科学系统、法律系统、教育系统、宗教系统、家庭系统等。

### （二）系统具有自我创生性

卢曼认为系统之所以存在是因为其具有某种功能，社会在选择建构它的系统时，总要同时建构起意义系统。[4]各系统是相互独立的，系统之间互为环境，这是对传统社会认知的挑战。卢曼的系统理论是一种区分理论，系统

① 杜健荣.卢曼法社会学理论研究 [D]. 长春：吉林大学，2009.

② LUHMANN, N. *The Differentiation of Society*[M]. New York : Columbia University Press 1982, p.xii.

③ 高宣扬.鲁曼社会系统理论与现代性 [M]. 北京：中国人民大学出版社，2016 : 16.

④ LUHMANN, N.Religious Dogmatics and the Evolution of Societies[M]. New York/Toronto : The Edwin Mellen Press.1984 : 114.

就是系统与环境之间区分的维持。① 其发展了帕森斯的"开放"系统范式，即通过"系统／环境"之分替代"整体／部分"之分，以解决封闭系统论无法解释有机体系统与自然界的物质能量交换现象，无法说明机械系统、心理系统、社会系统与其外部环境的输入输出的关系等问题。20 世纪 80 年代，卢曼将"开放"系统范式进一步转向"自创生"范式，即各种社会系统自我指涉、自我观察、自我组织、自我再生产，自主决定如何与外部环境发生关联。自我创生是社会系统的重要特征，系统发展需要自创生运作，即按照自身的规律对其环境中的复杂性和偶发事件做出反应，由沟通的不断运作来维持自身的边界，通过强化自身的复杂性来对抗外部环境的复杂性。② 所以系统在运作上封闭、认知上开放，即既能够独立运作，具有自律性，又能够在自我发展过程中选择性回应外部环境。③

## 二、社会系统理论对普法发展的启示

普法是社会系统的组成部分，前文已经提出法治社会的普法需要系统性发展，此系统性与社会系统理论的系统性有契合之处，社会系统理论的基本原理可以作为普法的借鉴，是普法创新发展的有益分析工具。社会系统理论对普法发展具有以下启示。

### （一）反思普法的社会系统定位

普法活动主要由国家行政机关主导，由于目前具体运行仅有政策性的规定，对于普法者和被普法者来说不具有法律意义上的强制性，显示行政指导的性质，发展动力不强。《法治社会建设实施纲要（2020—2025 年）》明确要探索制定法制宣传教育法，普法即将迈开立法的步伐。基于立法的严肃性，需要在不断廓清普法重要性和独特地位的基础上进行制度的建构。以往我们对普法的定位遵循浅层逻辑，停留在表层描述上，如将普法看作教育公民守法的活动，视角狭窄，缺乏战略定位。应在准确定位普法地位的基础上对普法的价值进行深度挖掘。社会系统理论为我们提供了分析的工具，社会

① 桑田 . 理论史视野中的系统论法学 [J]. 人大法律评论，2019（2）：209-235.

② Luhmann, N.1992, "The Concept of Society." Thesis Eleven 31. Luhmann, N.1997, "Globalization or World Society？ : How to Conceive of Modern Society." International Review of Sociology 7（1）.Lee, D. 2000, "The Society of Society : The Grand Finale of Niklas Luhmann." Sociological Theory 2.

③ 陆宇峰 . 系统论法学与社会理论法学：三点回应 [J]. 人大法律评论，2019（1）：46-52.

是由不断分化的系统构成，普法也可视为社会在多层分化后的子系统。功能分化中每个子系统都要考虑三种不同的系统指涉：与整个社会的关系、与其他子系统的关系以及与自身的关系，基于此可对普法进行追问：其在系统中处于什么地位、其具有何种功能、其子系统环境是什么、其与环境的关系等，为其不可替代性不断加码。

### （二）解析普法发展的路径

世界在卢曼的社会系统理论中被视为一个充满复杂性的场域，且复杂性被分为有组织的复杂性和无组织的复杂性，主要区别是前者是结构化的，后者是非结构化的。[①] 相对来说有组织化的复杂性程度要低于无组织的复杂性程度，所以系统的复杂性总是低于环境的复杂性。环境复杂性使系统面临丧失生存能力的风险，由于在环境中始终存在着比系统内部更多的可能性和偶然性，系统为了维持其存续，需要不断地发展出化约复杂性的机制，即进行结构化建构。[②] 这种结构化的建构就遵循系统的自我创生原理，自我创生是系统发展的法宝。将该原理延伸至普法，普法也处于复杂的社会环境中，因其只是法治信息的传播环节，且与环境存在双重的偶然性，所以就连守法这一单一目标的实现都具有不可预知性，其如何化约复杂性，提高生存能力，可以遵循系统的自我创生性原理对普法进行结构化建构。

## 第二节　社会系统理论视野下的普法定位

### 一、作为法律子系统的普法

法律系统的功能在于维持一种"规范性期待"，这意味着在现代社会，法律必须做到即使遭遇违反法律的事态，经历法律规范与社会实效的落差等现象，仍能够有效地维持社会对法律的一般性坚守。[③] 将其放入我国的法治实践中，普法可为法律的"规范性期待"服务，社会系统论遵循套套逻辑，一系列的政策文件勾勒的普法格局具备了结构化的雏形，可将普法视为法律

---

① NIKLAS LUHMANN. Social System[M]. Stanford : Stanford University Press, 1995 : 24.

② NIKLAS LUHMANN. Social System[M]. Stanford : Stanford University Press, 1995 : 26.

③ SeeN.Luhmann.Law as a Social System, trans.K.A.Ziegert, Oxford, New York : Oxford University Press, 2008 : 145.

的子系统。法治社会建设是为了让法律规则能够在社会生活中运行，从过程论上看，我国的法学理论对法的运行达成了基本的共识，即包括法的制定、执行、适用、遵守等环节，就是我们通常所说的立法、执法、司法、守法各环节。2018 年中共中央印发了《深化党和国家机构改革方案》，组建中央全面依法治国委员会，该委员会下设立法、执法、司法、守法普法四个协调小组，可见我国全面依法治国工作的重点领域是按照法的运行环节铺开的。所以在我国法律运行的框架内，除了普法外，还可将立法、执法、司法视为法律系统的子系统，各系统间互为环境。随着我国全面依法治国工作的铺开，除了整体推进外，还应重点关注短板的补足，法治社会建设作为后发建设，是短板所在，且相对于其他子系统，守法普法子系统目前尚未有规范支撑，是法治建设的薄弱环节，所以应充分重视法治社会建设中的普法子系统的短板地位，通过不断地探索发展来补足。

## 二、普法系统与环境的沟通

作为法律子系统的普法系统其他子系统之间是互为环境的关系，如没有科学的立法系统、公正的司法系统、严格的执法系统，普法系统再完善，公民也会对法治持怀疑的态度，所以这些环境也影响着普法系统的塑造。卢曼所说的环境是复杂的，系统与环境充满着双重偶然性，风险存在于偶然性中。现代社会系统分化的事实被比拟成一个多声部的合唱，每个声部代表了一个功能子系统，有自己的旋律和风格，每个声部都可以在节奏的"时间约束"中对其他的声部形成期待。① 普法虽然不能解决社会法治建设的所有问题，但立法的科学、司法的公正、执法的严格也是谱写社会法治的声部，基于系统既封闭又开放的特性，普法即使自身具有自律性，也应与环境进行沟通，应对变化。为了让法治社会的合唱更动听，普法系统应与作为其环境的其他子系统进行如下沟通。

### （一）普法系统与立法系统的沟通

普法内容与立法有直接的关联，法治社会要推进多层次多领域依法治理，社会治理规则体系建设是立法面临的变化，相应的其会影响普法内容的展开。方世荣教授认为要推行社会治理法治化，需要在社会建设领域构建形成较完备的社会治理法律体系，认为这"有利于完整、系统地认识社会治理

---

① 鲁楠，陆宇峰. 卢曼社会系统论视野中的法律自治 [J]. 清华法学，2008（2）：54-73.

法，有利于用以集中、全面指导和规范社会治理活动，保障依法开展系统化的社会治理，适应法治社会建设的需要"①。其进一步对社会治理法的内涵进行了揭示："社会治理法是有关社会治理活动的各种法律规范之总和，它调整执政党、国家机关、社会组织以及公民等主体在社会治理活动中形成的各种社会关系，确立并实现各方在社会治理活动中的权利义务，以保障社会治理活动规范、有序开展，最终达成社会和谐的根本目标。"② 法治社会多层次多领域依法治理还要求发挥市民公约、乡规民约、行业规章、团体章程等社会规范在社会治理中的积极作用，所以除了法律体系外，基于法治社会对共治的要求，应将一切有利于法治社会建设的规则纳入体系建设，即构建"社会治理规则"体系，不仅包括权力机关制定的法律规范，还包括社会规范。这在《法治社会建设实施纲要（2020—2025 年）》中亦有所体现，在健全社会领域的制度规范中，不仅包括立法规范，还包括社会规范和道德规范。将社会规范纳入社会治理规则体系可以弥补法律规范在调节范围上的不足，且社会规范与公民的生产生活契合度高，使用频率高，另外，"社会成员对法的了解、理解、认知有限，消化能力、运用能力有限。繁杂的多层次的法律体系成为社会普通成员的法律负荷，其复杂性难使一般公民掌握，更难使其依法而为，或依法维权。因此，法治社会的积极建设，推动自治规则和非正式制度支撑社会的良性运行，有助于弥补立法的上述局限与困境"③。社会的自治规范更易被公民理解和接受，其在社会治理中应当发挥重要作用。以上社会治理规则体系突破了传统的法律规则体系，在法治社会建设的普法中，普法应适应新的规则体系的要求做出调整。

　　除了普法内容与立法具有关联性外，《法治社会建设实施纲要（2020—2025 年）》在健全普法责任制部分提到了要"引导社会各方面广泛参与立法，把立法过程变为宣传法律法规的过程"，倡导立法机关宣传法律法规，这与普法责任相关联，若融入现有的"谁执法谁普法"的责任制尚需要进行相关的转化或解释。另外，立法过程变为宣传法律法规的过程会引发普法方式的转变，需要进一步研究。

① 方世荣. 论我国法治社会建设的整体布局及战略举措 [J]. 法商研究，2017（2）：3-14.
② 方世荣. 论我国法治社会建设的整体布局及战略举措 [J]. 法商研究，2017（2）：3-14.
③ 江必新，王红霞. 法治社会建设论纲 [J]. 中国社会科学，2014（1）：140-157.

### （二）普法系统与执法系统的沟通

在国家机关"谁执法谁普法"的责任制下，承担普法责任的主体是以执法机关为主的国家机关，所以普法中普法主体与执法系统相关联。法治社会建设强调社会共治，与传统的管理型社会不同，其定位了社会主体在社会治理中应当发挥自治功能。法治社会的建成需要充分发挥社会主体参与社会治理的积极性，所以在建设法治社会进程中应投入更多力量挖掘社会的自治功能。然而，挖掘社会的自治功能与西方国家的市民社会建设不同，后者"是建立在个人从事经济、文化和社会活动的基础上并与国家相脱离的社会空间。在这个空间里，社会本着自愿的原则自我组织、自我规制、高度自治。这种高度组织化的社会在法治的框架下自我运转，并与国家权力相制衡"①。我国利用后发优势走过了西方国家几百年的历史，高速发展的同时要应对社会矛盾的集中爆发，靠社会自发解决矛盾的道路行不通，需要走党政主导的建构型发展路程。② 另外，传统社会的重人情特征、政府的管制和公民的被管制思维给法治的推行及自治积极性的发挥带来一定障碍。加之社会自治能力不足，无政府干预的社会自治时机和条件均不成熟，所以法治社会建设党政机关的作用非常重要，普法中党政机关除了要直接承担普法责任外，还应做好引领者。首先，协作普法的引导者。依靠社会主体自发参与社会治理不仅缺乏动力，还缺乏相关治理能力，所以法治社会政府的角色虽然由包揽所有社会事务的传统管理方式转变为与社会合作共治的新治理模式，但依然应当承担吸收全社会力量参与社会治理的组织、引导职责。③ 普法作为服务规范化治理的工作也应吸纳社会力量参与，应进行宏观规划部署，指明参与方向和形式，并通过多种手段，如指导、奖励、资金支持等方式做好引导和服务，既让公众愿意参与又有能力较好地参与。其次，恪守法治的带头者。法治氛围的营造需要通过实践落实，党政机关及党员、公务员需要起到践行法治的模范带头作用，不仅在工作中，在生活中也应如此，充分认识自身承担的带头守法责任，形成正面示范。践行法治的示范亦是在普法，与普法的方式相关联。

① 应星 . 国外社会建设理论述评 [J]. 高校理论战线，2005（11）: 29-34.
② 张鸣起 . 论一体建设法治社会 [J]. 中国法学，2016（4）: 5-23.
③ 方世荣 . 论我国法治社会建设的整体布局及战略举措 [J]. 法商研究，2017（2）: 3-14.

### （三）普法系统与司法系统的沟通

普法规划中倡导的建立检察官、法官以案释法制度是司法系统与普法的关联，其中涉及普法责任的承担，即检察官、法官也应承担普法责任，还涉及普法的输出方式，即以案释法的方式。目前对于责任的承担和方式的展开还没有具有直接指导作用的方案，为了让司法在法治社会中发挥更大的示范效应，应注重司法的开放，即让公民参与司法活动，在参与过程中接受法治的熏陶，加深对法治的理解。

除此之外，保持司法的公平正义是营造良好普法环境的重要因素。公平正义是司法制度的核心价值，司法是社会公正的最后一道防线，人情案、关系案、司法腐败等现象是破坏司法公正的常见因素。培根曾说："一次不公正的审判，其恶果甚至超过十次犯罪，因为犯罪好比污染了水流，而不公正的审判好比污染了水源。"如果连司法人员都做不到信守法律，何谈让公众相信法治？网络的发达使信息的传播更为便捷，冤假错案极易引爆负面舆论，对司法公信造成重大损失，同时，公平正义的崩塌会让公民越来越觉得法律知识的无用，且言行不一会增加反感，所以司法应时刻紧绷恪守法治之弦，时刻坚守公正的底线。

## 第三节　社会系统理论视野下普法的理想形态

系统是开放性和封闭性的集合，普法功能的实现需要普法系统在与复杂环境沟通的过程中进行"自创生"，建构起自身的系统。否则要么淹没于环境中，失去其意义，要么陷入自我封闭，造成系统崩溃，被时代抛弃。当前，法治社会建设背景下的普法的"自创生"首先要适应法治社会建设做出"自我调整"；其次，此前的普法并无明确的要素系统，前文对现有普法格局的描述是在一阶观察的基础上得出的，需要进一步"自我构成"；最后，普法的制度要素相对固定，但要素的内涵会随着社会的变化出现新的变化，需要进行调整，即"自我再生产"。通过自我创生形成具有明确的目标指引、清晰的权责分配、完善的内容遴选、丰富的方法调适的适应法治社会建设的普法系统。

## 一、明确的目标指引

十九大报告将建设社会主义现代化强国的目标分为两个阶段来安排，2035 年法治国家、法治政府、法治社会基本建成是第一阶段的目标之一。建成法治社会不仅是 2035 年要达到的状态，更是在这之后需要长期保持的状态，虽然普法规划是阶段性的，但普法工作不是阶段性的，是需要长期进行，并需要有未来视野，其视野不仅应放在达成 2035 年的目标上，还应放在如何将法治状态变成稳定的状态长期进行下去。从前文梳理的历届普法的主要目标看，目前，我国普法的目的定位是守法。将普法主要定位为守法只能实现"法制"的状态（形成遵守法律制度的表象），并不能实现"法治"的状态。从普法规划对目标的具体描述来看，其更像是普法者对普法后的理想状态描述，且是单方的美好愿景，缺乏与普法对象达成共识的沟通过程。在卢曼看来，霍布斯、洛克、卢梭和康德等思想家用自然权利论和社会契约论作为社会发生协调共识的根据等理论设想是不切实际的，只有双重偶然性才是唯一可被期待和唯一可被预测的事实。[①] 基于系统自身及环境的运作过程充满了偶然性，如普法系统内部普法主体在普法过程中走过场或者通过向普法对象发放与其日常生活无关的法条汇编等方式进行普法，基本上是无法起到教育作用的。作为普法系统环境的司法系统，如果充满着枉法裁判、冤假错案，也是无法让公民相信法治的。虽然系统最终走向何方不能被准确预测，但统一的目标指引依然很重要，前文中通过对现有普法目标的观察可见，当前以教育公民守法的普法目标是片面的、消极的，缺乏未来视野，应建立新的目标指引系统。新的目标应立足于指引作用的发挥，即普法实践应该从哪些方面对普法对象施加影响，让其对法治有科学的认识，并明确具备何种行为能力即可支撑普法对象践行法治。另外，新的普法目标除了对普法对象展开关怀外，还需要从更深层次挖掘普法在社会和国家的发展中应做出的贡献，即从更深更远的视角审视普法。本书将在第三章阐释法治社会建设中普法的目标体系及具体指涉。

## 二、清晰的权责分配

从我国的普法主体的发展历程来看，具体普法责任的承担经历了"谁主管谁负责""谁执法谁普法"两个阶段。从"一五"普法规划至"六五"普

---

① 高宣扬. 鲁曼社会系统理论与现代性 [M]. 北京：中国人民大学出版社，2016：153-154.

法规划，普法的日常工作主要由司法行政机关负责，由司法行政机关主管普法，虽然也强调各行政机关、社会组织等的通力配合，但常规的普法工作主要是司法行政机关在发挥作用。一些行业的主管机关也承担特定的法律规范的普及工作，制定自己的五年普法规划，如教育系统、农业系统、工商系统等，普法责任制呈现的状态是"谁主管谁负责"，可以视为我国第一代普法责任制。在该责任制下还未建立较完善的考核机制，加之其他行政机关的主要职能中并未将普法列入其中，对参与普法的积极性并没有实际的推动力。依靠以司法行政机关为主的综合性普法部门只能解决法律常识的普及，不能实现精准普法。"七五"普法规划提出了"谁执法谁普法"的普法责任制，普法责任被进一步分解，司法行政机关不再是重点的普法机关，所有的执法机关都有普法的职责，司法机关还有以案释法的责任，此责任制可以视为第二代普法责任制。执法机关和司法机关普法，能够发挥自身的知识优势，且通过与实际的案例结合，更生动地普法，相对来说其不仅可以解决常识性的法治知识的普及，也能推动专门性的法治知识的普及，但该种普法责任制依然是公权力机关为主要推动力量，其普法的范围局限于职权范围内，对于法治社会建设来说，只能涵盖部分规则。另外，对于公民来说，其对法治的直接需求是解决自身的疑惑，日常生活中接触不到的领域和与其不相关的法治知识通常并无了解的意愿，以国家权力机关为主导的普法在已有的实践中还未形成订制式的服务，是知识打包型的一揽子普法，不仅可能形成重复性工作，导致普法资源的浪费，也不利于提升普法对象接受法治知识供给服务的体验，未有配套的制度亦无法充分调动全社会力量参与普法。

普法规划目前列举的主体有法官、检察官、行政执法人员、律师等，媒体有公益普法的责任。法治宣传教育工作虽然应由国家承担，但无须所有工作都由国家来做，调动社会力量参与，不仅能够充实普法力量，还可以优势互补，扩大普法的覆盖面。当前各地在制定地方性普法责任实施意见时，进行了一些创造性发展，如将"谁执法谁普法"扩展至"谁主管谁负责""谁服务谁普法""谁用工谁普法"等，但主要停留在概括性表述，缺乏细则，导致分工和责任不明确，不利于普法工作有序深入开展。法治社会建设中的普法需要最大限度地发挥社会主体的作用，即使是"谁执法谁普法"，其责任清单制度还尚在发展中，在实践中还无法完全做到权责明晰，在法治社会建设背景下，普法需要适时建立起主体清晰、责任明确的第三代普法责任制。另外，作为公共服务的普法，如何精准地识别普法对象，满足需求，还需进一步分类，明确服务对象可享受的权益。以上内容需要通过清晰的权责分配建设实现，将在本书第四章阐述具体设想。

### 三、完善的内容遴选

在法治社会建设中，公众需要接收何种法治信息？现有的普法内容在选择上较为封闭，以普法者的视角展开，缺乏与外界的沟通，在客观环境发生变化时，尚未进行适应时代发展的自我调整，如我们已经从"健全社会主义法制"阶段走向"建设社会主义法治国家"阶段，这早在1999年的宪法修改中就进行了确认。近年来，一系列针对全面依法治国的方针政策无不是在服务于"法制"向"法治"的发展。虽然"七五"普法规划在名称上从"法制宣传"转向"法治宣传"，亦倡导在"传播法律知识的同时，更加注重弘扬法治精神、培育法治理念、树立法治意识"，但在宣传教育实践中还未完全从法制体系转向法治体系。当然任何发展都要经历一定的时间过程，若要使其向理想状态发展，尚需形成对实践操作具有直接指导作用的规程。同时，普法责任清单制度目前针对的只是国家公权力机关对自身普法内容的列举，具有很大的自由裁量性，也无法对标法治体系建设的内容建立起完备的内容遴选机制。内容遴选应该加强与环境的沟通，将能够服务于法治社会建设的法治信息不断地内化为普法的内容。本书第五章将尝试建立法治社会建设的普法内容遴选标准。

### 四、丰富的方法调适

卢曼说："自我生产的系统，它使用有意义的沟通作为其基本操作过程……社会系统是通过沟通，并把沟通当作自我生产的程序。"[①]普法是向公民传达法治的信息，其开展的教育和服务活动可视为普法行为。现有的普法行为体现了系统的封闭性，普法行为的实施有固定的场域，如前文所总结的普法实践中常用的方式：发放普法教材、开展普法讲座、举办普法相关竞赛、通过网络媒体普法等，在这些场域中普法者主导着内容和节奏。基于系统的开放性，每一种普法方法可视为普法者与普法对象之间的沟通场域，即在具体的普法行为中不应仅仅是普法者向普法对象传达信息的单向关系，普法对象可以在这个过程中向普法者反馈信息，如提出意见、建议等。法治社

---

① LUHMANN, N. "The Evolutionary Differentiation between Society and Interaction." In The Micro-MacroLink.eds.bu Alexander, J.C.et alii[M]. Los Angeles : University of Calfornia Press. 1987 : 113

会的普法要使法治信息有更广的覆盖面，需要开拓更多的渠道，在不断调适的过程中提高公民对法治知识的接受度。这些渠道像人体的毛细血管，以其为通道将法治知识输送到社会的各个角落。要让毛细血管健康畅通的工作，每一种渠道都需要具有开放性，使其不仅是普法者和普法对象的内部沟通场域，还能让其成为普法系统与外部环境的沟通场域，在沟通中拓展普法的方法。普法实施方法的拓展空间将在本书第六章探讨。

　　行文至此，基本形成了对普法创新方向的基本描述，在对具体方向展开详细论述之前，要重申对发展应保有的谨慎态度。卢曼一再强调现代社会的极端复杂性及其高度不确定性，现代社会尽管充满着法规、规则和制度，似乎一切都是有秩序的和稳定的，但这些法规和制度本身是对社会系统复杂性和偶然性越来越高的抽象综合，以引导社会系统走向风险性社会作为代价，法规、制度和组织，都无法避免风险，不但如此，它们甚至就是社会上各种风险的"罪魁祸首"。卢曼在《风险社会学》中，令人信服地论证了法规、制度和组织导致社会风险的各种条件。他认为，现代社会的法规、制度和各种秩序越严密和专业化，风险的可能性就越多。[①] 卢曼指出："风险实际上是包含着由决策者自身的观察（自我观察）在内的决策的观察面向问题。"[②] 也就是说，风险的实质就是观察者的观察面向的复杂性。观察的复杂性使观察者沉陷其中却又仍然自诩为最准确和最合理。但各种观察者往往受到流行于现代社会的各种意识形态或偏见性观念的影响，很少对自己的观察角度、立场和方法及其结果进行认真的反思。[③] 其提出二阶观察理论强调观察的反思性，即对发展的不确定性应抱有敬畏之心。借用二阶观察理论，第一章对现有普法制度的描述和评价是对普法的直接观察和判断，属于一阶观察，为了适应法治社会建设对普法的要求，需要对原有观察进行再观察。基于普法的发展会带来新的风险，这也提醒我们，作为观察者，应对之策的提出要始终秉持审慎和可商榷的态度。

---

① LUHMANN，N.Risk : A Sociological Theory[M]. New York : Aldine de Gruyter.1993 : 118.

② LUHMANN，N.Risk : A Sociological Theory[M]. New York : Aldine de Gruyter，1993 : 104.

③ 高宣扬 . 鲁曼社会系统理论与现代性 [M]. 北京：中国人民大学出版社，2016 : 262.

# 第三章　法治社会建设中
# 普法目标的再定位

　　以教育公民守法为主要目标的普法已不适应新的时代，但其亦发挥了重要作用，虽然大众会诟病法治实践中出现的问题，但仍基本保有了对法律的"规范性期待"，社会需要法治来维护公平、正义已是普遍共识。我们应清晰地知道虽然法的重要性已深入人心，但依然没有完全褪去神秘色彩，对绝大多数公民来说其主要通过朴素的经验展开社会活动，并没有真正开启法治的生活方式。普法应担纲法治"祛魅"的重任，首要的是对普法的目标进行深层的拟定，立足于为个人、社会、国家的发展服务。

## 第一节　个人层面：法律素质的提升和权利的高质量享有

　　法律素质是"人们所具有的法律知识量的多少以及运用法律知识维护自身及他人合法权益的能力和意识的度的高低"[①]。苗连营在其主编的《公民法律素质研究》中将公民的法律素质定义为"公民在法律知识、法治意识和依法办事能力等方面的综合状态。"[②] 其本质是知识和能力的拥有，是智力和体力的发展，符合马克思所倡导的人的全面发展（人的体力和智力的充分、自由、和谐的发展）。普法就是给公民提供获取法律知识的途径，同时是公民运用法律知识的前提和保障，普法效果的好坏直接影响运用法律能力的高低。"人的全面发展"原理的中国化是通过制度化得以实现的，21世纪初，"人的全面发展"问题重新受到当代中国马克思主义者的高度重视，坚持人的全面发展与社会的全面发展相统一、坚持人的全面发展与提高国民素质的

---

① 孙笑侠 . 浙江地方法治进程研究 [M]. 杭州：浙江人民出版社，2001：251.
② 苗连营 . 公民法律素质研究 [M]. 郑州：郑州大学出版社，2005：9.

统一是 21 世纪"人的全面发展"学说的理论创新。法治社会建设是社会全面发展的重要内容，法的价值还在于对人的自由发展权利的保护，并在实践中追求权力的高质量享有。人是社会的核心要素，公民的法律素质决定着法治社会实现的程度，人的全面发展决定着社会的全面发展。普法的直接对象是人，其首要的和根本的关注应是对公民个人的发展。

## 一、法治公民的塑造

### （一）公民法治意识的形成

法律素质中包含有法治意识的内容，是人们关于法治理论和法律制度的心理反应、观点、思想与评价[①]，意识的培养目标不是劝导公民机械地守法，而是帮助公民形成正确的法治观，应在普法中对以下法治观念进行宣传。

#### 1. 追求正义，敬畏规则的意识

正义是现代法律的核心价值追求，也是对法律进行评价的重要标准，哈特就曾经指出："法律家们赞扬或指责法律或其实行时，最频繁使用的词语是'正义（的）'或'不正义（的）'。"[②]法律将正义作为追求，目标是维护每一个人正当的利益或是欲望，并控制权力的肆意滥用。追求正义可以帮助公民对法律进行评价，判断它是"好"的还是"坏"的，即"正当的"或是"不正当"的，进而遵守它或者对其提出意见或建议，这是对法律的反馈，能够让法律在不断地被认可或批评的过程中完善。对法律的正向判断可以激励公民在内心认可的基础上尊重法律规则、信仰法律。同时，即使对法律进行负面评价也不应影响其被遵守，因为在法律思维的世界，被权威机关确认的法律具有先定力，预先相信它是可以接受的，这是法律得以稳定运行的重要保证。

#### 2. 诚信为本，积极维权的意识

诚信是法治社会的衡量指标，诚信建设近年来多次出现在具有战略意义的党的会议公报中：十八届四中全会《中共中央关于全面推进依法治国若干

---

① 苗连营.公民法律素质研究 [M].郑州：郑州大学出版社，2005：9-10.

②（英）哈特.法律的概念 [M].张文显，郑成良，杜景义，等，译.北京：中国大百科全书出版社，1996：155.

重大问题的决定》将加强社会诚信建设作为法治社会建设的重要内容、十九大报告将诚信建设作为思想道德建设的重要内容。2019年10月国务院通过的《优化营商环境条例》更将诚信建设入法，将其视为高质量发展的重要保障。诚信是和谐人际交往的前提，不论是法律还是其他社会规则，一旦订立，契约精神的秉持是顺利实施的保障，所以守法本质上也是在履行契约，法治社会需要人人都具备诚信精神。法治的意识不仅体现在消极的遵守上，还应体现在权益受损后，积极依法维权。耶林在《为权利而斗争》一书中开篇就指明了权利只有被主张才能被称之为权利。①"法律不保护躺在权利上睡觉的人"这句古希腊谚语也在提醒人们积极主张权利。该意识的树立也有利于公民建立理性的法治观，实践中，因为没有维权意识或者基于多一事不如少一事的心理，在权利受损后对法律产生否定评价，认为法律并没有发挥保护公民权益的作用，殊不知不主动用法，写在纸上的法是不会自觉运行的。

### 3. 尊重程序，重视证据的意识

"程序是法律的生命形式"②，在法律的世界中，对正义的追求往往是借助程序来实现的。法律从产生到实施都需要程序：立法程序的设置是形成良法的保障、司法程序的运作有利于客观真相的还原、执法程序的设置是对权力滥用的制约。公民应正确认识法律程序，普法应该让公民认识到程序的重要性和必要性，避免将正当程序视为权利保护的障碍。此外，法律程序的运作是在程序中不断发现事实和真相，据此做出法律的判断，该事实和真相不能仅通过语言，证据是证明事实的重要依据。实践中由于缺乏证据意识，导致权利受到较大损害而不能通过法律途径维权的例子很多，因证据不足而四处碰壁后，当事人通常亦会对法律、对司法机关产生曲解，认为法律并不保护自己，法律无用，或者司法机关背后肯定有猫腻，所以普法还应建立起公民的证据观念。

### （二）法治行为能力的培养

法律素质的培养包含了依法办事能力的获得，但不意味着法律素质的提高就是为了让公民无条件服从法律，法治公民不光是守法的公民，还需要积

---

① （德）鲁道夫·冯·耶林.为权利而斗争[M].胡海宝，译.北京：中国法制出版社，2004：1.

② （德）马克思，恩格斯.马克思恩格斯全集（第一卷）[M].北京：人民出版社，1956：178.

极维护自己合法权益的公民、参与并监督国家机关公权力的公民，大家积极维护社会的正常运行，有法治观念的公民越多、群体越大、水平越高，违法的可能性就越小。具体来说：

第一，要培养个人维权的能力。维权的能力是法治公民应当具备的首要的和重要的能力，包括知晓自身的权利义务及权利义务的边界并知晓权利受侵害时应如何寻求救济。个人具备了维权的能力可以增加公民对违法侵害说"不"的底气，提高违法成本，促使违法者慎行。普法工作要做的是使公民在面对矛盾纠纷时能以法律规则为参照，选择理性明智的方案解决问题，而非出于自认倒霉的心理或单方的强词夺理。

第二，应提高立法建言的能力。法治的前提条件是具有完善的法律制度，且法律制度能被大众遵守。虽然我国的立法权属于权力机关，但根据法律、法规、规章等的制定规范，征求公众意见成为立法和修法的必要程序①，此规定亦是推进立法合理，赢得公民信赖的保障，所以法律的制定和修改需要公众的参与，目前将其作为法定程序为公众参与立法打通了渠道，但除了程序的设置还需要公众具备参与的能力，该能力的获得依赖法治教育来实现。

第三，应具备司法协助的能力。司法是维护公平正义的最后一道防线，为了贯彻党的群众路线，实行司法民主，保障司法公平公正，实现人民参加国家司法审判事务管理的当家作主地位，我国建立了人民陪审员制度，为了对特定的检察活动进行监督，我国建立了人民监督员制度，这些制度的建立亦可以起到司法通达民情、反映民意、凝聚民智和民力的作用。在实践操作中，人民陪审员和人民监督员虽然能够依照制度规定落到实处，但要让制度设计真正发挥作用，需要提高人民陪审员、人民监督员相关业务能力，通常情况下以培训的方式进行，但对于普通公民来说，通过短期的培训使公民掌握法治思维，履行或监督司法职权的行使是草率的，法治教育作为一项长期的工作，可为公民协助司法打好知识基础。

第四，执法监督的能力。行政执法是公民在公共生活中最能感受到被管

---

① 如《中华人民共和国立法法》规定要保障公民能够通过多种途径参与立法活动（第5条）。《行政法规制定程序条例》规定行政法规的起草部门要广泛听取意见。公众普遍关注的热点难点问题和经济社会发展遇到的突出矛盾，减损公民、法人和其他组织权利或者增加其义务，对社会公众有重要影响等重大利益调整事项的，应当进行论证咨询，行政法规草案及其说明应向社会公布，征求意见（第13条）。《规章制定程序条例》也制定了征求意见制度（第15、16条）。

理和约束的领域，执法可以是提供服务，也可以是处罚违法行为，这都会对公民的权益产生实质影响，但由于执法机关与公民之间的权力不对等，导致公民天然处于弱势地位，如若公民具备监督的能力，知晓合法行政的常识，可以一定程度上促使行政机关依法行政，提高社会的整体福利。

### （三）法治传播习惯的养成

养成法治传播习惯是法治公民的较高素质，法治意识形成和法治行为能力的具备是该习惯养成的前提。英国新分析学派代表哈特直言，规则要具备暴力强制性，建立在接受成员的广泛性上，规则如果没有被足够的人认可并进行合作，就不可能形成权威，国家的强制力也无法建立起来。① 法律规则作为具有国家强制力保障实施的规则，需要寻求尽可能多的公民的接受，不仅践行法治是一种合作，传播法治更是深层的合作，传播越广，被吸纳接受的成员就越多。养成法治传播习惯就是形成人与人之间的裂变式的传播，与现有的以国家机关为主要传播者的单级传播模式相比，覆盖面和影响力更广。

#### 1. 法治传播习惯的价值选择：追求和谐的社会秩序

传播的效果具有不确定性，可能是正效果，可能是零效果，也可能是负效果，法治传播的理想状态是力求正效果，力戒零效果和负效果。② 法治信息具有确定性，但其形成后，信息的运用、理解等传播行为具有不确定性，如即使是直接运用法律规范宗旨开展的司法活动、行政行为等也可能出现错误适用法律法规、枉法裁判、违法行政的现象，此时法治传播效果就为负。相对来说普通公民在法治传播中没有法定的责任和明确的边界，一些负面的法治信息更容易被津津乐道，该偏好性和传播过程中片面的解读强化了负面的法治信息，使受传者对法治产生怀疑，降低群体对相关秩序的认同感，也容易出现负传播的现象。

法治信息发布后，受众对信息的接受和再传播是非常重要的，因为"法律信息的产生和流动过程，就是传播、分享、互相影响，然后再传播、分享，再互相影响、不断循环往复，实现全社会在高度认同的层面上理解、享

---

① （英）哈特.法律的概念 [M].张文显，郑成良，杜景义，等，译.北京：中国大百科全书出版社，1996：116.

② 庹继光，李缨.法律传播导论 [M].成都：西南交通大学出版社，2006：28.

用法律信息的终极目标"①。作为受众的公民都能够成为法治的传播者，如何保证最终形成正向的法治"认同"，需要公民在法治传播习惯中以和谐的社会秩序为价值追求，即法治传播习惯应配合社会秩序的和谐发展，有利于和谐社会秩序的形成，所以，相对的要尽量避免造成社会秩序混乱的法治相关信息的传播或防止片面传播削减法治的认同感。当然，追求和谐社会秩序的法治传播习惯并非只传播正面的信息，有粉饰太平之嫌，而是在处理负面信息时，引导公民认识法治底线，形成法治追求的完整传播链，如传播揭示违反法治的现象时，不仅仅是抨击谴责，还应传播后续的矫正和改善，维持正向的法治传播在与破坏法治的不良风气和习惯较量时占据上风的局面，即使有利益的冲突及论辩，法治信息在传播、分享、互相影响的不断循环往复中也要维持社会秩序朝着和谐有序的方向发展。

2. 法治传播习惯的心理准备：旧观念的克服

法治传播的目的是让更多公民形成对法治的社会认同，进一步践行法治，对法治的践行不仅体现在不违法的消极行动上，还体现在维护合法权益的积极行动上。法治传播不仅可以通过自身的维权行为来展示，更倡导告知指导他人维护合法权益。不论是自身践行还是指导他人都要克服旧有观念：在自身权益受侵犯时要克服"自认倒霉"的心理，如在消费过程中遇到假冒伪劣商品如果涉嫌金额较少，大多数人都抱有"自认倒霉"的心理，如此不仅是自身权益受损，也不利于商家反思矫正自己的违法行为，更多人买到该商品，大多数人的沉默会换来商家的得寸进尺，消费环境的恶化，最终使人们走入消费误区；在帮助指导他人维权时要克服"多一事不如少一事"的心理，虽然普通公民没有义务如此，但作为法治共同体的一部分，其最终都会体现在社会的法治环境中，法治社会的形成需要传播法治的热心人，这是法治传播习惯的高级阶段；在群体维权时要克服"搭便车"的心理，在群体权益受侵犯时，大部分公民通常希望有人能够站出来维权，自己可以搭便车享受最终成果，人人都想"搭便车"增加了实际维权者的成本，也封堵了法治传播的通道，应知雪崩之时没有一片雪花是无辜的，只有受益人都积极参与，在这个过程中相关的法治信息才能得以传播开来。

---

① 庹继光，李缨.法律传播导论 [M].成都：西南交通大学出版社，2006：216.

3. 法治传播习惯的基础保障：准确的信息源和理解力

法治传播习惯要达成的效果是所传播的法治信息最终是全社会同频的，法治公民所传播的法治信息虽然经过了自己的加工转化但未违背规范在确立时的基本宗旨和内涵。普通公民的法治传播行为与官方的传播行为相比在权威性上处于弱势，但一旦公民成长为具有法治意识和法治行为能力的法治公民，基于其在法治信息的人际传播中具有较高的信任优势，容易成为法治知识相关的意见领袖，通常其与被传播者较熟悉，在信息传达过程中，必然会根据受众的实际情况，对已有的信息素材进行加工、解释和重新编码：对方不太熟悉的内容加以必要的解释，对方感兴趣的部分添枝加叶，不理解也没有多大兴趣的内容适当删减，如此处理，自然增强了信息在二度传播时的针对性，更便于受众接受。[①] 该优势要充分发挥需要以下基础条件的保障：法治信息来源必须清晰、准确、具体，只有被确定的法治信息才能被作为传播的对象，还未确定的法治信息容易扰乱人们的认识，错误的法治信息甚至会带来负面的效果；传播人必须对法治信息做出准确的理解，当然普通公民没有传播法治的责任和义务，在专业度上也不如受过系统训练的法律人，其准确的理解力依托所接受的法治教育，也需要专业的法律传播者进行把关，以保障普通公民参与的法治传播与法治信息的源头保持一致。

## 二、受教育权的充分实现

宪法规定受教育权既是公民的基本权利又是基本义务，多年来我国对受教育权的关注主要在义务教育阶段，侧重于学习文化知识，《国家人权行动计划（2016—2020 年）》中对受教育权的保障主要围绕学历教育，但值得一提的是其中提到了继续教育：建立个人学习账号和学分累计制度，畅通继续教育、终身学习通道。支持各类高校、企事业单位和各类教育培训机构开展继续教育。联合国教科文组织很早就开始致力于教育理念的研究，目前有三份影响力较大的报告，贡献了经典的教育理念：1972 年的《富尔报告》提出学习型社会和终身教育、1996 年的《德洛尔报告》提出终身学习和学习的四大支柱、2015 年的《反思教育：向"全球共同利益"的理念转变》提出人文主义教育观和发展观（尊重生命和人格尊严，权利平等和社会正义，文化和社会多样性，以及为建设我们共同的未来而实现团结和共担责任的意

---

① 庹继光，李缨．法律传播导论 [M]．成都：西南交通大学出版社，2006：248-249

识 )[1]，可见，联合国教科文组织在全球视野下不断更新和倡导着眼于未来的教育理念，我国教育领域应紧跟时代步伐。

　　普法过程是一个完成法制教育的过程，其也应该遵循教育的规律并吸收不断发展的教育理念以促成目的的达成。我国的法治宣传教育由政府免费提供，这与义务教育的责任主体和费用承担主体相同，目前把义务教育纳入受教育权进行保障不论是权利的享有者还是义务的承担者均已习以为常，但若把法治宣传教育提高到受教育权的高度进行保障似乎缺乏环境和客观条件，但这不影响我们应当把法治宣传教育当作公民的受教育权来看待。根据联合国教科文组织倡导的教育理念，法治宣传教育本身对公民个人有重大意义：法律具有稳定性但也会随着社会的变化发展出现废止、修改、制定新的法律，法律一旦出现变化，法治教育的内容也会随之调整，这就使公民接受法治教育不可能是短暂的，一次性能完成的，其是一个终身教育和终身学习的过程；法治教育向公民传播法律常识，其是公民法治生活的基本能力获得的前提，运用法律思维处理各种情况；团队协作亦建立在对合作规则达成共识的基础上，其本质也是规则意识的支配。法律意识是一种理性的意识，可为公民个性发展注入理性的力量，同时法律是权利义务的集合体，公民行动前可以进行预测，有利于增强自主性和判断力。熟人社会向半熟人社会的转型，共存比以往更需要法律规则作为润滑剂，以上体现了法治教育中学习的四大支柱理念。[2] 另外，尊重生命和人格尊严、权利平等、社会正义等这些是基本的法治理念，与人文主义价值观教育理念的宗旨有重合之处。

　　综上，法治教育不仅是受教育权的实现，更是追求美好生活的辅助工具，把法治教育看作是受教育权的一部分有助于对抗"权利贫困"[3]和"信息

① 联合国教科文组织.反思教育：向"全球共同利益"的理念转变 [M].北京：教育科学出版社，2017：9.

② 学习的四大支柱——学会认知（学习广泛的一般性知识，并有机会就少数科目开展深入研究）、学会做事（不仅要掌握职业技能，还要具备处理各种情况和团队协作的能力）、学会做人（培养个性，能够在不断增强的自主性、判断力和个人责任的基础上采取行动）、学会共存（加深对于他人的理解，认识相互依存的道理）.J.Delors 等人：《学习：内在的财富》，转引自联合国教科文组织.反思教育：向"全球共同利益"的理念转变 [M].北京：教育科学出版社，2017：39.

③ 权利贫困是指人们的政治、经济、社会和文化等权利遭到排斥和剥夺，缺乏平等参政议政、公平竞争、公平接受教育等应有的权利，从而在社会政治经济生活中处于劣势地位，容易陷入贫困境地的情况。王雨林.对农民工权利贫困问题的研究 [J].青年研究，2004（9）：1-7.

贫乏性失语"①，公民平等地获得法律知识、权利的行使被平等对待、平等地进行意见的表达是未来普法工作应当重视的。

## 三、个体生存权、发展权的保障

生存权最早由奥地利法学家安东·门格尔于 1886 年在其《全部劳动权史论》中提出，在全世界范围内被重视并得以保障体现在《世界人权宣言》《经济、社会及文化权利国际公约》《国际人权公约》等一系列的国际公约中，国际公约认为生存权是"相当生活水准权"，主要涵盖食物、衣着、住房、医疗和必要的社会服务（如需要时得到照顾）等方面。我国宪法没有生存权的专门条款，但将其包含在人权保障条款中，国务院新闻办公室 2019 年 9 月 22 日发表《为人民谋幸福：新中国人权事业发展 70 年》白皮书，总结了我国的人权理念是以人民为中心的人权理念，生存权、发展权是首要的基本人权，生存权的保障主要为免于饥饿、消除贫困。有学者对生存权的权利层次进行了划分，认为生存权包括本源性权利（最低生活水准权，包括生命体的维护、有尊严的生活和安全的生活；生存请求权）和关联性权域（包括自由权、财产权、劳动权、社会保障权和环境权等各项权利中涉及人的生存的权域范围；安全价值本位的生存权，即人身安全、人格安全、财产安全和环境安全等对生存权的维护的关联性甚至决定性意义的权利）。② 全面建成小康社会后，免于饥饿、消除贫困的目标实现，即生存权的"本源性权利"已经实现，应向"关联性权域"发展，具体来看，这些关联性权域都已包含于我国已有的法律法规之中，对于公民来说，寻求温饱是满足生理需求的本能，在自力无法实现时会想方设法寻求救济，然而关联性权域中的生存权的权利内容需要对公众进行普及，通过普法的方式进行，只有公众知晓自己享有此权利才能在权益受侵犯时寻求法律的救济，普法过程是对生存权保障的践行。国务院新闻办公室发布的《国家人权行动计划（2021—2025 年）》也可以作为佐证：按照全面建成小康社会的新要求，实施《国家人权行动计划（2021—2025 年）》的目标包括深入开展人权教育，倡导将人权教育与全民普法相结合。《国家人权行动计划（2021—2025 年）》中所罗列的权利除

① 陈丽芳. 城乡统筹视域下的电视民生新闻报道研究 [D]. 重庆：西南大学，2012. 原文用于论述农民所获得的生产性信息和生活性信息不充分、不完备，片面性和延迟性导致其参与社会行动的话语权的现实基础丧失。普法提供的是法治信息，是公民日常生活所需的重要信息。

② 汪进元. 论生存权的保护领域和实现路径 [J]. 法学评论，2010（5）：13-21.

了基本生活水准权利，还涵盖了经济、社会和文化权利，公民权利和政治权利以及特定群体权利的诸多内容。这些个人权利的实现前提是让公众先知晓，即需要普法先行。

在法治社会状态下，规则作用于生活、工作的方方面面，没有规则知识，就容易在日常行为和交往中碰壁，生存和发展亦会受到影响。一部分具备规则意识且善用规则的人极容易利用知识的优势对不懂法的公民进行利益的剥削。以商品交易为例，卖方容易通过格式条款规避风险，同时加重消费者的义务或维权成本，签合同时告知消费者合同是固定的，直接签字即可，不会有问题，待消费者要维权时又据合同条款进行搪塞拒绝。例如，家具销售商家在买卖合同中将订制产品排除在退换服务之外，消费者在购买统一规格的非订制家具时，部分销售人员在销售过程中解释为合同是固定的，哄骗消费者签订合同，后期出现在法定三包期内要退换的情形时，商家以订制为由拒绝退换。这种情况消费者当然可以通过要求对方提供订制服务的证据，但如果遇到推脱责任的商家，往往需要耗费大量的精力去维权。类似的生活情景非常常见，对于大多数普通公民来说通常会因麻烦选择自认倒霉，但如果消费者在签订合同时有点法律常识，对格式条款引起重视，就会减少很多不必要的麻烦，降低维权成本。生存是生活的一部分，当调整社会的规则越来越完善时，了解规则、运用规则就成为支撑生存发展的重要技能，否则就会提高生活成本（维权需要时间成本或金钱成本），也容易被善用规则的人压榨，何谈美好生活？在商品买卖中，当公民对合同的麻木和理解力的缺失成为普遍现象时，吃亏上当就不完全是公民自己的责任，还与国家对相关知识的普及不到位有关，制约了生存发展权的和谐健康发展，因此，普法工作应该做出反思和应对。

## 第二节　社会层面：法治社会的稳固元素养成

能否在 2035 年实现建成法治社会的愿景，重要因素是个人，着眼未来，培育何种素质的公民关系着小康社会的质量。经过半个多世纪的发展，我们已经从熟人社会转向了半熟人社会，到 21 世纪中叶，随着进一步的城镇化和"新时代"前后出生的公民成为社会的中坚力量，传统的熟人社会将进一步瓦解，人民日益增长的美好生活需要和不平衡不充分的发展之间的矛盾依然会是社会的主要矛盾。法律规则在社会交往中的地位和作用越来越重要，法律素质是全体国民均应具备的基本素质。每个人都是法治社会的细胞单元，细胞之间具有关联性，细胞的健全健康关系着法治社会整体机能的健康。

## 一、交往理性的培养

交往理性的培养并非摒弃感性，感性是凭借感官等认知，主观性较强，理性是伴随着逻辑、推理，是客观的认识，相对来说，形成理性的过程更为复杂。法律是理性的，因为法律是"经由诸如程序公正、法律推理、法律论证以及各种具体部门法的一系列智性制度安排和种种法律技术，包括法律语言、法律技巧和法律形式，赋予人世规则与人间秩序以明晰、确切、稳定、可预测与可操作等技术秉性"①。社会交往的感性认知通过经验就可习得，但理性认知是需要培养的。法的核心内容是调整行为关系，法治社会建设中的普法是要传授给公民规则的理性，是倡导人们过理性的法治生活。

普法的个人目标从"守法"公民到"法治"公民的发展，就意味着通过普法的理性意识的培养不是教导公民盲从法律，其中还包括对法治的理性反思，如立法建言、执法监督这些法治的能力都需要建立在理性认识的基础上。社会系统论强调沟通，法治社会中法治知识是重要的沟通语言，如处理冲突所需要具备的法治表达能力，有利于当事人双方在同一知识体系展开理性的对话，促使冲突的理性化解决。另外，根据福柯的权力话语理论，知识可与权力相连，这映射到法治知识中，不管是古代的"刑不可知，则威不可测"，还是现如今法律虽然公开，但法律制定仍具有垄断性②，都能感受到背后的权力意味。国家通过普法的方式让公民掌握法治知识，让其认知到公民也可以在法律制定的源头阶段，通过参与的方式影响法律的走向，与其让其在忍受不公的法律中爆发，不如通过此理性沟通的途径推进制度向前发展。同时应当注意的是，知识的权力不仅会被国家使用，在个人交往中一样会出现，一方可能凭借自身对法治知识的掌握对知识弱势一方形成压榨，如合同订立时利用法治知识优势拟定对自身更有利但对对方不利的条款。所以，要避免知识权力被滥用，需要通过普法帮助公民建立起自身的理性防御体系。

---

① 许章润. 法律的实质理性——兼论法律从业者的职业伦理 [J]. 中国社会科学，2003（1）：151-163.

② 我国的法律规范被视为人民意志的表现，但由于享有立法权的各级人民代表大会的成员是通过选举产生的，且具体法律规范的条文输出也只有部分代表（全国人大法工委）的实质性参与，其他的代表行使的是表决权，同意或不同意。

我国的传统文化对诸如自由、平等理念形成的氛围没有激发作用，长者权威、强者权威即使在现代社会依然没有被克服，这意味着在对公民法治理性的培养上需要克服较大的意识扭转困难，需要普法者和普法对象共同的努力。

## 二、社会成本的控制

制定规则一定程度上可以应对社会的极度复杂性带来的不确定性。法律规则通过基本的程式化设计，人们可对自己的行为和他人的行为进行基本的预期。马克斯·韦伯在《论经济与社会中的法律》中直言：法律的一般理性化和系统化以及在法律程序中具体的可预见性是经济活动存在的最重要的条件，没有法律的保障，这一切是不可想象的。[1] 所以，在奉行市场经济的现代社会，奉行法治是发展的必备条件，"在商业文明的时代、在法理社会中，主体信仰的规则基础不应是传统的伦理，而应是现代的法律。法律信仰不仅是支持法律和法治事业的精神动力，而且是市场经济、民主政治和文明精神的基本支持力量"[2]。

大卫·D.弗里德曼揭示了法律的经济学性质，即"法律是节约社会交易费用的制度安排"[3]。稳定明确的制度可以为公民的日常交往行为提供指引，减少了个体协商沟通形成契约的时间成本。法律的规范性和科学性能为公民权益的最大化和权利的平衡提供保障，减少权利受损的成本。增强法律意识、规则意识可以减少公民的交往成本，减少纠纷。否则，对于社会来说，纠纷处理需要政府部门、司法机关配置相关资源，支付时间成本和经济成本，在此意义上看，普法可发挥社会成本的提前控制功能。

## 三、法治文化氛围的形成

"一个国家或地区的法治，如果没有进入文化状态，就不可能是真正的、持久的法治。"[4] 法治的文化性发展有利于法治知识从专业性走向大众化。法律拥有自身的知识体系，且被公认为是非常专业的知识，普法并非是让公民

---

① （德）马克斯·韦伯.论经济与社会中的法律[M].张乃根，译.北京：中国大百科全书出版社，1998：307.

② 谢晖.法律信仰的理念与基础[M].北京：法律出版社，2019：2.

③ （美）大卫·D·弗里德曼.经济学语境下的法律规则[M].杨欣欣，译.北京：法律出版社，2004：1.

④ 刘作翔.法治文化的几个理论问题[J].法学论坛，2012（1）：5-10.

人人成为法律的专才，复杂法律问题的处理需要专门的人才，但这不影响公民应具备基本的法治知识，据此去理解法治的能与不能，用法治的视角看待社会现象并以法治的方式推动社会向更好的方向发展。然而，作为西方语境中的法治能否在我国形成，有学者持怀疑态度，如於兴中在其《解放、发展与法律：走向后现代的现代性》一文中认为西方法治的文化氛围和文化价值不可能复制，只能对形式和程序进行移植，且移植来的价值理念随时面临后现代思潮、解构主义、解释学以及新的边缘观点的冲击和挑战，所以虽然借鉴西方的法律制度十分必要，但是否能实现法治社会却存疑。① 这种"需要又很难实现"的局面亦是普法工作面临的核心困境。能否复制西方法治的文化氛围和文化价值不是根本问题，因为法治文化有共同的核心和实质，但不可能有统一的具体模式，形成本土化的法治文化才是关键，文化普法是破解困境的可行之路。

目前通过发放以法条罗列或案例罗列为主的普法教材、开展普法讲座、网络媒体宣传、法律知识竞赛等方式的普法无法建构公民的知识体系。要使法治文化最终印刻在每个公民的精神世界中，需要将其寓于生活，将法治变成生活方式，经过日积月累，最终变成习惯和传统，成为条件反射。所以绝不是发几本教材，做几场讲座就能实现的，是重复、持续不断地与社会生活深层融合、磨合。这需要普法不断改善方法，满足社会对法治文化的需求。在法治文化的熏陶下，作为社会细胞的人具备了规则意识并按照规则行事，其就是一个合格的社会公民，合格公民的基数越大，社会就越容易保持稳定，这是法治社会坚实的基础，成熟的标志。

# 第三节　国家层面：民族伟大复兴的人力资源培育

## 一、规则意识的国际化提升

从国际交往上看，要想和平稳定发展国际关系，法治（规则之治）是国际交往的基本前提，不管是双边还是多边关系，正常交往都需要在协定的规则框架内进行。例如，加入世界贸易组织的成员国均需要在《建立世界贸

① 梁治平：国家、市场、社会：当代中国的法律与发展 [M]. 北京：中国政法大学出版社，2006：99.

易组织的马拉喀什协定》和其附件《货物贸易多边协定》《服务贸易总协定》《与贸易有关的知识产权协定》《关于争端解决规则和程序的谅解》《贸易政策评审机制》《诸边贸易协定》等规则内开展国际贸易。近年来的中美贸易战，要和平解决争端，最终需要双方都回到谈判桌上，谈判的重要基础是此前签订的双边或多边规则。一些受到美国贸易制裁的跨国企业，如华为更是开出了高薪招揽熟悉国际法的法律人才。另外，货物能在世界范围内流通，与很多国际标准相关，如 ISO（国际标准化组织）在基础的紧固件、轴承各种原材料到半成品和成品，其技术领域涉及信息技术、交通运输、农业、保健和环境等诸多领域制定了国际标准，IEC（国际电工委员会）在电气、电子工程领域制定国际标准。企业要参与国际竞争，这些标准、规则的掌握是基础门槛。2013 年 9 月 7 日习近平主席在哈萨克斯坦纳扎尔巴耶夫大学演讲时提出"丝绸之路经济带"建设，2013 年 10 月 13 日在印度尼西亚国会演讲中提出 21 世纪"海上丝绸之路"建设，此后"一带一路"建设成为我国对外合作的重要战略，要保障交流合作的顺利高效进行，规则亦很重要。"引进来"需要国内具备越来越好的法治环境，法律制度完善并被良好遵守是营商环境的重要保障，"走出去"需要国民具备规则思维、法治思维，如此，才能在同一话语平台上开展合作和竞争。所以，法治社会建设有利于国际合作法治环境的形成，法治社会中的普法应当以培养和输出合格的对外合作者为目标。随着经济的发展和更加开放的市场，国际关系中冲突与合作是常态，贸易摩擦数量会逐年增多，在解决贸易争端过程中为了避免付诸武力需要通过协商谈判维系和平，协商谈判通常借助国际法、国际惯例等工具进行，需要国家、企业和公民具备法治思维，形成双方均需遵守的协议，同时，国际合作亦需要在规则指引下进行，所以规则在全球治理中发挥着重要作用。相较于传统的普法，法治社会建设中的普法是涵盖范围最广泛的普法，对全社会范围内法治思维的形成具有重要的作用，放眼世界，需要培养具有国际规则视野的公民。

## 二、助力法治强国建设

近代以来，"落后就要挨打"的现实是激励中国人不断奋发图强的动力，如何能够在世界民族之林立于不败之地是每一届领导人都要考虑的重要内容。毛泽东同志提出"工业强国"的战略思想、邓小平同志提出"科技强国"的思想，其中科技是把双刃剑，对其进行法律的规制可以避免运用科学技术作恶，即科技强国同时应当辅之以法治强国。进入 21 世纪后，在充分认识人才是社会文明进步、人民富裕幸福、国家繁荣昌盛的重要推动力量的基础上，党中央、国务院做出了实施人才强国战略的重大决策，其成为支撑我国经济社会发展的一项基本战略。《2002—2005 年全国人才队伍建设规划纲要》《国家中长期人才发展规划纲要（2010-2020）》（以下简称《人才发展规划纲要》）等都是国家层面对人才强国的重视。《人才发展规划纲要》中将贯穿社会主义核心价值体系教育，提高思想道德水平作为人才培养开发的主要任务之一，将品德作为人才发现的目标导向之一，还提及要加强人才工作的法制建设，人才发展离不开法制的保障。除了具备专业相关的素质之外，法治素质也是人才的基本素质，是保障其将个人的知识力量用于建设和发展社会，而非是损害国家利益、公共利益和个人利益。教育在人才强国中发挥着重要作用，应强调法治教育在人才教育体系中的重要地位。另外，从人才强国的外部环境看，亦需要以法治环境为保障。

党的十八大报告提出了在中国共产党成立一百年时（2021 年）全面建成小康社会、在新中国成立一百年时（2049 年）建成富强民主文明和谐的社会主义现代化国家的"两个一百年"奋斗目标。小康社会的建成是社会主义现代化强国建成的基本保障和首要目标。当前，我们已经宣告小康社会建成，回顾其建设历史，自改革开放以来，建设小康社会就成为我国重要的发展战略，党的十六大描绘了小康社会的图景：民主更加完善，法制更加完备，依法治国基本方略得到全面落实，人民的政治、经济和文化权益得到切实尊重和保障。基层民主更加健全，社会秩序良好，人民安居乐业。这些图景的实现都离不开法治，法治是小康社会的目标之一。党的十八大报告首次正式提出全面建成小康社会并将其作为"两个一百年"的奋斗目标之一，且对小康社会的法治奋斗目标提出了新要求"人民民主不断扩大。民主制度更加完善、形式更加丰富，人民积极性、主动性、创造性进一步发挥。依法治国基本方略全面落实，法治政府基本建成，司法公信力不断提高，人权得到切实尊重和保障"。可见，法治、依法治国在建设小康社会这一重大发展战略中扮演着重要角色，小康社会就是法治社会。习近平主席 2012 年 11 月 29 日在国家博物馆参观《复兴之路》展览时提出："实现中华民族伟大复兴，就是中华民族近代以来最伟大的梦想。"① 又在十二届全国人大一次会议上指出："实现中华民族伟大复兴的中国梦，就是要实现国家富强、民族振兴、人民幸福……中国梦归根到底是人民的梦，必须紧紧依靠人民来实现。"可

---

① 习近平 . 习近平谈治国理政 [M]. 北京：外文出版社，2014：36.

见，中国梦的出发点和落脚点都在人民，并将"人民幸福"作为伟大复兴的标志，人民的幸福在法治框架内体现为权利的实现。有学者从法治社会的大背景对"中国梦"进行解读，认为法治社会的"中国梦"是人民当家作主的梦想、是公民权利有效实现的梦想。① 追求幸福生活的权利是公民最朴素的自然权利，法治社会的建成对公民来说是权利的实现，普法是告知公民如何合法追求幸福，可助力幸福梦想的实现。

"奉法者强，则国强，奉法者弱，则国弱"是不可动摇的历史规律。强国对内对外均具有重要意义，法治是关键保障，普法是基础任务。

综上，法治社会的普法在目标追求上应层层递进，不断深入。同时，应看到各目标内在的逻辑关系，它们不是功能分化的关系，而是相互连接，相互促进的关系，事关个人、社会、国家的共同利益。首先，公民素质不仅是个人发展的相关因素，还是国家、社会发展的影响因素。能否在 2035 年实现建成法治社会的愿景，重要因素是个人，培育何种素质的公民关系着中国梦的实现和小康社会的质量。经过半个多世纪的发展，我们已经从熟人社会转向了半熟人社会，到 21 世纪中叶，随着进一步的城镇化和新时代前后出生的公民成为社会的中坚力量，传统的熟人社会将进一步瓦解，法律规则在社会交往中的地位和作用越来越重要，法律素质是全体国民均应具备的基本素质，且会成为影响个人生存发展的重要因素。其次，社会的稳定发展不仅是国家强大的前提，还是个人发展的前提。法治、依法治国在建设小康社会这一重大发展战略中扮演着重要角色，小康社会就是法治社会。法律秩序的兴衰与社会的稳定正相关：如果社会相对长期的处于稳定状态，在其中就可体现出人与人之间合作、相处的规则，就有利于统一法律秩序的建立并得到遵守；"如果国家不幸处于动荡之中，人们之间的合作就难以进行，甚至来不及进行，因此秩序无法形成，人的活动就无法显现出规则，也就无法形成作为制度的法律。"② 随着客观条件的变化，社会常保稳定需要内部动态调试，新的合作规则形成后法律也应做出调整，法治社会建设中普法工作就是动态调整过程中社会共识的辐射，其中既有自上而下地对既有规则的宣传，也可作为自下而上新共识的反馈通道。所以，国家要发展繁荣就需要社会的稳定，社会的稳定就需要建立法治社会，长期的稳定就需要通过普法的工作渠道上下融通。最后，强国梦是国家层面的"中国梦"，从法治强国层面看，

① 关保英.法治社会的"中国梦"[N].社会科学报，2014-08-21.

② 苏力.制度是如何形成的 [M].北京：北京大学出版社，2007：150.

其不仅是国家利益的实现，还是社会和个人利益的整体提高。诚如习近平主席提出的"构建人类命运共同体，实现共赢共享"来共同应对越发复杂的风险和挑战，以普及法律规则为主要内容的法治宣传教育承担着引导公众运用规则思维解决问题的重任。公民、社会和国家在法治建设上是利益共同体，应共建普法新格局、共享法治发展红利。

# 第四章 "合作共建"的普法体制转型

进入 21 世纪，以全球化为背景的"新治理"理论越来越受到许多学者和政治家们的关注。该理论指出，人类的政治生活正在发生重大的变革，其中引人注目的变化之一就是人类政治生活的重心正在从政府的统治走向新治理。这一"新治理"概念与传统的"统治"有着本质的区别："统治的权威必须是政府，治理则包含有非政府，是政治国家和公民社会的合作、政府与非政府的合作、公共机构同私人机构的合作、强制与自愿的合作。""统治的权威主要源于政府的法规命令，治理的权威主要源于公民的认同和共识。前者以强制为主，后者以自愿为主。"① 法治社会建设强调共治，社会治理不再仅是政府的事，需要全社会共同参与，这也与新治理理论契合。虽然从"四五"普法开始，普法工作注重其他主体的参与②，但从规划及实践来看，普法责任的承担和实施主体始终是公权力机关，其他主体的参与停留于号召。有学者将社会治理在中国的独特领域分为政治领域、经济领域和社会领域，其中社会领域的主体为党、政府、公众、社会组织，以交往为媒介，以自愿、宽容、合作为特点，以教育、社会保障、医疗卫生、治安、慈善、公益为内容，个人的地位为合作者或志愿者③，可见相较于其他领域，社会领域特别重视合作，法治社会建设中的普法也应该强调合作，构建合作机制是当务之急。

---

① 俞可平 . 全球治理引论 [J]. 马克思主义与现实，2002（1）：20-22.
② 如"四五"普法强调要"完善党委领导、政府实施、人大监督、全社会参与的运作机制"。"五五"普法"鼓励和引导各类社会组织、广大公民开展和支持法制宣传教育活动。培养专兼职相结合的法制宣传教育队伍"。"六五"普法"各类媒体要积极承担公益性法制宣传教育责任。鼓励引导各类社会组织和公民参与、支持法制宣传教育工作"。"七五"普法"健全普法宣传教育机制……人民团体、社会组织要在法治宣传教育中发挥积极作用，健全完善普法协调协作机制……积极动员社会力量开展法治宣传教育"。
③ 武小川 . 公众参与社会治理的法治化研究 [M]. 北京：中国社会科学出版社，2016：36.

# 第一节　普法格局的共建

## 一、完善党委对普法工作的领导

普法规划中的党委领导没有具体的实践指导，但实践中部分地区普法规划实施情况考评标准将党委领导作为组织领导的一部分①，党委的领导主要表现在纳入考核、开会上，除此之外，还应在以下方面体现领导权。

### （一）普法意识形态话语权的把握

历次普法工作都有其指导思想，党的领导思想是重要的指导思想，指导思想是行动的指南，从实际普法工作来看，行动指南作用未充分发挥。虽然"社会发展方向的代表者在特定的市场经济时代不是也不可能是某一个阶级或阶层，所有的社会成员都有代表社会发展方向的意志因素"②。但社会的主流意识形态一定是统治阶级的意识形态，法律是统治阶级利益及政治经济主张最集中的反映，中国共产党作为最广大人民根本利益的代表，在法律思想这一意识形态领域应该掌握话语权，在普法工作中也应注意意识形态话语权的树立。意识形态是"思想的倾向"③，中国共产党历来高度重视意识形态工作，2013 年，习近平总书记在全国宣传思想工作会议上强调"意识形态工作是党的一项极端重要的工作"④。党的十九大报告指出"意识形态决定文化前进方向和发展道路"，意识形态与党和国家的命运紧密相连。法律思想是

①《湖北省"七五"普法规划实施情况考评标准》中，市州对党委领导的考核为："将法治宣传教育工作纳入当地国民经济和社会发展规划，纳入党委和政府年度目标考核、法治建设绩效考核、综治考核和文明创建考核内容，五年内在原有权重上增加 2%。落实党政主要负责人履行推进法治建设第一责任，各级党委主要领导亲自过问，明确 1 名常委具体分管，党委、政府每年召开普法工作相关会议不少于 1 次，听取法治宣传教育工作专题汇报，安排部署工作，研究解决具体问题。"省直考核为："落实党政主要负责人履行推进法治建设第一责任，党委（党组）每年至少召开 1 次专题会议，研究、部署和推进法治宣传教育工作，解决有关问题。"

② 谢晖. 法律信仰的理念与基础 [M]. 北京：法律出版社，2019：164.

③（日）小川仁志著. 完全解读哲学用语事典 [M]. 郑晓兰，译. 武汉：华中科技大学出版社，2016：18.

④ 习近平. 习近平谈治国理政（第一卷）[M]. 北京：外文出版社，2018：153.

意识形态的重要组成部分，法治教育在一定程度上具有意识形态的输出性。由于意识形态属于思想层面的倾向，被认为是"精神和道德领导"①，是一种软权力，且马克思曾借其批判资本主义，"所有理论都被用来掩盖资本主义的矛盾。哲学也是其中之一，因为，哲学表面看来像是一门探求真理的学问，事实上却可能不自觉地发挥了支持社会制度的功能"②，使其带有一定的负面色彩，但"人类似乎就是会怀抱意识形态的动物……问题或许不在于意识形态本身，而仅在于盲从并宣扬捍卫某种意识形态的行为"③。所以，意识形态工作需要讲究方法，第十九届中央政治局第六次集体学习时习近平总书记指出民心是最大的政治，这与中国共产党的群众路线及历届领导人强调的为人民服务的根本宗旨契合，有学者将该种意识形态称为"人民主体性的意识形态"④。法治社会建设中的普法需要落实"人民主体性的意识形态"，并注重以下问题：

（1）意识形态领域话语权并非是思想控制，需要了解社会生活中不断出现的新问题，在综合研判的基础上适时进行调整，形成新的法治价值观输出。如信访作为公民权利救济的途径之一，其设立的初衷是保持与人民群众的联系，保护信访人的合法权益，但由于实践中公权力机关对维稳工作的重视以及《信访条例》中对未违反强制规定的恶意缠访人无应对措施，造成"信访不信法""按闹分配"等诸多弊端，使作为法治手段的信访存在破坏法治的隐患。部分行政机关和司法机关对维护社会稳定的偏重亦使其在处理矛盾纠纷时出现背离法治的现象，如实践和司法案例中出现的部分纠纷解决方式给公众留下"谁闹谁有理""谁弱谁有理""谁死谁有理"等认识倾向，以此也延伸出更多的社会畸形现象，如怕惹麻烦路人不敢扶摔倒的老人、老师不敢严厉管教学生、医生不敢做高风险的治疗……出现这些问题与行政机关、司法机关这些法治践行者和示范者的观念和行为有重要关联，但根本上是思想观念的问题，即在维护社会稳定和维护公平公正之间如何选择，抑或二者应如何平衡？需要在意识形态阶段进行明确，如此才能指导实践，并通

---

① （意）葛兰西.狱中札记 [M].北京：人民出版社，1983：316.

② （日）小川仁志.完全解读哲学用语事典 [M].郑晓兰，译.武汉：华中科技大学出版社，2016：18.

③ （日）小川仁志.完全解读哲学用语事典 [M].郑晓兰，译.武汉：华中科技大学出版社，2016：1.

④ 吴育林，赵悦彤.人民主体性的意识形态当代治理：一个微观分析视角 [J].思想战线，2020（5）：16-24.

过普法的方式将观念传达给公众，引导公民行为。

（2）人民主体性要求普法中的意识形态工作需广泛发挥社会成员的聪明才智，这不仅有利于保障科学性，亦容易获得公众的认同感。"意识形态权力本质上是一种软权力，更加依赖于影响力和感召力。"①历届领导人对群众路线的重视都折射出认同感的重要性，如邓小平同志曾提出，必须以人民高兴不高兴、满意不满意、赞成不赞成、答应不答应作为想问题办事情的出发点和归宿；习近平总书记提出"人民对美好生活的向往，就是我们的奋斗目标"。认同感的获得需要交流互动，执政党需要全面了解公众的需求和思想倾向，公众亦需要表达思想并为社会向更好的方向发展出谋划策。法治社会建设中依法治理的全社会参与倡导的就是公众在社会治理中发挥主人翁的作用，普法工作作为社会治理中重要的沟通交流平台，应注重在工作中把握受众的思想动态，了解公众对法治的期待，并将公众贡献的推动法治发展的知识吸收转换，形成新的契合公众需求、易于认可的法治思想进行推广，使普法的意识形态工作呈现执政党思想与公众需求契合的状态。

## （二）宏观部署助力普法规划落地

历次普法规划党委宣传部门也有参与，但从普法在法治社会建设中的重要地位及其对民族、国家、社会、个人的未来发展均具有重要意义的角度看，仅仅参与普法规划不能全面凸显其领导性，还应在普法规划之外进行宏观部署。

### 1. 前瞻未来发展，进行改革倡导

党的先进性决定了其应具备引领社会向好的方向发展所应进行相关改革的能力和魄力，法治社会建设的提出本身也是党站在时代发展的前沿提出的重要战略部署，普法作为该战略部署中的重要工作，党也应是改革的先锋。如何将普法工作的开展融入国家改革发展的宏观蓝图，如人类命运共同体建设、"一带一路"建设、文化强国建设、和谐社会建设等，需要党发挥先锋作用。中国共产党第十八届中央委员会第六次全体会议通过的《关于新形势下党内政治生活的若干准则》在坚持党的基本路线部分强调要勇于推进创新，包括"理论创新、实践创新、制度创新、文化创新以及其他各方面创

---

① 任成金，刘青. 新时代中国共产党意识形态领导权面临的挑战及应对 [J]. 中共杭州市委党校学报，2020（5）：17-22.

新"，中国共产党作为执政党，在改革创新上具有制度优势，《中国共产党地方委员会工作条例》第五条明确党的地方委员会要把方向、管大局、作决策、保落实，其中包括通过法定程序使党组织的主张成为地方性法规、地方政府规章或者其他政令。第十条明确常委会在全会闭会期间行使党的地方委员会职权，主持经常工作，可对本地区政法工作等经常性工作中的重要问题作出决定。

### 2.关注社会动态，及时调整政策

普法长期以来系自上而下式的推动，虽然行政机关在建设成效上以正面评价为主，但社会评价不能完全同步，普法中还存在一些形式主义的问题，如部分政府部门采取摆摊普法、拍照发通稿等方式应付检查，普法宣传资料不接地气儿，"高大上"脱离群众生活等。如何从根本上消除弊端，靠基层实践部门进行较为困难，行政系统内上下级的科层关系也决定了基层实践部门上面怎么说下面怎么做，上面怎么考核下面怎么应对是最安全最不容易犯错的方式，如果涉及改革缺乏动力，这就需要党委发挥其领导职能，在宏观政策调整上积极回应社会动态，司法实务部门在具体行动中就有了风向标，更有利于普法实践中一些突出问题的改进。

### （三）善用巡视、督察检验普法效果

2018年成立的中国共产党中央全面依法治国委员会是统筹协调全面依法治国工作的党中央决策议事协调机构，2019年底，该机构督察组对各地的法治政府建设展开督察，目的就包括了督促、总结经验、发现问题，推动法治政府建设。法治社会建设中的普法也可借鉴这种方式，发现普法中的问题、困难等，推动普法工作更好地开展。

以上领导权的实现在实践中亦应做好分工，即意识形态话语权的把握属于党中央层面的统一，地方党委配合宣传、反映问题，后两项的落实以地方党委为行动主体，发挥积极性和主动性。

## 二、人大作用的充分发挥

普法规划中将人大的职责定位为监督，人大作为权力机关被赋予了较多监督职能，除了制定法律法规，人大对法律的实施也有监督职责，"我们花了那么多的力气制定的法律，如果不能付诸实施，就是一纸空文，法律的尊严也就不存在了。因此，人大切实加强法律实施的监督，既要敢于监督，又

要善于监督，十分必要，这是人民赋予的职责"①。党委的巡视、督察属于政治监督，此处的人大监督属于人大履行职责的工作监督。

从湖北、江苏等地的普法规划实施相关的考评标准来看，人大监督主要通过会议的方式进行，会议虽然可以起到督促作用，但监督面较窄，听取汇报由被监督人作出，视察和专项检查通常是被检查机关安排或提供材料，不能保证客观、真实、全面地了解情况。人大要保障监督效果，可从以下方面着手：第一，会议监督为主转为实践监督为主。普法活动的开展重在平时，人大监督可走进普法现场，进行实践监督。为了方便人大监督，公权力机关的普法计划可提前告知人大。第二，人大可加强与普法受众的联系。加强与人民群众的联系是人大的重要工作之一，与受众加强联系有利于了解真实情况，发现普法过程中存在的问题，在听取专项报告时更有针对性，提高工作成效，发现问题也可作为法律议案的重要素材来源，推动普法工作深度发展。另外，人大作为民意的代表机关，其具备从公众的感受中提取关键的信息，经过判断和整合，为普法机关提供理性的公共意见表达，同时，人大作为监督的第三方，更能够客观真实地收集到相关意见，可为公民意见表达进行兜底。第三，人大可建立常规化互动机制。人大监督事项繁杂，普法工作以往并非人大监督的重点，在工作机制上没有统一专门的制度安排，基于法治社会建设普法的重要性，人大应形成日常监督互动机制，各级人大设立有专门的法律工作委员会，可将该项工作与法律工作委员会的日常工作衔接，在实践中具有可行性。

《法治社会建设实施纲要（2020—2025年）》在健全普法责任制部分提到了要引导社会对立法的广泛参与，要把立法过程变为宣传法律法规的过程。人大作为我国首要的和主要的立法机关，其在法治社会建设中担当着重要的普法责任，所以在监督责任之外，应探索如何将立法过程变为普法过程，这将在本书第六章中阐述。

### 三、推进政府普法的多样化发展

当不再将普法视为权力对公民的控制，而是推动社会法治化，为了共同的利益，提高国家、社会、公民的共同福祉时，普法的过程就是提供法治知识和体验的公共服务，加之普法工作历来由政府承担和推动，由政府提供服务是理所应当的。目前的政府普法服务主要是法治知识的宣讲，偏重于国

---

① 彭冲.民主法制论集 [M].北京：中国民主法治出版社，1993：43.

家法既有的规定，以灌输为主，但要真正形成公民的法治素养，仅有此还不够，还需要拓展服务类型和空间，可从以下几方面着手。

**（一）法治示范**

国家机关是公共事务的管理部门，其行为对社会公众有较大的示范效应，其对法治的践行亦是法治的传播，应该注重场景的运用，挖掘更多的普法契机，将日常行政活动置于普法的目标之下，既是依法行政，又是普法展示。同时，模范遵守、自觉维护宪法和法律，带头践行社会主义核心价值观，坚守法治，遵守纪律，恪守职业道德，模范遵守社会公德、家庭美德是《中华人民共和国公务员法》要求的国家机关工作人员应当履行的义务，其模范带头作用亦是法治素质的展示，且该素质不仅体现在工作中，亦体现在生活中，公务员队伍是一股普法的力量，为法治的人际传播贡献力量。

**（二）法治指导**

法治指导主要是国家机关在社会公众需要依法行为时提供指导，这些行为通常不能通过生活常识或习惯获得，有特定的法律规定或需要按照特定的程序进行，如公民申请行政许可时应提供的材料、企业用工时的劳动合同、小区自治相关的规约、公民自行诉讼时的文书范文等，虽然这些均可以通过付费的法律服务方式进行，但要让公民选择法治的生活方式，必须为公众践行法治提供便利，提升法治公共服务的数量和质量。目前在实践中已经有该趋势，如行政服务窗口单位主动公示相关许可的材料清单、人力资源与社会保障部门提供企业用工的劳动合同范本、住房和城市建设部门为小区自治所需的业主委员会工作规则、业主大会议事规则等提供范本、法院在立案庭公示相关诉讼文书的规范格式等。除了这些书面的指导，还有诸如乡镇政府派员指导村干部选举、街道社区派员指导小区业委会选举等实践的指导。这些服务此前并未从普法的视角进行审视，所以实践中相关政府部门多从便于管理的角度出发，在便捷度和服务体验上有所欠缺，应将具有法治指导性质的治理行为和服务纳入普法活动进行审视，减少公民守法成本和社会治理成本。

**（三）资源统筹**

普法工作受众面广，加之法治社会建设中的普法需要在空间和内容上具有更大的覆盖面，需要更大的财力和人力的投入。在现有普法模式下，普法经费主要由国家机关进行相关预决算，除了固定的普法工作人员，法治社会建设的普法需要挖掘社会主体作为人力资源的补充，但这些人力资源是分散的，需要国家机关进行资源的整合和配置，并在经费上提供支持。国家机关应站在全局角度，在对普法的人力和财力资源进行统筹时向基层倾斜、向落后地区倾斜，保障普法服务的公平性，推动社会的法治水平整体提升。

## 四、施行社会主体的广泛参与

公众是法治社会的核心建设者，社会主体参与不是锦上添花，而是不可或缺的部分，法治社会建设的普法要最大限度地吸纳社会力量，通过全民融入普法环境的方式推动法治深入人心，要加大社会主体参与普法的力量培育。

### （一）社会主体的内涵

社会主体目前没有统一的定义，有学者将其定义为："除政府部门外从事社会建设与社会治理活动，推动社会事业发展进步的各类社会力量。"[①] 将公权力部门和企业机构排除在外，将社会主体分为社区组织、社会组织、公民个人三大类型，本书中的社会主体更倾向于普法活动中涉及的除公权力机关之外的所有社会公众，公众在法律规范上亦有相关范围的界定，主要为公民、法人和组织，如《环境保护公众参与办法》第二条规定："本办法适用于公民、法人和其他组织参与制定政策法规、实施行政许可或者行政处罚、监督违法行为、开展宣传教育等环境保护公共事务的活动。"其组织主要为环保社会组织。有些地方规章对公众的范围进行了明确，如《广州市规章制定公众参与办法》第二条规定："本办法所称公众是指自然人、法人和其他组织。"

在法治社会建设的普法活动中，可参与的社会主体应涵盖以下范围：首先，公民个体。全体公民都是普法的受众，是重要的参与主体，同时，其还可以普法志愿者、普法讲师、普法研究人员等身份参与。其次，法人。根据《中华人民共和国民法典》第五十七条的规定，法人包括营利法人，如有限责任公司、股份有限公司和其他企业法人等；非营利法人，如事业单位、社会团体、基金会、社会服务机构等；特别法人，应将农村集体经济组织法人、城镇农村的合作经济组织法人、基层群众性自治组织法人纳入参与主

---

① 李秀艳 . 新时期社会建设与改革 [M]. 沈阳：沈阳出版社，2015：176.

体。① 最后，其他适合作为参与主体的非法人组织，如社会最重要和最基本的组织单元——家庭也需纳入普法的社会参与主体。

### （二）社会主体参与普法的必要性

社会主体参与普法是普法必不可少的环节有以下原因：

第一，共塑公共理性的需要。法治社会是社会公共生活的法治化，前文已经论述普法可推动社会的理性治理，法治是社会理性治理的途径，要让理性治理发挥作用，其内核是建立普遍认可的公共理性，该公共理性可以通过法律规范体现，亦可以通过其他规范，如道德、习惯等体现。法治社会就是公共理性展示的平台，只有公共生活的参与者进行充分、深入的意见表达和观点交流才能使各种社会规范被大多数人理解并接受②，推动规则被广泛遵守。

第二，共担治理重任的需要。"七五"普法将推进多层次多领域依法治理作为主要任务之一，其中不仅提到了法律规则的引导作用，还提到了发挥市民公约、乡规民约、行业规章、团体章程等社会规范的作用。法律规则的普及工作需要社会主体的辅助和配合，社会规范更需要利益相关的公众共同建构共同遵守，实现自我治理的规范化。

第三，共拓法治服务的需要。在现有的以行政机关为普法责任主体的模式下，普法服务范围集中国家法律法规，且在经费、人才等资源差异下，普法服务还会出现地区不均等的现象，社会主体相对来说可流动性大，通过人力资源的共享、流动等可缩小差距，整体提高法治服务质量。同时，特定行业、群体、地域的相关自治性规范，行政机关只能起到指导作用，其形成、传播、落实需要社会主体进行相关服务，且自治规则治理具备法治的精神内核，可以作为法治服务的拓展。《法治社会建设实施纲要（2020—2025年）》在加强权利保护的建设措施中提到了要为群众提供便捷高效的公共法律服务。到 2022 年，基本形成覆盖城乡、便捷高效、均等普惠的现代公共法律服务体系，保证人民群众获得及时有效的法律帮助。其中包括加强对欠发达地区专业法律服务人才和社会工作者、志愿者的政策扶持，公共法律服务实体、热线、网络三大平台建设，这些都需要社会力量的支撑。

---

① 特别法人还包括机关法人，主要为行政主体，不作为社会主体讨论。

② 李海青.理想的公共生活如何可能——对"公共理性"的一种政治伦理学阐释 [J].伦理学研究，2008（3）：55-60.

### （三）社会主体参与普法的样态

由于法治社会建设中社会主体参与普法是不可或缺的，但让每一位公民都参与具体工作的推进也不现实，根据社会主体参与普法的深度和主观积极性，可预设两种参与的样态。

#### 1. 消极参与

消极参与主要是普法受众对普法活动的回应和配合，是社会主体参与普法的低级状态，最低要求，其不需要成本或支出较低成本即可实现参与。包括两种情形：①知晓规则并遵守。普法活动的主体包括供体（提供法治知识）和受体（接收法治知识），供体通常是普法活动中关注度和要求度较高的主体，但最终法治素养的形成体现于受体的状态，所以为了避免社会主体游离于普法活动之外，其至少需要关注普法信息，知晓行为准则并遵守，即在我国庞大的人口基数下，法治信息的传播除了一对一的法律服务，其他形式主要为一对多的服务，普法宣讲、普法读本、普法宣传栏等均是公开场合下向公众提供信息，社会主体只要在信息辐射范围内均可以通过浏览、收听的方式获取相关知识，如若其不愿意更深入地参与，如表达相关意见等，其只要遵守就完成了参与（不发表意见又不遵守不属于参与的状态）。②为涉及自身利益的法治信息的形成投票（含弃权）并服从结果。部分公共事务的处理需要征求利益相关者的意见，通过投票形成规则，如村规民约、业主公约等，这些规则形成的过程亦是法治教育的过程，需要相关社会公众配合投票（弃权也应视为意见的表达）并服从投票结果所确定的规则。因规则的通过通常是以"少数服从多数"的方式进行，这是公共事务处理的合理程序，利益相关者自身决定是否投票，所有参与者（包括不投票或是不满意的少数参与者）均应承担服从的义务（既不投票又不遵守不属于参与的状态）。①

#### 2. 积极参与

积极参与是社会主体主动为普法活动贡献力量，需要付出一定的成本才能完成的参与状态。有以下三方式：①具体普法工作的承担。直接参与法治知识的传播活动中，如普法志愿者，通过发放普法宣传单（册）、提供免

---

① 李海青. 理想的公共生活如何可能——对"公共理性"的一种政治伦理学阐释 [J]. 伦理学研究，2008（3）：55-60.

费法律咨询等自发或配合行政机关工作的形式参与普法活动，普法讲师，通常是受行政机关委托为特定群体开展法治知识讲座的法律专家。②配合、监督普法工作。在体验普法服务过程中配合相关环节的完成或对普法工作提出意见或建议等方式的参与，如填写调查问卷、参加法治知识竞赛、参加法治征文比赛等。③研究普法工作。普法的宏观部署和具体工作的展开主要依靠国家机关进行，但部署的形成是复杂的，尽可能凝聚多方主体的智慧能够推动普法工作站在更高更远的视角展开。社会主体可对普法的宏观战略、微观方法等进行研究，为普法活动提供理论和实践指导，推进普法工作高质量推进。

## 第二节 普法责任的系统性共担

基于法治社会建设的"共治"特征，与其契合，应建立"谁共建谁普法"的第三代普法责任制，发挥国家、社会组织、宣传教育机构、家庭、个人等法治社会建设主体的作用，扩展普法责任主体。

### 一、国家的主导性普法责任："谁执法谁普法"

政府普法实施以"谁执法谁普法"的普法责任制为指导，《中共中央关于全面推进依法治国若干重大问题的决定》《法治政府建设实施纲要（2015—2020年)》《法治政府建设实施纲要（2021—2025年)》《关于实行国家机关"谁执法谁普法"普法责任制的意见》(以下简称普法责任制《意见》)《法治社会建设实施纲要（2020—2025年)》均有相关内容的涉及。从现有制度上看，"谁执法谁普法"的普法责任制只是宏观规划，相对有针对性的普法责任制《意见》也只是从总体要求、职责任务、组织领导三个方面进行宏观规划，"谁执法谁普法"的责任制需要在以下方面进行明确及完善。

#### （一）细化"谁执法谁普法"的普法责任制

##### 1.明确责任主体

从目前普法责任制的落实情况看，国家机关的范围是从狭义上理解的，局限于行政机关，由于在普法责任制提出之前，普法工作主要由司法行政机关负责，其他行政机关的公开职责以具体的业务办理为核心，普法并未列入对外公开的职责范围，亦是职能部门不受重视的业务。根据普法责任制《意见》的要求，国家机关应当将普法作为基础性工作来抓，将其纳入本部门工作总体布局，与其他业务工作同部署、同检查、同落实，为了明确普法任务和工作要求制订本部门普法规划、年度普法计划和普法责任清单。以上说明国家机关均有普法的责任，不限于行政机关，该意见在职责任务中还提及要利用法律法规规章和司法解释起草制定过程开展普法，且建立涵盖法官、检察官、行政执法人员等的以案释法制度，说明立法机关、司法机关也负有普法的职责，所以"谁执法谁普法"的责任主体不管从观念上还是实践中都应转向所有的国家机关。

除此之外，参照公务员管理的人民团体和群众团体也应当负有普法职责，根据《工会、共青团、妇联等人民团体和群众团体机关参照〈中华人民共和国公务员法〉管理的意见》以及《〈中华人民共和国公务员法〉实施方案》的规定，如妇女联合会、残疾人联合会、工会、共产主义青年团等，这些团体具有公益性质，且是中国共产党领导下的组织，是党和政府与群众联结的纽带，对社会群体，特别是对弱势群体的合法权益的维护上发挥着重要作用，在群众中的信赖度高。这些团体纳入普法责任主体还具备组织优势，因为大部分的团体组织建立了从中央到地方的组织体系，职能和工作人员相对稳定，经验丰富且群众的知晓度高，在普法工作中不仅可发挥具有针对性的法治教育功能，还可以将群众反映的问题反馈给职能部门，是特定群体特别是弱势群体发声的重要渠道。

在责任主体中，应重视窗口单位、基层政府的普法力量的分配，这些主体是最直接与公民接触的单位，其普法工作的好坏直接影响普法的质量。实践中，有些单位并没有配备专业的普法人员，对法律规范的理解也很机械，如在对一次小区业委会选举的筹备工作进行观察时发现，根据《业主大会和业主委员会指导规则》，街道办事处要对业委会的选举工作进行指导，其中包括指导小区管理规约、业主大会议事规则、业主委员会选举办法、业委会工作规则等自治规范的制定，但在规范制定过程中，可以发挥自治空间的条款在街道办事处派来的指导人员看来应该依照统一的模板，且不能有实践中尚未出现的做法，如在业委会之外成立监督业委会的小区监督委员会等制度创新被否决，指导变成了命令，这不利于公民正确理解自治。

2. 扩大"执法"范围

前文已对国家机关的普法职责进行了主体的拓展，相应的对"执法"的范围也应进行扩大化理解，将二者对应起来，即除行政执法外，立法机关的立法、司法机关的适用法律等活动都应算作"执法"的范围，使法治教育扩展至立法过程和司法程序中，这样更有利于国家机关普法责任制的全面实施。为了保证责任规划的平衡和具体落实，除了对行政机关的普法责任进一步完善外，应抓紧对立法机关和司法机关普法责任的实施进行细化，包括实施机制、保障机制和考核机制等。

### 3. 地方规划的平衡发展

国家机关的普法责任制地方规划发展不平衡，如"据统计，只有陕西、内蒙古、江苏、广东少数省份出台了相关的规划、实施意见或者办法"[①]，普法最重要最检验效果的环节是直接接触公众的基层政府部门，但基层部门就规划的具体实施普遍缺乏创造性和部门特色性，有些直接照搬上级规划。法治社会的普法除了需要国家的宏观部署，应将更多精力放在基层工作的设计和部署上，基于我国各地都具有各自的文化特色，在具体的工作中应努力挖掘地方资源提升效果。普法责任制的落实，各地应根据中央的统一部署统一行动，否则不利于普法服务供给的公平，但同时各地各部门应结合本地情况进行地方规划并结合地方特色进行细化，而非照搬照抄中央文件或其他地方的规划。

### （二）切实落实普法责任清单制度

按照普法责任制《意见》的要求，各执法部门应当制定本部门的普法责任清单，该制度有利于执法部门梳理普法职责并接受社会监督，同时，责任清单梳理清楚也有利于避免普法工作中的职权交叉和推诿现象。从实践调查情况看，目前大部分地区的普法责任清单制度还未真正落实，地方行政机关自己编制清单报司法行政部门，司法行政部门存档，如《湖北省"七五"普法规划实施情况考评标准》中"制定本部门本行业本系统本单位年度普法责任清单并认真组织实施"占了较大比例的分值，但根据实践调研，部分地区行政机关编制的清单并未对外公布，且较多部门并未重视清单的作用，以至于提交清单只是确保考核材料的完整性，实际并非按照清单的列举展开普法工作。所以，在实践中需要加强普法责任清单制度的落实。《法治社会建设

---

① 何登辉. 国家机关"谁执法谁普法"责任制实施问题及出路 [J]. 黑龙江省政法管理干部学院学报，2017（3）：4-8.

实施纲要（2020—2025 年）》要求：2020 年年底前基本实现国家机关普法责任制清单全覆盖，为普法责任制清单的落实确立了目标，但形式上的清单编制要化作实践中的有效落实还有一段距离，需要各部门发挥主动性，将重点放在落实上。

### （三）构建协调机制

由于执法机关的复杂性，为了避免职权交叉造成的责任不清或遇到困难时便于相互协助，应建立统筹协调机制，可从以下方面着手。

#### 1. 重新定位司法行政机关在普法工作中的职能

"六五"普法之前，司法机关是普法的主力部门，负责具体的实施，普法责任制确立以后，司法行政机关除了做好涉及自身执法相关法律的普及外，应转化角色，进行统筹、监督、服务工作。例如，湖北、江苏等省的普法责任制实施方案明确了司法行政机关和普法工作办公室的协调和督导的职责，还包括总结好的做法、推广已有经验、协调综合性法律法规的宣传等。司法行政机关作为老牌的普法机关，在实际普法工作中有更多的经验累积，应做好后勤服务工作，其他执法机关在实际普法过程中遇到困难可寻求司法行政机关的帮助。

#### 2. 落实普法责任制联席会议制度

《关于实行国家机关"谁执法谁普法"普法责任制的意见》提到了定期召开联席会议，实践中司法行政机关牵头将有普法职能的执法机关纳入联席会议的成员单位。联席会议制度的建立，可以确保普法责任单位之间的沟通和配合，提高效率，有利于"大普法"工作格局的构建，确保为公众提供更好的法治教育服务，如针对特定群体可能涉及多个部门的普法责任，就需要整合资源合作普法，提高效率。同时，值得注意的是法治社会建设中的"大普法"工作格局不仅有公权力机关的参与，还有社会主体的参与，这部分主体也应纳入联席会议成员进行管理。

### （四）加强法治宣传教育队伍建设

要想普法工作中输出的内容被受众真正吸收，需要法制宣传人员具有较高的素质。应做好以下工作：

第一，培训工作。对法制宣传人员进行培训是从源头上保障普法质量，以往的培训侧重于法律知识的筑牢和更新，但宣传人员不仅要求具备相关的法律知识水平，恰当的表达方式、精良的内容制作能力等也是重要的素质，这些因素甚至是激发受众学习兴趣的关键因素。所以，应对法治宣传教育队伍的培训内容进行更加科学的规划，全方位提高普法人员的素质。在对法治宣传人员进行培训时也应分类管理，因材施教，如对普法行政工作人员、普法讲师、普法志愿者在法治教育中扮演的角色不同，对基本素质的要求也各有侧重，相应的培训重点也应有所区别。

第二，人才库的建设与共享。法制宣传教育工作的持续性决定了该项工作长期需要稳定的人才，应进行人才库建设。以普法讲师为例，良好的师资集中于大城市、经济发达地区，但最需要人才支持的是一线的基层普法，经济不发达、法学教育不发达的地区亦需要人才补充，为了平衡资源，需要发挥人才库的作用，并实现人才库的跨地区共享。

第三，搭建法治宣传队伍交流平台。将法律知识以群众喜闻乐见的方式展示并做到入脑入心，需要专业的知识和丰富的经验，因此，可以建立法治宣传队伍交流平台，随时解决日常普法工作中遇到的问题，推广优秀经验，促进理论与实践的相互吸收和转化。同时，实践中普法工作人员、普法志愿者的流动性较强，交流平台的建立可以发挥"老带新"的作用，保障高质量的人力资源储备。

## 二、社会组织的协同性普法责任："谁管理谁普法"

社会的运行除了公权力机关具有管理职能外，私权主体也可成为管理者，"七五"普法规划在国家机关"谁执法谁普法"的基础上又提出了"谁主管谁负责"的普法责任，即"各行业、各单位要在管理、服务过程中，结合行业特点和特定群体的法律需求，开展法治宣传教育"，在"谁执法谁普法"的实施意见中写入社会主体的普法责任安排，不利于明晰各自的普法任务和区分责任性质，应构建单独的责任体系。

### （一）"谁管理谁普法"的责任主体

"谁管理谁普法"是国家机关之外的，对特定领域或特定群体负有管理（服务）职责的社会主体承担普法任务的责任形式。这一主体在现有的普法工作中没有硬性的责任要求，但在生产和生活实践中，需要对其管理群体进行规则意识的培养，该规则意识不限于法律法规，还包括行业规则、职业道德、自治规约等。该责任主体主要涵盖如下范围：①对特定公用领域负有管理或服务职责的主体，如电力、交通、能源、通信、医药健康等为社会提供特定服务的公用事业企业，这部分主体通常具有国家投资、控股、参股的性质和行业垄断性，且在服务过程中拥有一定的社会公权力，如高铁、航空公司建立黑名单的权力、能源企业的垄断定价权、疫苗生产企业公共健康的控制权等，其作为提供公共服务的主体，应当承担更多的社会责任，如法治理念的主动践行、社会秩序的建立和维护、引导和培养公众法治意识等，其主要是结合其所在领域的管理特色进行相关普法。②对特定行业具有管理职责的社会组织，主要是从事相同性质经济活动的单位组成的行业协会、商会、促进会等，"由于中国的特殊国情，大部分行业协会是由政府成立或由政府部门转化而来的"①。2015年中共中央办公厅、国务院办公厅印发的《行业协会商会与行政机关脱钩总体方案》，对行业协会商会与行政机关脱钩进行部署，促进行业协会商会成为依法设立、自主办会、服务为本、治理规范、行为自律的社会组织。目前从中国社会组织公共服务平台查询的情况看，仅在民政部登记的行业协会商会就有700多家。我国部分省市还出台了行业协会条例，如广东省、江苏省、云南省、深圳特区等，明确了该团体的宗旨，除了维护会员和行业的利益外，还对市场经济的维护和社会公共利益的促进发挥着作用，承担制定行业自律公约、参与制定行业标准、参与纠纷处理等职能，如《广东省行业协会条例》还明确了行业协会组织会员学习相关法律、法规和国家政策的职能。行业协会在经济生产生活中发挥着重要的治理作用，应在普及行业相关法律法规、行规行约等方面承担责任。③具有内部管理职责的组织，这部分主体包括公司、政党组织等。根据《中华人民共和国公司法》的规定，公司可以制定自己的管理制度，劳动者服从企业的管理也是一项职业义务，对于整个社会来说，有利于各行各业的规范发展，创造更多的社会财富，这部分内部规则应该由企业进行普及，不仅有利于企业自身的规范管理，还有利于整个社会形成职业规则意识。我国实行共产党领导的多党合作和政治协商制度，中国共产党作为执政党制定的有自己的党内法规，民主党派也制定了自己的章程，这些党内法规、章程对内部成员具有约束作用，政党组织负有向成员普及的责任。④其他社会组织，"狭义上的社会组织是指在民政登记的社会团体、民办非企业单位和基金会。广义的社会组织还包括村民委员会、居民委员会、业主委员会等"②。除了行业协会，其

---

① 徐家良.行业协会组织治理 [M].上海：上海交通大学出版社，2014：3.

② 徐家良.行业协会组织治理 [M].上海：上海交通大学出版社，2014：5.

他社会组织，这些组织具有公益性质，如慈善机构需要对与其相关的法律法规进行法治宣传，不仅便于自身依法行事，也便于公众监督。同时，村民委员会、居民委员会这样的自治组织也应适用该原则承担普法责任，这与《中华人民共和国村民委员会组织法》和《中华人民共和国城市居民委员会组织法》赋予自治组织的职责相契合：宣传宪法、法律、法规和国家的政策，维护村（居）民的合法权益，教育村（居）民履行依法应尽的义务。除了国家颁布的法律法规，居民公约、乡规民约这些自治组织内部规范，虽然由村民大会、居民大会通过，但由于具体内容并非每位村（居）民都参与制定，所以也需要在自治组织内进行宣传、普及。

### （二）"谁管理谁普法"责任制的实施

"谁管理谁普法"不能仅是一种提法，要让其在实践中运用起来，需要进一步对具体实施作出相应的设计，需要从国家层面进行规划。参与社会管理的主体虽然不是国家机关，但因其均具有公益的性质，作为法治社会建设中的普法力量补充具有一定的可行性，现有普法模式向社会主体移植难度也较小，如普法责任清单制度就可以直接运用在"谁管理谁普法"的责任制中。

因社会主体的普法责任不同于国家机关，国家机关是法定义务，社会主体则是出于对公共责任的分担承担附加义务，但基于"为了共同利益"的普法理念，该责任的承担对其自身来说也是有益的：公用领域事业企业单位做好了普法服务不仅可提升其服务质量，提高用户满意度，还可以减少经营风险，节约成本。如电力企业电力设施的选址安装涉及公共安全，其在事前就普及相关国家规定和安全标准，让公众知晓，可减小恐慌和不必要的纠纷，交通运输企业普及违反交通运输安全的行为所面临的法律后果，可减少违法行为对运输安全造成的潜在风险；行业协会做好法治教育工作可提升整个行业的服务水平，减少沟通成本；企业内部管理规定的普及有利于规范员工行为，是企业营利的基础保障，政党内部规范的普及有利于形成良好的政党形象，提升影响力；其他社会组织如村委会做好法治教育工作可减少后期纠纷处理成本等。可在社会主体的普法责任动员时挖掘更多的共同利益点，调动其积极性。

除此之外，应根据社会主体普法的特殊性建立对应的考核标准，分解量化普法任务，设置奖惩措施，将考核与奖惩挂钩。

### （三）"谁管理谁普法"责任制的保障

管理主体在履行普法责任是从无到有的制度设计，其在实践中需要一系列的保障措施，为责任的顺利履行提供支持：首先，组织领导保障。"谁管理谁普法"的社会主体普法责任制没有前期的实践积累，所涉主体缺乏普法经验，需要国家机关做好组织和指导工作。由于社会组织的数量众多，普法指导工作应在国家机关中进行分解，由指导或监管的国家机关负责，可通过协作或任务分解的方式进行，充分发挥各自的优势，将社会各领域的普法在领域内全面深入地展开。同时，社会主体承担普法工作并非完全按照行政命令展开，其内部也应做好相关组织工作，发挥主动性，利用针对各领域、各行业、各群体的直接管理（服务）优势，更注重普法工作的个性化发展，满足所涉公民的特殊性需求。其次，经费保障。赋予普法责任的社会主体虽然具有公益的性质，但普法作为附加性事务，需要解决经费保障问题，在普法相关事务的完成过程中给予经费支持。同时，社会主体在日常工作中应将普法意识融入其中，将传播法治与开展工作相结合，提升自身法治水平的同时节约普法经费。最后，人力支持。国家机关普法责任在实现普法人力资源的整合后，如组建了相关的讲师团、专家库、志愿者团体等，可同时为"谁管理谁普法"的社会主体普法责任的实施提供人力支持。

## 三、宣教机构的本职性普法责任："谁宣教谁普法"

本普法责任主要涉及宣传机构和教育机构，宣传机构主要是国家机关之外的媒体机构，教育机构主要是承担教育职责的学校。

### （一）宣传机构的普法责任

"五五"普法规划和"六五"规划在组织领导和保障部分说明了媒体有公益性法制宣传教育责任，"七五"普法规划将媒体的公益性普法责任写入健全普法责任制部分。要求"健全媒体公益普法制度，广播电视、报纸期刊、互联网和手机媒体等大众传媒要自觉履行普法责任，在重要版面、重要时段制作刊播普法公益广告，开设法治讲堂，针对社会热点和典型案（事）例开展及时权威的法律解读，积极引导社会法治风尚"。《法治社会建设实施纲要（2020—2025年）》在普法责任制中亦提到了要"健全媒体公益普法制度，引导报社、电台、电视台、网站、融媒体中心等媒体自觉履行普法责任"。

　　将普法作为一种责任赋予媒体，基于现实考量应以主流媒体为主。何谓主流媒体？在国内，主流媒体没有统一的定义，喻国明认为"以吸聚最具社会影响力的受众（主要是指那些具有较高的决策话语权、知识话语权和消费话语权的社会成员）作为自己市场诉求的传媒"①，也就是以质取胜的传媒。周胜林认为，主流媒体必须具备三个条件：有较大的发行量、收视率，有较多的广告营业额，具有很大的影响力和权威性。②邵志择主张，主流媒体就是"依靠主流资本，面对主流受众，运用主流的表现方式体现主流观念和主流生活方式，在社会中享有较高声誉的媒体"③。新华社 2003 年曾进行相关调查研究，形成了主流媒体的六条评判标准：具备权威性与喉舌功能、传播并引领主流意识形态、具备高度公信力、着力报道社会与时政新闻、基本受众是社会各阶层的代表人群和具有较大发行量或较高收听、收视率，影响较广泛受众群。④可见，虽然对主流媒体的定义尚未统一，但影响力大、受众面广、权威性高是共识性的特点，这与普法的专业性强和受众多的特征相契合。新华社的调研列举了目前中国的主流媒体：中央级新闻媒体、区域性媒体、城市媒体、国家重点扶持的大型新闻网站等。⑤主流媒体具有国家的扶持性，即我们常说的官方媒体，其应与国家机关一样具备普法的义务。

　　2014 年 8 月 18 日，中央全面深化改革领导小组第四次会议通过了《关于推动传统媒体和新兴媒体融合发展的指导意见》，习近平强调："着力打造一批形态多样、手段先进、具有竞争力的新型主流媒体，建成几家拥有强大实力和传播力、公信力、影响力的新型媒体集团，形成立体多样、融合发展的现代传播体系。"说明新型的主流媒体除了具有传统主流媒体的特征外，还具有形态多样、手段先进、竞争力强的特征，《法治社会建设实施纲要（2020—2025 年）》提出要"运用新媒体新技术普法，推进'智慧普法'平台建设"，对普法硬件的提升提出了要求，新型主流媒体应在硬件提升上发挥引领作用，做好技术担当。

　　除了主流媒体外，其他没有官方背景的媒体，如自媒体亦可以发挥影响

---

① 喻国明 . 一个主流媒体的范本——评《纽约时报 100 年》[J]. 财经界，2002（5）：104.

② 周胜林 . 论主流媒体 [J]. 新闻界，2001（6）：11-12.

③ 邵志择 . 关于党报成为主流媒介的探讨 [J]. 新闻记者，2002（3）：15-18.

④ 新华社"舆论引导有效性和影响力研究"课题组 . 主流媒体如何增强舆论引导有效性和影响力之一：主流媒体判断标准和基本评价 [J]. 中国记者，2004（1）：10-11.

⑤ 新华社"舆论引导有效性和影响力研究"课题组 . 主流媒体如何增强舆论引导有效性和影响力之一：主流媒体判断标准和基本评价 [J]. 中国记者，2004（1）：10-11.

力服务普法工作。随着大众传媒的蓬勃发展，自媒体的概念产生，其最早源自 2003 年美国智库的研究，将自媒体解释为"普通大众经过数字科技赋能，将自己与全球知识体系对接而产生的分享自身经历和新闻的途径"①。国内对于自媒体亦没有统一的概念，但被公认为具有传播及时、个体平等、发布自由及以社交网络为依托等特征。自媒体的社交网络性强，在智能手机普及的当代社会，对公民的影响力较大，2022 年 2 月 25 日，中国互联网络信息中心（CNNIC）在京发布第 49 次《中国互联网络发展状况统计报告》。截至 2021 年 12 月，我国网民规模达 10.32 亿，其中手机用户基本全覆盖，移动电话用户总数达到了 16.43 亿。自媒体作为活跃于手机用户群体的传媒方式，加之具有很强的社交互动性，在普法工作中可挖掘其作用。自媒体因流量可变现，为了吸引眼球，提升阅读量，对内容质量有较高的追求，容易激发创新。但这部分媒体容易发生制造谣言，以假吸睛的乱象，且监管较为复杂，《法治社会建设实施纲要（2020—2025 年）》用了较大篇幅强调了网络空间的依法治理，今后应在完善的网络法律制度和监管制度下，发挥自媒体的优势，输出高质量的法治知识。

宣传机构是信息的传播者，公民接收到何种信息作为源头控制方的媒体具有较大的话语权，信息对公民的意识具有较强的塑造性，通过高频率的刺激会提升接受度，所以宣传机构在普法责任的履行上主要侧重于法治内容的投放比例。官方媒体可建立相关指标来保障法治信息的投放数量，非官方媒体应通过引导和多措施鼓励的方式增加普法内容的投放。宣传机构的重要作用还体现在不断提升投放内容的质量上，2015 年，有英国和澳洲的学者做过一项调查，认为虽然在过去十年中，互联网在人们面临民事司法问题寻找解决策略时扮演着越来越重要的角色，互联网具有作为公共法律教育（PLE）工具的潜力，但接触在线法律信息并不直接等同于提高权利知识或如何处理民事司法问题的知识。互联网在这方面的效用继续受到所提供信息的质量以及公众以有意义的方式使用和应用信息能力的限制。② 所以，法律教育是一个注重教育内容进而提升应用能力的教育过程，在海量的传媒信息中，法治教育信息的比例有限，在有限的比例中要增强内容的质量。

---

① Shayne Bowman Chris Wollis. We Media：How Audiences are Shaping the Future of News and Information. The Media Center at The American Press institute, 2003：5.

② Denvir, Catrina1, 2Catrina.denvir.10@ucl.ac.uk.Online and in the know? Public legal education, young people and the Internet. Computers & Education. Jan2016, Vol. 92, p204-220.

### （二）教育机构的普法责任

把法治教育纳入国民教育体系已被多个文件提及，如《青少年法治教育大纲》《法治社会建设实施纲要（2020—2025年）》等。"合格的民主公民需要由教育尤其是学校教育而产生，这是人们的共识。"[①] "有远见的统治者应当把目光聚焦于人，因为立法的是人，执法的是人，守法的是人，在法治被破坏时，要修复和重建法治依靠的仍然是人。对于人的培养，尤其是青年人的培养，比一切其他工作都来得重要。"[②] 教育机构的普法责任主要适用于学校，现阶段义务教育已经全面普及，学校进行普法教育能够最大范围地涵盖未成年人，注重发挥学校的普法责任，调动积极性，可使法治的种子在青少年中尽早生根发芽。培养德、智、体、美等方面全面发展的公民，培养具有社会责任感和实践能力的公民是《中华人民共和国教育法》所确定的教育目标，目标的实现方式包括道德、纪律、法治等教育，其中理性的规则教育均应通过法治社会建设中的普法教育体系实现。另外，法治社会建设为的是让公民按共同的规则准则行为，同一种教育通过学校来进行便捷度高且易收到效果。2016年为深入贯彻党的十八届四中全会关于"将法治教育纳入国民教育体系，从青少年抓起，在中小学设立法治知识课程"的要求，在国民教育体系中系统规划和科学安排法治教育的目标定位、原则要求和实施路径，教育部、司法部、全国普法办联合印发《青少年法治教育大纲》，该大纲分学段对教学内容和要求进行了部署，学段集中于义务教育阶段、高中教育阶段、高等教育阶段。《中华人民共和国教育法》确定了学前教育、初等教育、中等教育、高等教育的学校教育制度，并实行职业教育和继续教育制度，"谁教育谁普法"责任制应以学校教育为主，职业教育和继续教育为辅，充分利用教育体系的优势，将法治教育融入其中，分阶段分层次进行。

### 1. 学前教育阶段的学校普法

1981年，在法国举行的国际学前教育协商会议将学前教育界定为："能够激起出生至入学前儿童的学习愿望，给他们学习体验，且有助于他们整体发展的活动总和。"[③] 从国际上看，由于各国儿童上小学的年龄不尽相

---

① 檀传宝. 公民教育引论 [M]. 北京：人民出版社，2011：255.

② 陈洁. 我国大学生法治教育研究 [D]. 上海：复旦大学，2012.

③ 顾明远. 教育大辞典（增订合编本）[M]. 上海：上海教育出版社，1998：1619.

同，各国学前教育所指的年龄跨度并不一致。我国学者普遍认为，对儿童的教育从出生后就已开始，从出生至三岁为婴儿教育，三岁至六岁为幼儿教育，学前教育是指从出生到六岁儿童的教育。① 由于本原则讨论的是学校教育，故学前教育阶段的学校普法应以进入幼儿园学习的三周岁以上学龄前幼儿为主。《青少年法治教育大纲》未将学前教育阶段纳入，现有的法律法规、部门规章和规范性文件，如《中华人民共和国教育法》《幼儿园管理条例》《幼儿园工作规程》《幼儿园教育指导纲要（试行）》，并未明确设置法治教育的目标和环节，但教育目标的部分内容，如社会教育中要求在共同的生活和活动中，以多种方式引导幼儿认识、体验并理解基本的社会行为规则（《幼儿园教育指导纲要（试行）》）即具有法治教育的影子，然而在实践中缺乏系统性和连续性，选择的内容较随意，加之没有专业的教材，教育的过程可能出现偏差，如教学内容中大多安排的是约束孩子行为的法律规范，容易在孩子的认知中片面深化法律惩治罪恶的功能，忽视其权益保护功能。② 此阶段的幼儿从完全由抚养人照看到开始与社会接触，随着社会环境的日趋复杂，其面临的人身安全和财产安全风险均提高，近年来针对幼儿园阶段的未成年人进行的违法犯罪案件也常见报道，应探索适合幼儿身心发展的法治教育模式，提升幼儿自我保护的意识和能力。

### 2. 中小学阶段的学校普法

未成年的法治教育主要集中在中小学阶段，以保护未成年和预防未成年犯罪为主要目标。我国有《中华人民共和国未成年人保护法》和《中华人民共和国预防未成年人犯罪法》，其中在学校职责上列明了：学校应建立未成年学生保护工作制度，健全学生行为规范，培养未成年学生遵纪守法的良好行为习惯（《中华人民共和国未成年人保护法》第二十五条）；将预防犯罪的教育作为法制教育的内容纳入学校教育教学计划，结合常见多发的未成年人犯罪，对不同年龄的未成年人进行有针对性的预防犯罪教育（《中华人民共和国预防未成年人犯罪法》第七条）；学校应当结合实际举办以预防未成年人犯罪的教育为主要内容的活动。预防未成年人犯罪教育的工作效果作为考核学校工作的一项重要内容（《中华人民共和国预防未成年人犯罪法》第

---

① 黄人颂. 学前教育学 [M]. 北京：人民教育出版社，1989：1.
② 何蓉. 基于提升幼儿法治素养的法律安全教育探索 [J]. 中国教育学刊，2018（S1）：218-221.

八条）；聘任从事法制教育的专职或者兼职教师。根据条件可以聘请校外法律辅导员（《中华人民共和国预防未成年人犯罪法》第九条）。这些制度都为中小学阶段的学校普法提供了制度保障，目前，随着对中小学的法治教育重视程度的提升，小学和初中阶段开设有《道德与法治》课，法治副校长、法治辅导员在中小学广泛推广，公立中小学也参与普法责任清单建设中。但在传统国家机关承担普法责任的模式及应试性的教育模式下，学校法治教育并未与国家普法的整体规划充分融合，导致虽然普法考核中对青少年的普法效果列出了指标，但以形式指标（硬件指标）为主，如是否有相关课程和教材、是否聘请了法治副校长和法治辅导员、是否建立了实践基地等，实践中，《道德与法治》课"很多学校在教学的过程中只是将课本的内容读出来，甚至是让学生自习"[①]。所以在软件建设上，如课程建设、师资保障等均有很大的提升空间。

### 3. 高等教育阶段的学校普法

高等教育期间学生从未成年阶段向成年阶段跨越，从校园逐步走向社会，在这个人生重要的过渡期，是其价值观定型的关键期，法治教育直接影响着该群体基本的法治观。目前"我们已建成了世界上规模最大的高等教育体系，高等教育毛入学率达到48.1%，我国即将由高等教育大众化阶段进入普及化阶段"[②]。该群体正在或即将成为不同社会领域的中流砥柱，其法治素养对法治社会建设有更为直接或深刻的影响，应在其正式踏入社会之前，做好法治教育工作。高等教育阶段除了法学专业的学生，其他大学生以接受法治的通识教育为主，并辅之与所学专业相关的职业法律教育，通过开设《思想道德修养与法律基础》进行法律知识的通识教育，但该课程只开设一学期，课时较少。高等教育阶段的大学生群体常常被作为法治教育的研究对象，普遍认为大学生的法治（律）意识还有很大的培养空间，虽然国家也在不断重视大学生群体法治意识的培养，但在实践能力上未有显著提升，如陈建新等认为"中国当代大学生的法律意识已有了很大程度的觉醒和增强，但大多仅仅停留在感性认识水平上，而且'知'与'行'存在较大反差；在不

---

① 李彩红.初中道德与法治教学中培养学生法制意识的对策研究[J].考试周刊，2020（71）：109-110.

② 教育部高等教育司.全面振兴本科教育推进高等教育内涵发展情况介绍[EB/OL].（2019-02-26）[2020-01-03]，http://www.jyb.cn/rmtzcg/xwy/wzxw/201902/t20190226_214338.html.

同大学生当中法律意识水平参差不齐"① "受传统观念、市场经济、法制环境等因素的影响,导致大学生法律意识普遍不强"② "高校普法教育要真正实现素质教育,必须从目前的观念教育转向行为教育。大学生可能学习了大量的法律知识,但并没有形成法治行为的模式,因而不知道在具体情形下如何做出符合法治的行为选择,当然遑论形成法治观念或者说法治意识了"③。当前大学生学习掌握的法律知识非常有限,高校虽然开设了法律的相关必修课程,但由于生活环境相对单纯,法治的重要性还没有引起大学生的足够重视,大学生虽然从书本和课堂上学到了一定的法律基础知识,但掌握的还不全面,更缺乏实践应用的机会,所以很难形成法治思维。

除以上学段,职业教育和继续教育阶段也应注重法治教育,此部分的普法针对的是社会公民,应侧重于职业、日常社会生活相关的法治教育,《中华人民共和国职业教育法》第六条规定:行业组织和企业、事业组织应当依法履行实施职业教育的义务。职业教育中应加大法治教育的力度。同时,随着法治的不断发展,法治知识的更新亦可通过该渠道完成。

## 四、家庭的补充性普法责任:"谁监护谁普法"

### (一)"谁监护谁普法"的必要性

青少年是历届普法的重点对象,在近次的普法规划中对青少年的普法强调学校、家庭、社会"三位一体"的教育格局,虽然学校教育和社会教育很重要,但对孩子来说,父母是其第一任老师,父母的言行举止和观念会直接影响孩子,家庭教育是未成年人形成规则意识并内心信仰的重要途径。"由于儿童在生活上和心理上对父母的依赖,很容易使父母成为儿童心目中全知全能的权威。而父母借助于这种权威形象对子女所进行的规则意识教育,是非常高效的。"④ 家庭对教育的重视主要体现在对学校教育的投入,父母对未成年的教育关注集中于学习成绩的好坏,法治教育现阶段并未引起重视。相对于学校教育的普法,父母的言传身教更具有持续性且更深刻,"学校往往更注重的是孩子的学习和在校的纪律,至于孩子出了校门后的行为,则采取

---

① 陈建新,袁贵礼.中国当代大学生的法律意识透视 [J].社会科学论坛,2002(4):88-89.
② 翟宇.浅谈当前大学生法律意识的缺失与培养策略 [J].教育探索,2016(4):92-95.
③ 邓多文.高校普法目标:从增强观念到重塑行为的转向 [J].社会科学家,2017(12):119-124.
④ 郑杭生,李强,李路路等.社会学概论新修 [M].北京:中国人民大学出版社,1994:88.

放任、事不关己的态度"①。实践中，青少年的恶性犯罪与家庭教育有重大关联，如 2019 年大连 13 岁少年意图性侵 9 岁女孩，遭反抗后将其杀害并抛尸的恶性案件，因不满 14 周岁，还无法对其进行刑事处罚，一时激起民意的沸腾，从案件背后该少年的家庭环境来看，案发后其父母从未主动联系受害者家人，也没有说过一句道歉的话，只是让警察带话说愿意卖房赔偿。据该少年所在小区居民反映，其曾在小区里掀年轻姑娘的裙子，事后其父非但不让孩子道歉，还将对方姑娘骂了一顿。② 可见，该父母对孩子基本的法治教育、道德教育是严重缺失的。父母作为未成年首要的亲密关系人，对其进行法治教育的场域更为宽广，不仅包括公共领域，在私密的个人领域具有天然的优势，所以不论是个人权利的保护，还是犯罪的预防，家庭都是重要的责任阵地。相比之下，国家法治教育有总体规划，学校的法治教育近年来受关注的程度也在提高，相关的课程体系在形式上已有构架，家庭的法治教育是明显的短板，亟须完善。

### （二）家庭普法责任的制度支撑

《中华人民共和国教育法》第五十条：成年人的父母或者其他监护人应当配合学校及其他教育机构，对其未成年子女或者其他被监护人进行教育。家庭的普法责任可视为监护职责的履行，从《中华人民共和国未成年人保护法》的体系安排上看，对未成年的保护首要责任主体是家庭，其第五条明确了家庭应当对未成年人进行法治教育，第六条明确家庭应当教育和帮助未成年人维护自身合法权益，增强自我保护的意识和能力，第十六条进一步明确了未成年人的父母或者其他监护人应当履行的监护职责，包括教育和引导未成年人遵纪守法、预防和制止未成年人的不良行为和违法犯罪行为，并进行合理管教等。第二十二条和第二十四条明确了监护职责不因父母离婚、外出务工等原因间断。《中华人民共和国预防未成年人犯罪法》第三条明确在预防未成年人犯罪的综合治理中，家庭是参与主体之一，第十条规定"未成年人的父母或者其他监护人对未成年人的法制教育负有直接责任。学校在对学生进行预防犯罪教育时，应当将教育计划告知未成年人的父母或者其他监护人，未成年人的父母或者其他监护人应当结合学校的计划，针对具体情况进

---

① 王宁霞，黄海燕，董欢.未成年人性侵害现状分析与对策研究 [M].北京：九州出版社，2020：8.

② 腾讯网.大连 13 岁少年杀人案警示录：坏孩子身后，一定是不合格的父母！[EB/OL].（2019-10-31）[2019-12-19]https：//new.qq.com/omn/20191031/20191031A0N9WO00.html.

行教育"。第十四条列举了父母或者其他监护人有对未成年人打架斗殴、辱骂他人、强行向他人索要财物、偷窃、故意毁坏财物等具有违法或违背社会公德性质的不良行为进行教育的职责，为了预防未成年犯罪，第十七、十八条还明确了发现未成年人组织或者参加实施不良行为的团伙或有人教唆、胁迫、引诱违法犯罪的要及时制止或者向公安机关报告。第二十条至二十二条规定了未成年人的父母、继父母、养父母或者其他监护人不得放弃监护职责、离异后都有教育子女的义务。所以除了亲生父母，养父母、继父母及其他监护人都是家庭普法责任的主体。

### （三）家庭普法责任的实践保障

未成年人的抚养和教育是个系统工程，近年来一些恶性的父母侵犯未成年权益的事件报道后，"父母不需要培训就上岗"的评论在担忧调侃之余，也反映了人们对合格父母的反思和期待。父母对子女的养育不仅是亲权血缘的本能，也是社会责任的承担，需要来自国家和社会的支持。要求每一位父母都是完美父母是不切实际的，但在家庭教育中对未成年人进行规则教育和防止违法犯罪的底线教育是父母的基本职责，这亦是家庭法治教育的主要内容。此前虽然在法律法规中给予了方向指导，但因未有健全的责任机制，让父母及其他监护人在家庭法治教育上不培训就上岗是冒进的，需要建立相关保障机制。

第一，政府做好指导和救助服务。前文已经论述法治社会建设中的普法政府有指导的职责，这里的政府应做广义的理解，包含与家庭最直接接触的最基层的权力单元即城市社区居委会和农村村委会，以及法院、检察院、社会组织等。《中华人民共和国未成年人保护法》第四十三条规定，居民委员会、村民委员会应当设置专人专岗负责未成年人保护工作，协助宣传未成年人保护方面的法律法规，指导、帮助和监督未成年人的监护人依法履行监护职责，建立留守未成年人、困境未成年人的信息档案并给予关爱帮扶。第一百一十八条规定，未成年人的监护人不依法履行监护职责或者侵犯未成年人合法权益的，由其居住地的居民委员会、村民委员会予以劝诫、制止；情节严重的，居民委员会、村民委员会应当及时向公安机关报告。公安机关接到报告或者公安机关、人民检察院、人民法院在办理案件过程中发现未成年人的父母或者其他监护人存在上述情形的，应当予以训诫，并可以责令其接受家庭教育指导。《中华人民共和国预防未成年人犯罪法》第二十八条规定公安派出所、城市居民委员会、农村村民委员会在未成年人的家庭监护上负有督促的职责，如应当掌握本辖区内暂住人口中未成年人的就学、就业情况，对于暂住人口中未成年人实施不良行为的，督促其父母或者其他监护人进行有效的教育、制止。

第二，学校的合作教育。《青少年法治教育大纲》提出青少年法治教育要充分发挥学校主导作用，与家庭、社会密切配合，拓宽教育途径，创新教育方法，实现全员、全程、全方位育人。在家庭法治教育中凸显了家校合作的基本结构，即推动家庭与学校形成开展青少年法治教育的合力。积极引导家长重视家庭美德和家庭文化的建设，成为子女学法、守法、用法的榜样。要办好家长学校，完善家校合作机制，大力宣传推广家庭文化建设和家庭教育的成功经验，制定家长法治教育手册，提高家长对孩子进行法治教育的意识和能力，指导家长及时督促改正青少年的不良行为，预防产生违法行为。同时，要发挥学生法治教育对家长的作用，了解家长需求，拓展学校法治教育的影响。《中华人民共和国未成年人保护法》第二十九条还规定学校应当配合政府有关部门建立留守未成年学生、困境未成年学生的信息档案，开展关爱帮扶工作。

第三，社会主体加强法治教育产品的产出，为家庭法治教育提供素材。《青少年法治教育大纲》倡导鼓励弘扬法治精神的文化产品以及创意作品的创作和传播，鼓励设立提供青少年法治教育服务的专业化教育机构。以目前我国普法读本的质量来看，普遍偏向于法条的宣传，近年来针对青少年的读本有通俗化、案例化的进步，但在吸引力上依然需要提升。随着科技的发展，青少年的课外娱乐生活越加丰富，如若在课外信息接触的途径中（如绘本、游戏、影视作品等）加入法治教育的因素，可以实现寓教于乐，父母在对青少年进行引导时可以此为辅助，成为家庭法治教育的素材。

### 五、社会个体的配合性普法责任："谁懂法谁普法"

"七五"普法规划中建立法官、检察官、行政执法人员、律师等以案释法制度是通过职业标签赋予个体普法责任，强调的是工作场景的普法责任。在乡村普法上，地方很早就探索培育"法律明白人"，以发挥个体作用宣传法律知识，如大连市司法局2007年印发了《关于选拔培育农村"法律明白人"工程的实施方案》，该方案的总体安排中设想"到2009年，争取80%的农民家庭有一名'法律明白人'。到2010年，力争100%的农民家庭有一名'法律明白人'"。湖南省司法厅、湖南省农业委员会、湖南省民政厅等2015年印发《关于进一步推进农村"法律明白人"培养工程的指导意见》，确立了"力争到 2015 年底每一个村有一位'法律明白人',到 2016 年底每一个村民小组有一位'法律明白人',到 2018 年底每 10 户村民有一位'法律明白人',到 2020 年底每一个家庭有一位'法律明白人'。经过长期努力,最终实现每一位具有完全民事行为能力的成年农民都成为'法律明白人'"。2020 年 3 月中央全面依法治国委员会印发了《关于加强法治乡村建设的意见》,在加强乡村法治宣传教育任务中提出:"实施农村'法律明白人'培养工程,重点培育一批以村'两委'班子成员、人民调解员、网格员、村民小组长等为重点的'法治带头人'。"可见在发挥个体作用进行普法已经有相关的制度设计,但将普法责任延伸至社会个体,还需要明确以下几个问题。

**(一)社会个体普法责任的驱动力**

社会个体的普法责任是配合性的,具有很强的公益色彩,且除了职业要求外,不能通过强制的方式来保障社会个体履行普法责任,那么该责任的驱动力在哪里呢? 应从精神和物质两个方面寻找和创造动力源。

1. 精神驱动:道德自觉和需求满足

道德自觉是一个伦理学概念,其代表性的观点中有从道德文化层面进行界定的,如戴茂堂将道德自觉界定为"道德对于时代的伦理使命和教化责任要有一个自觉的担当和深切的认同,也就是说,道德要自觉承担起用先进文化引领社会进步的责任、提高精神境界的使命和责任"[1]。在我们的传统文化中,道德自觉是儒家德育思想的重要部分。儒家先贤关于道德自觉目标的设定非常明确,他们将"圣人"视为道德自觉的最高标准,其次为贤人、君子。"圣人"作为儒家追求的理想人格典范,其道德自觉追求表现在内圣、外王上。其中"外王"即发挥自身才干、智慧在社会政治教化中,不断建功立业,实现仁政目标。[2] 所以要让社会个体具有普法的责任意识就要形成道德自觉,让道德自觉成为承担普法社会责任的内在驱动。根据道德自觉形成论,道德规范经过社会的认定和人们的解释说明,得到社会成员的普遍理解,道德主体一般会自觉地遵守,久而久之,这样的自觉就形成了一种无形的价值约束,使之成为一种信念和制度,成为规范社会成员行为的基础。[3]

① 戴茂堂. 道德自觉·道德自信·道德自强 [J]. 道德与文明,2011(4):24-27.
② 薛金枝. 儒家道德自觉思想及对高校思想政治教育的启示 [J]. 湖北开放职业学院学报,2020(13):87-88.
③ 范纯璐. 道德自觉及其实现 [M]. 汕头:汕头大学出版社,2019:61.

所以道德自觉形成是一个长期的过程，社会个体承担普法责任的道德自觉的树立亦应经过意识的产生、意识的转变，再到实践。法治社会就是要让人人都有弘扬法治和社会公德的社会责任担当深入人心。

社会个体的普法责任除了凭借道德自觉，形成个体对外的奉献输出外，还可以反哺个体的需求。按照马斯洛的需求层次理论，人的需求包括五个层次："生理需求、安全需求、归属与爱的需求、尊重需求以及自我实现需求。"① 其中，每个人都希望得到别人的尊重和认可，得到别人的肯定是人对尊重的需求。尊重需求分为两个方面：一是自我尊重的需求，可以让人充满自信；二是外部尊重，别人的尊重会让自己感到生活充满意义，体会到人生价值。③ 社会个体的普法具有一定的公益奉献色彩，体现了责任担当的人格魅力，容易受尊重，这种外部环境传达出来的认可和尊重可以满足该层次的需求。另外按马斯洛的观点，人首先必须保证自我的生存，只有这一需求满足了，其他更高层次的需求才能对人产生激励作用，而已经满足的需求就不再产生激励作用。所以马斯洛需求理论中，需求依次递进，呈金字塔结构。这说明社会个体的普法责任并非是人人都有能力承担的，需要在特定人群中进行宣传号召。

2. 物质驱动：知识变现

2015年5月，习近平总书记在发给国际教育信息化大会的贺信中强调，要建设"人人皆学、处处能学、时时可学"的学习型社会。④2016年被称为"知识付费元年"，"内容付费""知识变现"等词汇被高频次地提出，互联网的发展消除了时间和空间距离的阻碍，加之自媒体的兴起，互联网上出现了一大批内容领域的创业者，打赏、广告推广、流量变现等激发大量的UGC⑤、PGC⑥等内容的生产。⑦在移动互联网高覆盖率的当下，低成本高效

---

① （美）亚伯拉罕·哈罗德·马斯洛. 动机与人格 [M]. 许金声，程朝翔，译. 北京：中国人民大学出版社，2007：60.

③ 于骐鸣. 波德里亚网络符号思想研究 [M]. 武汉：华中科技大学出版社，2017：31.

④ 新华网. 习近平致信祝贺国际教育信息化大会开幕 [EB/OL]. （2015-05-23）[2020-12-04] http://www.xinhuanet.com/politics/2015-05/23/c_1115383960.htm.

⑤ 互联网术语，全称为 User Generated Content，也就是用户生成内容，即用户原创内容。

⑥ 互联网术语，全称为 Professional Generated Content，即专业生产内容、专家生产内容。用来泛指内容个性化、视角多元化、传播民主化、社会关系虚拟化。

⑦ 沈嘉熠. 知识付费发展现状与未来展望 [J]. 中国编辑，2018（11）：35-39.

率的获取知识受到广泛青睐。所以虽然个人的普法责任是一种公益性的，但这种公益性在互联网时代可以与收益性并存，只要其贡献的普法内容质量高，能够引起广大网民的兴趣，阅读量就高，即使不通过知识付费的方式，高流量亦可变现。

### （二）社会个体普法责任的主体范围

"谁懂法谁普法"中"懂法人"的范围界定应与职业、身份等标签相结合，既从事公益服务性质的职业，又具有一定的法治知识是"懂法人"的重点范围：

#### 1. 公务员

从《中华人民共和国公务员法》第十四条公务员应当履行的义务来看，公务员要忠于宪法，模范遵守、自觉维护宪法和法律；带头践行社会主义核心价值观，坚守法治，遵守纪律，恪守职业道德，模范遵守社会公德、家庭美德；忠于人民，全心全意为人民服务。当前对于公务员的普法职责集中于职务行为中，但在社会个体的普法责任层面，强调的是其在职务行为之外，在日常生活中承担的公益责任。相对来说，公务员群体基本上是接受过高素质教育的群体，长期以来其也是重点的普法对象，在法治知识的具备和累积更新上具有职业优势，特别是法官、检察官等这些与法律事务直接相关的公务员群体更有天然的知识输出的优势。所以除了在工作职责之外，应发挥其在社会生活中的知识辐射作用。

#### 2. 党员

《中国共产党章程》第三条规定的党员义务包括认真学习法律知识，努力提高为人民服务的本领；要克己奉公，多做贡献；密切联系群众，维护群众的正当利益等。自新冠肺炎疫情以来，党员下沉社区成为普遍现象，一些地区也在不断完善相关的制度规定，有将该制度作为长期制度发展的趋势，如湖北省出台了《湖北省机关企事业单位党员干部下沉社区实施办法》，以此为依据，各市、各企事业单位出台了自己的实施办法，作为党员参与社区的志愿服务的依据。社区是基层的社会治理单元，直接接触群众，广大党员应发挥身份优势和知识优势，在参与志愿服务的过程中发挥普法的作用。

### 3. 法律从业人员

除了具有公职的法官、检察官是法律从业人员外，从事法学教育的教师、提供法律服务的律师、法律工作者、法律从业者的储备力量——青年学生等社会个体在法治知识的具备上亦具有天然的优势。《中华人民共和国教师法》第八条规定教师应当遵守宪法、法律和职业道德，为人师表；对学生进行宪法所确定的基本原则的教育、法制教育等。《中华人民共和国律师法》第四十二条规定了律师、律师事务所应当履行法律援助的义务。可见教师、律师等都具有职业的公益性，可以在职业教育时强化社会责任的承担，可作为"懂法人"，号召其参与普法。

### 4. 社会热心人士

具有法治知识的社会热心人士也是社会个体普法责任的吸收对象，这类对象通常具有较高的公德心，乐于奉献，勇于和善于和社会的不良现象和违法犯罪行为作斗争，随着乡村"法律明白人"制度的发展，可在全社会推广该制度，广泛吸纳社会热心人士，培养一批热心宣传法治的明白人。一些特定身份的人可以作为吸收对象，如知识分子：真诚的社会责任心，是中国知识分子的优秀传统的重要内容。坚持人格尊严、重视社会责任心，这都是中国知识分子人文精神的主要内涵。中国古代哲学家不但宣扬人格尊严，而且强调社会责任心。北宋范仲淹有句名言："先天下之忧而忧，后天下之乐而乐。"张载自述学术宗旨说："为天地立心，为生民立命，为往圣继绝学，为万世开太平。"这表现了哲学家的广阔胸怀。[①] 老年人也具有一定的优势，如英国著名哲学家罗素活了 98 岁，他在晚年时说："对自己熟悉的领域保持强烈的兴趣，参加一些力所能及的公众活动，是有效的长生之道。在那些领域里，你长期积累的经验是非常有益的。你能极大地发挥你的聪明才智而不感到压抑。"[②]

### （三）社会个体普法责任的履行

社会个体普法责任的承担不可能形成强制性，所以对其承担普法责任的方式更具开放性，在评价标准上也应以激励为主，主要有以下履行形式：其

---

① 张岱年.中国人的人文精神 [M].贵阳：贵州人民出版社，2018：256-258.
② 宋德慈，杨庆祥，郭玉林，等.中国老干部百科全书 [M].长春：吉林大学出版社，1992：93.

一，践行法治就是传播法治。法治社会要求的全社会践行法治，所以法治教育最终的效果体现在行动上，行动上对法治的践行说明法治的思维和习惯已经养成，其就是一位合格的法治公民，健康的社会细胞。社会个体成长为法治公民就会对身边的人产生影响，以点带面，几何式增长，法治公民越多，社会的法治氛围就越浓厚，又能够进一步强化公民的法治行动力。所以"谁懂法谁普法"，懂法的公民践行法治就是在传播法治知识。其二，参加公益普法活动。从实践调研来看，基层普法的人力资源是短缺的，对于具有普及性质的法治教育来说，巧妇难为无米之炊，一些普法活动的展开和创新需要人力资源的支持，"懂法人"可积极参与公益普法活动中，作为服务者的一分子贡献力量。

在"谁执法谁普法""谁管理谁普法""谁宣教谁普法""谁监护谁普法""谁懂法谁普法"的普法责任体系中，除了公权力机关，社会公益主体、媒体、学校、家庭承担法治宣传教育职责还需面对以下困难，需要在不断探索中克服和完善：第一，参与积极性的调动难。公权力机关进行普法工作有责任和绩效等因素的推动，但社会主体的参与相对来说偏向于热情使然，但光靠热情是不长久的，可以进行相关的制度设计来激励社会主体的参与，如根据"谁主管谁负责""谁宣教谁负责""谁监护谁负责""谁懂法谁普法"的原则，单位、学校、个人积极配合或履行普法责任的，可将该项工作的成效纳入相关的评优，如诚信企业、文明单位、文明家庭、普法先进个人等，并注重宣传工作，在社会上形成一定的美誉度，营造氛围。根据公民自愿报名参与普法的志愿行为，可通过《中国注册志愿者管理办法》确立的志愿者管理制度，积极将其纳入注册志愿者的管理范围，进行权益的保障和相关的奖励。律师、优秀法律人才等参与普法的，可纳入各地的普法讲师团建设，通过购买服务的方式使其获得一定的经济利益……第二，人员素质的保障难。社会主体中除了有相关专业背景的参与者，其他参与者的法律素养必定参差不齐，为了保障普法质量，需要进行相关的培训。对于这类人员的培训应当注重针对性和灵活性，即应根据参与主体所面临的不同对象给予其有针对性的普法工作指导，因社会主体参与培训会占用休息时间，培训时间和形式需尽可能灵活。

# 第五章　国家法规范与社会规则兼具的普法内容扩展

十八届三中全会通过的《中共中央关于全面深化改革若干重大问题的决定》(以下简称十八届三中全会《决定》),法治话语洋溢于全文,在党的历史上,法治话语从未像在十八届三中全会《决定》中这样显赫。[①]2014年10月,党的十八届四中全会通过的《中共中央关于全面推进依法治国若干重大问题的决定》在充分和深刻意识到我国现阶段改革发展稳定任务之重前所未有、矛盾风险挑战之多前所未有的基础上,提出要更好地发挥法治的引领和规范作用。进一步明确了"中国特色社会主义法治体系":完备的法律规范体系、高效的法治实施体系、严密的法治监督体系、有力的法治保障体系、完善的党内法规体系。"法治体系"不同于"法律体系",此后,"七五"普法规划也在该背景下进行了调适,《关于在公民中开展法制宣传教育的第七个五年规划》中的"法制"一词换为"法治",在普法内容上亦在传统以中国特色社会主义法制体系为核心的基础上,将党内法规、市民公约、乡规民约、行业规章、团体章程等规范纳入社会治理的法治框架内。坚持法治、德治、自治相结合是《法治社会建设实施纲要(2020—2025年)》确立的法治社会建设的主要原则之一,在普法实践中,普法依然是政府主导的,普法内容以普法者的意志为主,普法者沿袭几十年的普法理念需要转变并化为实践,在法治社会建设中其是"管理者""治理者"中的一员,所以在普法工作中天然会倾向于什么内容有利于达到管理的效果就普什么法,往往容易造成偏科,重守法型普法教育,轻依法治理实践的完善,不具有长远性、均衡性。普法要为全社会践行法治的法治社会建设服务需要明确并系统地重构普法内容谱系。

---

① 张文显.全面推进法制改革,加快法治中国建设——十八届三中全会精神的法学解读[J].法制与社会发展,2014(1):5-20.

## 第一节　国家法规范的普法内容优化

国家法规范是普法的首要内容，以往的普法规划在对国家法规范的处理上主要使用"中国特色社会主义法律体系"进行一揽子概括，再结合当时的重点任务进行指导性说明，没有细化的区分，不能真正凸显服务群众、以人为本的普法指导原则。法治社会建设中的普法在内容的选取和编排上应打破法律体系的框架，从受众的需求出发进行调整。

### 一、以法律常识为基础

法律常识是最基本的法律知识，所有公民都要学，每一代公民都应当掌握，每一次的规划均应将其列为内容。法律常识没有相关定义，我国历次普法规划中，"一五"普法规划对法律常识进行了直接的列举，后续规划只有笼统的法律常识或法治常识的表达。常识是社会对同一事物普遍存在的日常共识，是社会中每一个心智健全的人都应该具备的知识，其可以随着社会形态的不同，时代的变化而定义，某一个圈子或者国家流行的常识也不一定能适用于其他领域。有学者认为"'常识、常理、常情'，是指为一个社会的普通民众长期认同，并且至今没有被证明是错误的基本的经验、基本的道理以及为该社会民众普遍认同与遵守的是非标准、行为准则"①，据此，法律常识应是普遍知晓的基本法律知识。普遍知晓意味着只要有认知能力的公民都应该掌握，这部分法律知识可以与义务教育融合，可以根据内容的难易分阶段将普及工作完成在义务教育阶段，利用义务教育的全覆盖性最大范围地扩大法律常识的接受面，也可避免代际之间形成法律常识的断档。

法律常识应是最基本的，出现在日常工作、生活中，能够确保基本安全，如人身安全、财产安全的法律知识。现实生活中，因为缺乏法律常识而使自身权益受到极大损害的例子有很多，也有很多悲剧稍有点法律常识就可以避免，这也侧面反映了我们的普法工作还有很长的路要走。

法律常识应具有共识性，即法律常识应符合常理，其合理性能够经得住道德的质疑。法律常识应与人类社会最基本的善恶观、是非观、价值观一

---

① 陈忠林."常识、常理、常情"：一种法治观与法学教育观 [J].太平洋学报，2007（6）：16-25.

致，如果出现偏差，应允许公民提出疑问并纠错。法律（规则）常识并非绝对权威，法律常识≠常理，法律规定因各种原因会出现不合理的现象，需要在法治教育时让公民知晓完美的、符合各方利益的法律规定是不可能存在的，立法需要尽可能多了解公民的利益诉求，同时公民亦应积极地表达自身的合理诉求，敢于对不合理的规定提出质疑，这本身亦是一种法治的精神。

## 二、以基本法律法规为主干

基本法律法规涉及与公民生活密切相关的基本法律规范，应尽可能地涵盖公民的日常生活、工作等场景，让公民的大多数行为都有法律规范可循。这些基本法律法规应当以成年人为主要受众，渗透日常生活中，是法治教育终身教育属性的体现。

### （一）基本法律法规的选择及注意事项

基本法的选择，应全面涵盖生活场景，包括政治生活、社会生活、经济生活、家庭生活多领域，各领域都有相关的基本法律规范，如与政治生活相关的法律规范有选举法、集会游行示威法、国家安全法、反分裂国家法、监察法等，与社会生活相关的法律规范有治安管理处罚法、道路交通安全法、环境保护法、劳动法、社会保险法等，与经济生活相关的法律规范有合同法、消费者权益保护法、产品质量法等，与家庭生活相关的法律规范有婚姻法、继承法、妇女权益保障法、未成年人保护法、老年人权益保障法、人口与计划生育法、反家暴法等。

基本法的普法应以需求为导向进行，以需求侧研究指导供给侧改革，以需求作为内容设定的指南针。公民对法治知识的需求是多元的，包括层次化的需求，如了解的需求，该种需求通常是公民只需了解宏观性的规定，知晓能做什么，不能做什么，是备用的知识，属被动性需求；运用的需求，该种需求是公民需要实际运用到相关法律规定来解决具体问题，诸如纠纷的处理、申请行政许可等，属主动性需求；监督的需求，该需求基于公民为追求更加美好生活环境而产生的，对公权力主体或私主体的行为进行法治的审视，如是否有违法犯罪的现象，属公益性需求。还包括类型化需求，因群体之间的差异，不同群体也有自身的基本法知识的需求，如城市农村、特殊群体、少数民族、不同行业等，可根据不同群体展开基本法律规范的整理，有针对性地进行基本法的教育工作。除此之外，公民的需求和供给可能随之变化，需要及时了解受众的新需求并不断调整普法内容，这需要普法者多与普法对象交流沟通，以便更好地保障普法内容的传达和吸收。

　　基本法的普法语言转换，普法中并非是直接普及规范条文，而是应当针对普法对象的情况将其化作与受众理解能力相匹配的"语言"。人类的语言从大的方面可分为自然语言和纯粹语言，自然语言是人们日常使用的语言，是人类交流信息的工具，纯粹语言是对日常语言的自然材料进行抽象之后形成的形式语言，如逻辑符号、数理符号等。①法律使用的是日常语言，但其中包含有特殊用语，即我们所说的"法言法语"，如"无因管理""不当得利""善意取得""不安抗辩""取保候审"等，这些"法言法语"向公众普及时应当转化为常用的好理解的口语化语言。超越受众思想水平和接受能力的宣传教育内容只能降低法制宣传教育的效果，甚至产生负面影响。正确合理的宣传教育内容和科学的宣传教育方法对于增强受众的接受程度具有重要的促进作用，而落后、过时、不切合实际状况和现实需求的宣传则会降低受众的接受程度，甚至会造成逆反心理的产生，抵制普法者对其施加的影响，从而产生负面效应。

### （二）短板补齐——加强应急普法

　　2020年6月2日，习近平总书记在专家学者座谈会的讲话中提道："要普及公共卫生安全和疫情防控法律法规，推动全社会依法行动、依法行事。"《法治社会建设实施纲要（2020—2025年）》亦强调："积极组织疫病防治、野生动物保护、公共卫生安全等方面法律法规和相关知识的宣传教育活动。"2020年伊始，新型冠状病毒性肺炎疫情（以下简称"疫情"）全国蔓延，此次事件波及面更广，影响力更大，"疫情"防控进入常态化。在无法完全遏制疫情扩散之前，一系列的防控措施构建起了安全防线，在诸多防控措施中包括对公民行为进行要求和限制的措施，这些措施的落实依赖公民高度的配合才能产生效果，如封闭小区、外出戴口罩、减少聚集等。值得注意的是，这些措施在公民日常生活中不需要遵守且未养成习惯，在实施初期引起了部分民众的不理解，影响了防控效果甚至扩大了损失。这说明我们在日常的规则教育中缺少紧急状态下的应急规范教育，应以此为契机，在规则教育中加强应急规范的教育。以下内容可以作为普及的重点。

---

① 陈光中.法治思维与法治理念[M].北京：清华大学出版社，2016：28.

1.常规状态下——应急规范基础知识

目前，我国已经基本建成了以《中华人民共和国突发事件应对法》为基础的涉及自然灾害、事故灾难、公共卫生事件和社会安全事件四大领域的法律、法规、规章的应急规范体系，其中具有专门应急法律法规性质的有《破坏性地震应急条例》《地质灾害防治条例》《中华人民共和国防汛条例》《自然灾害救助条例》《核电厂核事故应急管理条例》《突发公共卫生事件应急条例》《重大动物疫情应急条例》《生产安全事故应急条例》等。还有些法律法规中也涉及了应急相关条款，如《中华人民共和国消防法》《中华人民共和国社会救助暂行办法》《中华人民共和国草原法》《中华人民共和国森林法》等，从这些应急法规条文内容看，主要是对行政机关的责任要求，所以应急规范的普法重点人群应该是行政机关及其工作人员，不仅是职权机关，其他行政机关、自治组织等也应该具备基本的常识。本次疫情中，为了防止扩散，疫情严重的地区采取了封城的措施，一线抗疫的除了医护人员，最重要的是社区、村委会这样的基层组织，其间为了缓解人手的不足，公务员、党员下沉社区及时地补充了力量，这时就凸显出了突发事件面前，不仅是应急管理部门需要及时应对，所有的公职人员都应有应急意识和应急规范知识的储备，平时的应急普法不能少。应急规范中涉及公众的条款较少，且是配合性条款，如《中华人民共和国突发事件应对法》第四十九条规定了自然灾害、事故灾难或者公共卫生事件发生后，人民政府可以采取的应急措施有：组织公民参加应急救援和处置工作，要求具有特定专长的人员提供服务；依法从严惩处囤积居奇、哄抬物价、制假售假等扰乱市场秩序的行为；依法从严惩处哄抢财物、干扰破坏应急处置工作等扰乱社会秩序的行为等。这些措施均需要公民遵守或配合，这类应急基础知识应作为对普通公民普及的知识。对于社会公众来说，如果突发事件尚未发生，仅通过文字的方式向其传播应急知识通常收效甚微，但突发事件发生后再普及又为时已晚，所以，应通过定期演练的方式，在演练过程中普及规范知识。《中华人民共和国突发事件应对法》第二十九条和第三十条明确了应急知识的宣传普及活动及应急演练的责任主体，涉及县级人民政府及其有关部门、乡级人民政府、街道办事处、居民委员会、村民委员会、企业事业单位、学校等，这些主体应重视该项工作，将应急规范基础知识的普及职责履行在日常的应急管理中。

### 2. 紧急状态下——临时规范

临时规范是紧急状态下，在无法律明文规定的情况下，行政机关发挥自由裁量权制定的。这部分规范因具有不确定性和临时性，需要在紧急状态中进行普及。以本次"疫情"为例，该类规范的普及需要注重以下问题：

第一，避免仓促行政。在"疫情"防控中，通告是指挥部对外发出的指令，具有临时规范的性质。2020 年 2 月 14 日习近平总书记在中央全面深化改革委员会第十二次会议上指出："要健全重大疫情应急响应机制，建立集中统一高效的领导指挥体系，做到指令清晰、系统有序、条块畅达、执行有力，精准解决疫情第一线问题。"① 突发公共事件中迅速应对是对政府的首要要求，通告要及时，但在强调速度时，质量也很重要，例如，若不经周全考虑仓促发文，不仅容易出现错误，也易造成不必要的恐慌。如疫区封锁是"疫情"的防控手段，一旦封锁对当地的经济社会发展有重大影响，公众的基本生活会面临一系列的困难，需要相关措施予以保障。武汉市"封城"的 1 号通告是 2020 年 1 月 23 日凌晨发布的，信息发布后出现了市民连夜买票出城、排队加油、在购物网站上储备物资、涌入超市抢购商品等现象，后指挥部发布了 2 号公告对"封城"之举进行解释，告知市民大宗商品、食品、医疗防护用品等储备充分、供应顺畅。"封城"这一决定事后有专家团队研究证实其有效控制了"疫情"发展②，但需要注意的是，除了控制"疫情"，还应防止"疫情"造成次生灾害，从通告的内容看该决策只交代了"封城"的结果，如何"封闭"、封闭的相关保障并未在通告中体现，导致执行陷入混乱。虽然后续通告有相关内容的涉及，如 1 月 24 日公布的 8 号通告对市民居家出行不便、生活不便提供解决方案，1 月 25 日公布的 9 号通告对如何交通管制进行安排，2 月 27 日公布的 19 号公告明确在汉外地人员的服务保障等，但从通告发布逻辑上看，决策作出之前并未经过充分准备，"封城"的具体实施本可以和"封城"决定同时发布，时间上的拖延和不必要的发文频率暴露出通告发布的仓促性，拉低了政府形象，且容易产生新的恐慌，不利于避免或降低次生灾害的发生。当然，"疫情"发生和发展的紧急性给政府决策带来了挑战，"封城"防疫在新中国历史上属首次，此次"疫情"的

---

① 习近平. 全面提高依法防控依法治理能力，健全国家公共卫生应急管理体系 [J]. 求是，2020（5）：1-2.

② Yang Z, Zeng Z, Wang K, etal. Modified SEIR and AI prediction of the epidemics trend of COVID-19 in China under public health interventions[J]. 2020（1）：165-174.

防控手段在一定程度上是摸着石头过河，紧急状态下，不能以事后眼光要求政府作出"完美"决策，但也不能因情势紧急在决策时仓促为之，基于决策的重要性且地方政府缺乏经验，更需要树立法治意识，特别是程序意识，来保障政府决策的科学性。

　　第二，确保临时规范的合法性。紧急状态下行政权力与法律的关系，出现了不同的理论，如绝对主义（法律主义）、自由主义、相对主义等①，我国学者提出"必需之法则"与法律主义相互补充，作为我国政府应对极端危机事件的方法。② 以上，除了绝对主义，其他的主张都不排除紧急状态下，国家机关的自由裁量权。从法律的滞后性和风险的复杂性来看，完全排除国家机关的自由裁量权也不现实，但紧急状态下完全抛弃法治，易引发次生的社会问题，所以即使是紧急状态，国家机关的自由裁量也应在法治的框架下进行。习近平总书记在 2020 年 2 月 5 日的中央全面依法治国委员会第三次会议上提到"实践告诉我们，疫情防控越是到最吃劲的时候，越要坚持依法防控，在法治轨道上统筹推进各项防控工作，全面提高依法防控、依法治理能力，保障疫情防控工作顺利开展，维护社会大局稳定"③。依法施策是临时措施得以传播并获得公众配合的前提。此次"疫情"中，部分防控措施在一定程度上是摸着石头过河缺乏经验，决策的作出涉及利益重大，此时，更需要树立法治意识，特别是重大决策的程序意识，专家论证、风险评估、合法性审查等程序可保障政府决策的科学性，当然在紧急状态下可以简化的形式进行。

　　第三，做好信息公开工作。紧急状态下，信息公开就是在对公众进行应急规范的普及。突发公共事件中"相关信息的发布风格、内容、速度、准确性、诚实性、发布方的权威性与可信赖性等都影响公众对事件的风险认知、

---

① 绝对主义模式主张，宪法秩序是统一和完整的，在紧急状态下，除了宪法明确规定的特别权力外，行政机关没有其他处理危机的紧急权力；相对主义模式则主张，在紧急状态下，国家既存的法律体系可能无法应对，行政机关必须拥有强大的处理紧急情况的权力，但不能对现存法律体系进行大规模的修改；自由主义模式公开宣称需要没有法律，通过事后向公众说明理由的方式，由公众来决定公共官员的超法律行为的合法性。详见戚建刚.绝对主义、相对主义和自由主义——行政紧急权力与宪政的关系模式 [J].法商研究,2004（1）:52-60.

② 杨小敏，戚建刚.论应对"危机型"突发事件的代替性策略——"必需之法则"[J].法律科学, 2009（5）: 85-93.

③ 习近平.全面提高依法防控依法治理能力，健全国家公共卫生应急管理体系 [J].求是,2020（5）: 1-2.

情绪波动以及针对有关事件的决策与行为"①。所以，应重视信息发布工作。

信息公开要力求及时。"让民众在第一时间了解事件的经过、真相、受损情况、政府救灾举措，起到安定人心、动员民众、统一思想的作用。"②第一时间通报"疫情"发展情况及应对措施可为有效控制"疫情"争取更多时间。本次"疫情"病毒传播速度快、潜伏期长、存在认识盲区，加之出现于中国农历新年之前，人员流动性强导致防控难度大。从 2019 年 12 月 30 日曝出不明原因肺炎的消息至 2020 年 1 月 23 日武汉市疫情防控指挥部发布 1 号通告"封城"，此间虽然民间传出不少"疫情"相关消息，但官方消息较少，媒体上报道的 1 月 18 日百步亭万家宴、1 月 21 日湖北省春节团拜会文艺演出等信息在特殊时期格外显眼。没有及时的信息公开和提醒，身处病毒爆发中心的人们在意识上和防护准备上都未引起重视。在春运繁忙的火车站、汽车站等人流聚集的公共场所，戴口罩的人寥寥无几，增加了"疫情"扩散的风险，如果官方再早一点注重信息的公布和积极的防护提醒，损失可能会大大减少。另外，根据《政府信息公开条例》第二十条的规定，突发公共事件的应急预案、预警信息及应对情况是主动公开的政府信息，该条例第二十三条规定："主动公开的政府信息通过政府公报、政府网站或者其他互联网政务媒体、新闻发布会以及报刊、广播、电视等途径予以公开。"信息公开及时性要求传播途径的选择以速度最快为首要考量，如互联网传播，以武汉为例，"疫情"期间指挥部的大部分通告都通过武汉市的官方政务微博"武汉发布"第一时间对外发布，从一月和二月政务微博外宣榜排名数据来看，该微博跃居第一，提高了影响力。官方信息发布渠道影响力一旦树立，更容易做好突发公共事件中网络宣传的引导工作，是政府赢得舆论引导权的重要契机。

信息公开要力求准确。信息真实准确是守住舆论阵地的重要支撑，突发公共事件发生后，信息呈爆炸态势，特别是此次"疫情"中，居家封闭成为生活常态，公众有更多时间主动关注消息，这期间，真假消息泛滥，辟谣的

---

① Clete DiGiovanni, Jerome Conley, Daniel Chiu, etal. Factors Influencing Compliance with Quarantine in Toronto during the 2003 SARS Outbreak[J]. Biosecurity and Bioterrorism : Biodefense Strategy, Practice, and Science, 2004（12）: 265-272.
② 童兵. 突发公共事件的信息公开与传媒的宣泄功能 [J]. 南京社会科学, 2009（8）: 37-44.

速度跟不上谣言产生的速度，官方还专门建立了打击谣言的新媒体平台①，是处理突发事件中鲜有的现象，政府信息准确无误在此时更显重要。本次"疫情"中，武汉市疫情防控指挥部发布的 2 号通告告知医疗防护用品储备充分、供应顺畅，实际情况证实并非如此，通告发布的当天，湖北省中医院、华中科技大学同济医学院附属协和医院、武汉大学中南医院、武汉市中心医院等 8 家医院相继发出公告，向社会征集物资。医用物资保障是应对突发公共卫生事件的基本保障，发布不实信息易产生误导，医用物资补充不及时会增加医务人员的感染风险，也不利于特殊时期的士气鼓舞。除此之外，武汉市疫情防控指挥部的 18 号通告内容是宣告 17 号《关于加强进出武汉市车辆和人员管理的通告》无效，原因是 17 号通告是市疫情防控指挥部下设的交通防控组未经指挥部研究和主要领导同志同意发布的，暴露出指挥部在信息发布工作中存在把关不严的现象，这也为突发事件的信息发布工作提了醒，指挥部是多机关组成的临时机构，为了保障信息对外发布的准确性，内部应明确信息的发布权限和发布纪律。2020 年 4 月 17 日武汉市疫情防控指挥部发布的《关于武汉市新冠肺炎确诊病例数确诊病例死亡数订正情况的通报》是确保信息准确的正确示范，其收到了良好的舆论反馈。

信息传播力求有效，在高度依赖公众配合的突发事件中，不仅需要信息的覆盖面广，还需尽量确保信息能被公众有效接收。从《国家突发公共事件总体应急预案》中信息接收的保障措施来看，除了广播、电视、宣传车等公共传播渠道外，还可以通过逐户通知的方式，且对于老、幼、病、残、孕等特殊人群、学校等特殊场所、警报盲区等应当进行针对性的公告，所以突发事件中应加强针对性公告的发布力度并丰富发布方式以提高信息的知晓度。除此之外，在信息的呈现上应以目标对象能够清晰理解为追求，特别是可能对公民权利、利益带来影响的信息。此次"疫情"中，部分措施打破了人们对违法的一般性认知，且与日常行为习惯不符，如戴口罩的防护措施打破了人们的日常习惯，如果宣传不到位，公众不了解原因和法律后果，执行的难度会加大，对行政机关的公信力也会产生影响。再如，隐瞒接触史可能触犯刑法超出了一般公众对犯罪的认知。所以，突发事件中的信息传播要注重公众的接受能力，与日常习惯或认知不相匹配且又对公民产生不利法律后

---

① 荆楚网. 让谣言无所遁形! 湖北省举报、辟谣、打谣平台移动端上线! [EB/OL]. (2020-01-30) [2020-04-13]http://news.cnhubei.com/content/2020-01-30/content_12661870.html? spm=zm1033-001.0.0.1.7sKw3L.

果的相关信息应特别重视，保证传播和理解的准确度，提高公众在危机中的配合度。①

习近平总书记多次强调，本次"疫情"防控工作，是对我国治理体系和治理能力的一次大考，是治理能力最直观的体现，我们应当看到其中的短板，在疫后的恢复工作中将其补齐，2003年SARS危机后，我国在应急规范的建设上不断完善，但当危机来临之时，似乎应急规范并未充分发挥屏障和预防作用。"疫情"暴露了在应对突发事件时应急管理的短板，如忽视应急预案的重要作用，此次"疫情"中，武汉市疫情防控指挥部专门出台了《武汉市新型冠状病毒感染的肺炎疫情防控暂行办法》，该防控办法如若事前体现在应急预案中，可提高事件发生后政府的应对效率。此外，还暴露了在日常的应急管理中，缺乏应急演练、应急演练与实战操作存在差距，《国家突发公共事件总体应急预案》4.1强调"地方各级人民政府和有关部门、单位要加强应急救援队伍的业务培训和应急演练"，《武汉市突发事件总体应急预案》也有关于预案演练的内容，所以应急演练是常规工作，不能忽视。在疫后重建工作中，应加强应急管理的短板建设，应急规范的普及是短板之一，要在这场灾难中吸取教训。

## 三、以社会领域的新法为补足

新法主要涉及新的法律体系和新出台或新修改的法律法规，是对公民原有法律知识体系和内容的更新，应针对全体公民展开。

法治社会建设中的普法应重点加强社会领域的法律法规的普及，为社会领域的依法治理服务。方世荣教授认为我们目前还没有专门的社会治理法体系，应将散见于社会主义法律体系中的，把与社会治理相关的法律规范进行整合，形成社会治理法。社会治理法在基本内容上，至少应当包括治理主体、治理机制和治理事务三个方面。目前这一法律体系还存在诸多问题，如有些社会治理领域在立法上尚属空白，有的立法内容不够具体完备，法律规范之间缺乏配合衔接，法律实施机制还不健全，社会守法效果不理想等等。同时，随着新的社会事务还会不断出现，需要有新的法律规范加以调整和规范，社会治理法需要进一步健全和完善。②《法治社会建设实施纲要（2020—2025年）》中也强调了要完善社会重要领域立法，并列举了完善的方向，涉

① 景勤.信息公开的关键点[N].中国教育报，2020-05-07.
② 方世荣.论我国法治社会建设的整体布局及战略举措[J].法商研究，2017（2）：3-14.

及教育、医疗、就业、社会救助、特殊群体保护等多方面的内容，可见法治社会更强调与社会建设相关的法律法规的完善，法治社会的普法应重点放在社会治理相关的法律法规的普及中。要加紧社会治理法律体系的整理和完善，将新的社会领域的法律体系和不断完善的社会治理相关的法律法规作为重点内容进行普及。

社会治理法律规范体系和社会规范体系作为社会治理规则体系的一体两面，在建设过程中应共同推进：法律规范体系应在现有法律规范的基础上，按照社会治理的不同层面和领域进行类型化梳理，如可按公共服务保障法律制度、社会矛盾预防化解法律制度、公共安全保障法律制度、社会组织管理等其他社会事务治理的法律制度①等几大块进行分类整理。在整理的同时应发现空白领域和矛盾冲突之处，推动相关立法和修法，对于执行效果欠佳可进行社会自治规范调节之处，应进行清理或二者协调推进。社会规范体系建设首先应明确所包含的内容，如应涵盖市民公约、乡规民约、行业规章、团体章程等各种社会自治领域制定的规则，在此基础上应对这些规则的制定和实施进行指导和监督，以保证其不与国家强制性法律规范冲突且不损害公民的合法权利。同时，需要明确指导主体，进行精准服务，如市民公约和乡规民约可由地方人大法制工作委员会进行指导和监督、行业规章和团体章程可由主管部门进行指导和监督。

社会领域的新法普及工作应注重以下问题：其一，应抓住普法契机。法律的变更和出台是法治知识的更新，对于大多数公民来说，知识的更新通常是被动的，需要靠外力推动。公民在缺乏自身需求作为推动力时，很难主动关注新知识，所以新法在普及时应注重时机的选择，热度是最佳普法契机，网络是重要的渠道支撑，有研究表明在热点信息出现的初期是最容易被信息讨论者关注的，且参与度、活跃度上升得最快，所以要予以特别关注和积极引导。②其二，应保障内容的准确性。普法机关应对新法的内容进行准确解释，并积极回应相关疑问，让法律的规定准确传达给受众。同时，新法产生后，随着热点的到来，各类媒体既能成为内容关注度的营造者，又可能为了博取关注制造假信息，甚至错误信息，使公民接收错误知识。例如，高考过后，因父亲是老赖，710分考生被高校拒录的假新闻在网上流传，其是

① 方世荣.论我国法治社会建设的整体布局及战略举措[J].法商研究，2017（2）：3-14.
② 谢海光，陈中润.互联网内容及舆情深度分析模式[J].中国青年政治学院学报，2006（3）：95-100.

对《最高人民法院关于限制被执行人高消费及有关消费的若干规定》中，失信被执行人采取的限制高消费措施的误读，将子女不得就读高收费私立学校进行了扩大化的解释，给公众造成了误导。普法机关应及时纠正，并进行准确的普法。其三，应把握内容重点。新法的普法工作应侧重明确新法与旧法有何区别，对公民现有生活有何直接的影响，便于公民直接更新相关法律知识。当然也应是以公民便于理解的方式进行，避免仅发布新的法律条文，或者只将新旧法律条文进行文字对比，而要对于条文制定或修改的相关背景和考量，亦做出充分解释，如《中华人民共和国民法典》第一千零七十七条规定 30 天的"离婚冷静期"，宣传时受到了诸多质疑，如违背婚姻自由的原则等，在普法的过程中应给予关注并做出回应。

## 第二节　社会规范的纳入

《法治社会建设实施纲要（2020—2025 年）》提出要促进社会规范建设，充分发挥社会规范在协调社会关系、约束社会行为、维护社会秩序等方面的积极作用。加强居民公约、村规民约、行业规章、社会组织章程等社会规范建设，推动社会成员自我约束、自我管理、自我规范。深化行风建设，规范行业行为。加强对社会规范制定和实施情况的监督，制定自律性社会规范的示范文本，使社会规范制定和实施符合法治原则和精神。十八届四中全会通过的《中共中央关于全面推进依法治国若干重大问题的决定》在增强全民法治观念，推进法治社会建设部分，明确了社会规范是多层次多形式的法治活动的内容，在社会治理中具有重要地位，要"支持各类社会主体自我约束、自我管理，发挥市民公约、乡规民约、行业规章、团体章程等社会规范在社会治理中的积极作用"。这些自治性质社会规范的倡导释放了明确信号，即在法治社会建设中不仅要发挥法律规范的作用，还要发挥社会规范的作用。社会规范"天然的带有一种'亲民性'和'接地气'，对于调节社会生活、民间生活，规范公民日常生活交往，发挥着其不可替代的作用……对于社会治理而言，社会规范有时候会起到国家法律等所不能起到的作用"①。《贯彻落实国家机关"谁执法谁普法"普法责任制的实施意见》出台后，由司法行政机关为主导的普法格局发展为国家机关广泛参

---

① 刘作翔. 当代中国的规范体系：理论与制度结构 [J]. 中国社会科学，2019（7）：85-108.

与的"大普法"格局,该格局之"大"体现在普法主体的拓展上,法治社会建设中对社会治理规范的拓展可为"大普法"格局贡献新的视角,即将社会规范纳入普法内容中。

哪些社会规范可以纳入"大普法"格局?十八届四中全会通过的《中共中央关于全面推进依法治国若干重大问题的决定》只是指引了方向,将社会规范延伸到普法内容中需要有相关的配套规划,纳入普法内容的社会规范应具有以下特征:其一,可推动社会某领域的规范治理。十八届三中全会通过的《中共中央关于全面深化改革若干重大问题的决定》提出了创新社会治理体制的重大战略任务,并从改进社会治理方式、激发社会组织活力、创新有效预防和化解社会矛盾体制和健全公共安全体系等方面对如何创新社会治理体制进行了系统阐述,标志着我们党对社会治理的认识和要求从局部走向了系统。创新社会治理的目的是"维护最广大人民根本利益,最大限度增加和谐因素,增强社会发展活力,提高社会治理水平,全面推进平安中国建设,维护国家安全,确保人民安居乐业、社会安定有序"。其中包含对和谐和秩序的追求都需要相关规范保障,但由于法律规范不可能做到对社会生活的百分百覆盖,需要法律之外的规范来补充,所以对某一社会领域的和谐秩序有推动作用的规范均可纳入法治社会建设的普法内容。这些规范通常具有自我实施机制,在法治社会建设中加强该类规范的识别,使其服务于社会治理的规范化,可减轻国家的治理成本。其二,具有一定规模的受众。社会规范在哲学、社会学、心理学等领域有不同的解释,但群体化共同遵守是共识性的核心内容。[①] 早期的法律规范亦是社会规范的组成部分,由于社会的发展,法律规范逐渐在社会规范中占据主导地位,基于法律规范的特殊性和重要性,人们将法律规范的概念从社会规范中剥离出来。[②] 社会规范"是国家公权力主体以外的社会主体制定、约定或经由长时段的博弈互动和社会交往演化而成并获得公共认可的行为规范的总和"[③]。走的是自下而上的群众路线,在规则形成和后续的传播过程中,均需要在一定范围内进行,有一定的受众群体,将其纳入规范体系内进行普及,是有意识地提高其生命力,加之其先天的群众基础,更能够激发规范的活力,实现可持续的良性发展。其三,具有普法的可操作性。社会规范与法律规范最大的区别就是没有国家的强制力

① 李祖兰.规范视角下企业和消费者慈善捐赠行为研究 [M].武汉:武汉大学出版社,2019:47.

② 刘作翔.当代中国的规范体系:理论与制度结构 [J].中国社会科学,2019(7):85-108.

③ 吴元元.认真对待社会规范——法律社会学的功能分析视角 [J].法学,2020(8):58-73.

保障，其与近年来学界研究的软法特征相契合。软法是不同于传统法律规范的规范类型，其早期在国际法领域适用，随着公共治理的兴起被引入国内。在我国，研究软法的先驱罗豪才教授将软法定义为"效力结构未必完整、无须依靠国家强制保障实施、但能够产生社会实效的法律规范"①。姜明安教授认为，软法是一定人类共同体通过其成员参与、协商方式制定或认可的，对人们的行为具有约束力的规则。②虽然学界对软法的表述存在差异，但对软法的认知有一些基本的共识，即软法无须依靠国家强制保障实施，但对人们的行为具有约束力，能够产生社会实效。方世荣教授在《论公法领域中"软法"实施的资源保障》中提及要将守法宣传教育作为"软法"实施的引导性资源③，虽然其研究对象是国内公法中由国家立法机关制定的软法，但该引导性资源可延伸至社会规范的实施。法治社会建设将普法内容扩展至社会规范，该社会规范应当具备普法的可实施性，即通过一定的教育活动能够达到让公民遵守的状态，这就需要制度的保障，如规则的制定、实施、修改等环节有可参与性；规则内容与公民的利益、行为习惯等相契合；对违反者有一定的强制力，可以是道德伦理上的强制，如被谴责、劝告、阻止等，亦可施加不违反国家强制性法律规定的惩罚，如丧失成员资格、削减优惠待遇、公益代偿等。在以上标准下，可纳入法治社会建设"大普法"格局的社会规范有以下几方面。

## 一、良好习惯

习惯是人们长时间养成的生活方式，如民间习惯、商业习惯、民族习惯、风俗等。习惯被认为是法的重要渊源，研究民间法的学者亦将习惯上升到法的高度，认为习惯法是人类长期社会生活中自然形成的一套行为规范。其独立于国家制定法之外，依靠某种社会权威，在秩序建构、纠纷解决、社会共识达成过程中起到积极作用，是内生规范易为民众所接受和遵守，生命力极为旺盛。④法治社会应当以公众生活的法治化为最终目标，如果缺乏习惯法作为基石易成为空中楼阁，所以习惯法应被作为社会治理的重要手段。

① 罗豪才，宋功德.认真对待软法——公域软法的一般理论及其中国实践 [J].中国法学，2006（2）：3-24.

② 姜明安.软法的兴起与软法之治 [J].中国法学，2006（2）：25-36.

③ 方世荣.论公法领域中"软法"实施的资源保障 [J].法商研究，2013（3）：12-17.

④ 高其才.当代中国的社会规范和社会秩序——身边的法 [M].北京：法律出版社，2012：1-3.

司法活动中，习惯也发挥着解决纠纷的作用，可作为处理纠纷的依据，如《中华人民共和国民法典》第十条规定："处理民事纠纷，应当依照法律；法律没有规定的，可以适用习惯，但是不得违背公序良俗。"第二百八十九条规定："法律、法规对处理相邻关系有规定的，依照其规定；法律、法规没有规定的，可以按照当地习惯。"可见习惯的作用是被法律所肯定的，所以，为了更好地化解矛盾、处理纠纷，公民应当了解生活范围内的习惯，随着社会的进步发展，一些习惯已不适应文明社会，需要对其进行甄别，大力弘扬符合公序良俗的良好习惯。

## 二、公德伦理规范

《法治社会建设实施纲要（2020—2025年）》提出要加强道德规范建设。坚持依法治国和以德治国相结合，把法律规范和道德规范结合起来，以道德滋养法治精神。学者在对法治社会进行研究时也将道德建设放在了比较突出的位置，如莫纪宏认为：全民守法在法治社会建设中是一项系统的工程，要做到守法与有德的统一，不触碰法律的底线和道德的红线只是最低限度的守法，恪守社会公德、职业道德和家庭美德才是守法的最高境界。① 方世荣将法治社会与道德社会融通建设作为法治社会建设的关联性战略举措，详细阐述了道德和法律之间的相互转化和支撑作用并从政治、经济、社会、家庭生活等领域阐释法治社会与道德社会融通建设的机制。② 所以，在法治社会建设中，法治建设和道德建设二者不可偏废，且应在相互融合中共同推进，普法是二者融合建设的途径。

道德教育与法治教育相结合是"七五"普法规划的明确要求，其发挥着依法治国人文环境营造的重任，规划列举了社会主义核心价值观、中华传统美德、社会公德、职业道德、家庭美德、个人品德等道德教育的内容。市场经济的发展，把人们从神圣的道德世界驱赶到人欲可见的世俗世界，不断地摧毁原有的伦理大厦，市场经济的趋利性在一定程度上冲击了人们的世界观、人生观和价值观，出现道德滑坡现象，享乐主义、拜金主义、极端个人主义滋长蔓延，见利忘义、损公肥私行为时有发生，不讲信誉、欺骗欺诈成为公害，以权谋私、腐朽堕落成为顽疾。③ 以职业道德为例，在社会的各行

① 莫纪宏. 全民守法与法治社会建设 [J]. 改革，2014（9）：6-10.

② 方世荣. 论我国法治社会建设的整体布局及战略举措 [J]. 法商研究，2017（2）：3-14.

③ 舒荣. 师德新语　智慧人生 [M]. 武汉：武汉大学出版社，2017：48.

各业中，大量地存在着失范现象：工作漫不经心，得过且过，敷衍了事，甚至以权谋私，营私舞弊，敲诈勒索，利用行业垄断搞行业不正之风，"电老虎""房老虎"，看病要红包，盖章要送礼、"吃了原告吃被告"等。职业道德感的缺乏和行业不正之风是典型的角色美德缺失。当实践中通过滥用职权或破坏职业道德的手段获取财富成为普遍现象，不仅损害了职业形象，还从根本上损害了社会管理的合法性基础。《中国青年报》曾对行业风气进行调查，结果显示公款大吃大喝、不给好处不办事、给了好处乱办事、乱收费、利用特权索要财物、乱罚款、乱摊派、党政机关及其工作人员无偿占用下属单位和企业的财物是公众最为痛恨的八种行业不正之风。① 职业道德属于经济伦理，是对职业行为进行规范和约束，但其是一种软性的约束，主要凭借良心和公民个人素质产生遵守的动力，其在道德规范中属于主导型，发挥着中坚作用，不仅调节自我行为，还对人际关系的和谐和社会的稳定发挥着重要作用 ②，所以，公民都应该恪守自身的角色道德。随着城镇化带来的社会结构转型，熟人社会受到冲击，失德行为的社会压力弱化，导致荣辱感缺失。社会道德环境的恶化对青少年的成长带来不利影响，如攀比之风、校园霸凌现象等。法律是最低限度的道德，在社会治理上，相对于法律规范，道德规范教育更容易治本，且道德规范不仅可以填补法律规范在调节社会生活上的空白，还有助于守法氛围的营造，应当进行道德规范的教育，在法治社会建设中，道德规范教育应重点放在社会公德上。

道德的深层是伦理，二者的历史辩证关系是伦理规定了道德，但道德的反思精神可以激发伦理实体的变革，产生新的伦理和道德。③ 所以，几千年来中国传统社会的"稳定态"依靠"伦理"的稳固，即结构性的，情理交融的"礼俗"关系，其外化的制度形式有"乡约""族规""家法"等。中华人民共和国成立后，随着社会结构和人伦关系的根本性变化，人们对平等、公正的追求及权利意识不断增强，旧有的带有宗法等级特征的伦理实体解体，但官本位思想、特权意识、圈子文化、关系文化等不良传统还存在于新旧交替的社会转型期中，对社会风气产生不良影响，需要重构适应新时代的伦理关系，包括家庭伦理、公共伦理、网络伦理等。在国家、社会和个人层面所倡导的社会主义核心价值观所涉及的伦理道德需要被广泛宣扬，用适应社会

① 郑晓幸，冯平.对构筑道德建设长效机制的思考 [J].社会科学研究，2004（3）：53-56.

② 宫志刚.社会转型与秩序重建 [M].北京：中国人民公安大学出版社，2004：100.

③ 朱贻庭."伦理"与"道德"之辨——关于"再写中国伦理学"的一点思考 [J].华东师范大学学报（哲学社会科学版），2018（1）：1-8.

发展的新的道德伦理观指导和规范公民行为，摒弃不良传统。当前，社会的交往需要重点强调经济伦理的遵守，改革开放以后市场经济的繁荣，以往奉献型的经济伦理已经不适应新的经济环境，需要在市场交换中建立起公平的伦理道德关系，指导公民合理追求财富、诚信交往，而非是一味追求个人利益放弃伦理道德，奉行损公肥私、坑蒙拐骗等极端个人主义。

道德伦理规范通过内在强制发挥作用，且一旦具备了较高的道德伦理意识，违法的可能性就较小，所以，加强公德伦理规范的普及，可以预防违法犯罪行为的发生。

### 三、有益宗教规范

在我国，很多少数民族地区有信仰宗教的传统，这些公民是一个庞大的群体。我国宪法赋予了公民信仰宗教的自由，宗教信仰不仅体现了内心的精神追求，还在行为上对信众有规范要求。宗教在化解社会矛盾中起到重要作用，如作为藏区的宗教权威，活佛会被邀请或主动介入一些重大纠纷的解决；回族穆斯林之间的纠纷通常会由寺里的阿訇来解决；彝族地区遇到矛盾较大、难以调和的纠纷，当地政府会邀请彝族的宗教权威毕摩、世俗权威德古共同参与，以便借助其威信起到劝慰群众、缓和矛盾的作用。①

"在人类发展的漫长过程中，宗教也曾作为一种重要的社会控制规范出现，它与法律共享仪式、传统、权威和普遍性四种要素。"② "法律和宗教从不同层面发挥着稳定、凝聚、调控、调试和维系社会的功能。"③《宗教团体管理办法》第十七条规定："宗教团体应当向宗教教职人员和信教公民宣传中国共产党的方针政策以及国家法律、法规、规章，教育引导宗教教职人员和信教公民拥护中国共产党的领导，拥护社会主义制度，坚持走中国特色社会主义道路，遵守法律、法规、规章和政策，正确处理国法与教规关系，增强国家意识、法治意识、公民意识。"第二十二条规定："宗教团体应当进行宗教文化、宗教典籍研究，开展宗教思想建设，深入挖掘教义教规中有利于社会和谐、时代进步、健康文明的内容，对教义教规作出符合当代中国发展进步要求、符合中华优秀传统文化的阐释。"可见，我国将宗教团体也视为法治宣传的主体，同时有意识地引导宗教对社会的和谐发展贡献力量。由于

① 魏晓欣，李剑．宗教权威型纠纷解决机制的运作实践——以西部少数民族地区为例 [J]．甘肃政法学院学报，2015（4）．

② （美）伯尔曼．法律与宗教 [M]．梁治平，译．北京：中国政法大学出版社，2003：13.

③ 杨建军．法律与宗教关系的多向度追问 [J]．河北法学，2008（8）：52-56.

宗教信仰群体具有集群性，在其内部有一套集价值诉求、内在约束、关系网络、资源分配、认同行动于一体的"法治"秩序形态[①]，法治社会建设中，在有宗教信仰的地区，要发挥有益宗教规范的积极作用。

## 四、社会自治规范

社会自治规范主要包括社团规范、村规民约、居民公约、学校章程守则等社会主体在内部自我管理过程中制定的，需要成员遵守的规范。这类规范可能有多种分类方式，如石佑启教授等列举的法治社会语境下软法的五种形式：自治章程[②]、自律规约（市民公约、乡规民约、行规行约）、行动倡议和指南、行业发展纲要和规划、行业协会标准都可被视为自治规范，具有自我治理的属性，这些自治规范通常在一定范围内有较强的传播动力，如学校章程有利于对学生进行规范管理，维持和谐的教育环境，常常在入学时就积极纳入教育范围，学生知晓度很高；城市的小区公约可以维持和谐的居住环境，如公约中通常对宠物饲养、环境卫生、车辆停放、噪声问题等进行约定，减少了不必要的沟通成本和矛盾冲突，容易受到居民的积极拥护；企业章程在规范员工行为，保障企业正常经营上发挥作用，所以备受管理者重视，在员工入职时是重要的培训内容。所以，应重视这类规范的社会治理属性，利用其内生动力优势，在法治社会建设中充分发挥其积极作用，推动相关领域的法治。

以上，社会规范纳入法治社会的规则治理体系具有深远意义并具有可行性。需要注意的是，应厘清社会规则治理与国家法律治理的关系：社会规则治理应在国家法律治理的框架之下，可以填补法律治理的空白领域，但不能违反法律的强制性规定。这就需要政府部门在相关的管理过程中做好指导、监督工作，同时，也应防止过度干预，以免扼杀社会自治的活力。另外，一旦社会规则被广泛认可并具备成熟的运行机制时，应进行相关立法，纳入法律治理的范围内。

---

① 高其才.当代中国的非国家法 [M].北京：中国政法大学出版社，2015：223.
② 包括三类：基层群众自治组织所制定的用于规范本组织活动及其成员行为的章程，主要是指村民委员会自治（管理）章程和居民委员会自治（管理）章程；企事业单位所制定的用于规范本单位活动及其成员行为的章程，如国有企业公司章程、高等学校章程等；社会团体所制定的用于规范本团体活动及其成员行为的章程，如各种协会、学会、研究会、基金会等制定的章程。

## 第三节 党内法规的选取

党内法规体系是社会主义法治体系的一部分,有学者将党内法规纳入社会软法规范[①],也有学者认为,政治协商、政治团体的章程和各项规则等应属于"宪制语境下的软法",不是社会领域中的软法。[②] 本节不探讨软法的分类,之所以将党内法规与上节中社会规范分开来讨论,是因为党内法规作为执政党的自治规范,在社会治理中发挥的作用与普通社会主体制定的自治规范不同,其具有更大的影响力。执政党内部有自上而下完善的管理系统,且在国家公权力系统内发挥着领导作用,党内法规的遵守事关个人的政治生命和职业前途,相较于其他社会规范先天具有更强的实施保障。

"七五"普法规划将学习宣传党内法规作为主要任务之一,引导党员群众学习、掌握、遵守、运用国家法律和党内法规是普法规划中法治教育原则的要求。党内法规作为近年来备受重视的制度建设,基于要形成完备的党内法规体系的构想和相关部署,党内法规的数量在未来一段时期内将大幅提升,其普及是必然要求。《法治社会建设实施纲要(2020—2025年)》强调坚持党对法治社会建设的集中统一领导,凝聚全社会力量,扎实有序推进法治社会建设。党不仅是法治社会建设的领导者,还是法治践行的重要主体,国家法律法规的普法教育党员干部做好普通公民,党内法规的普及有利于广大党员保持先进性和纯洁性。"在我国,中国共产党之所以执政的合法性,除了其作为领导者领导全国人民取得了社会主义革命与建设的胜利之外,一个最为重要的原因就在于其自身的先进性与纯洁性。党内法规则是保证党具有先进性与纯洁性的制度需要。党内法规存在的价值之一就是要使党依规加强自身建设,保障并增强其执政的合法性,为党从事政治活动提供内在保障。"[③] 此外,在规则遵守上党员应体现先进性,党内法规的普及有利于鞭策党员在法治社会建设中做好示范引领,党员不像普通群众,只有遵守法律法规的要求,在行动上还要凸显更高的规则约束性,党内法规所确立的行为标准通常高于国家法规范为普通公民所确立的行为标准,遵守党内法规就体现

---

① 罗豪才. 软法的理论与实践 [M]. 北京: 北京大学出版社, 2010 : 50.

② 罗豪才, 毕洪海. 软法与治理评论(第1辑)[M]. 北京: 法律出版社 2013 : 131-133.

③ 殷啸虎. 中国共产党内法规通论 [M]. 北京: 北京大学出版社, 2016 : 22.

了在规则遵守上的先进性。另外，我国党员群体庞大，截至 2019 年底，中国共产党党员总数为 9191.4 万名①，广大党员对党内法规的遵行能够对整个社会产生较大的示范作用，对普通民众形成榜样效应，有利于社会整体水平的提升。党内法规的普及还有利于党员干部知晓自己的权利义务，规范自己的行为，进而在服务群众方面发挥积极作用，引领法治社会建设。同时，积极向党组织靠拢、愿意为人民服务的入党积极分子，党的青年后备力量——共青团成员都可以作为党内法规的宣传对象。除此之外，有的党内法规同时适用于公务员群体，如《党政机关国内公务接待管理规定》《党政机关厉行节约反对浪费条例》《党政机关办公用房管理办法》《党政机关公务用车管理办法》等，所以，公务员亦可成为党内法规的宣传对象。

　　坚持全心全意为人民服务、坚持从严管党治党是党的建设的基本要求，中国共产党从创立之日起就有自己的内部纪律和规范，2017 年中共中央印发的《关于加强党内法规制度建设的意见》确定了党内法规"1+4"的制度框架体系，即在党章之下分为党的领导法规制度、党的组织法规制度、党的自身建设法规制度和党的监督保障法规制度等四大板块。现已初步建立了一个以基础规范为基准、规范层级和效力分明的规则体系结构。在外观形态上，这一结构表现为以"党章—准则—条例—办法（规则、规定、细则等）"为框架的效力等级体系；在宏观规则体系上，党内法规体系涵括了"制定—执行—监督（备案审查）"的动态运行结构和"实体—程序"的规则外在范式；在内容上，党内法规在思想建设、组织建设、队伍建设、作风建设、反腐倡廉建设领域，都制定了全面的规范体系。②2013 年印发的《中央党内法规制定工作五年规划纲要（2013—2017 年）》提出"到建党 100 周年时全面建成内容科学、程序严密、配套完备、运行有效的党内法规制度体系"的建设目标，我国党内法规体系正在不断完善，"截至 2020 年 6 月，中国共产党现行有效的并已公开发布的中央党内法规共包括党章 1 部、准则 3 部、条例 39 部，以及大量规则、规定、办法、细则等"③。党内法规在宣传过程中应成熟一步宣传一部，基于党对社会治理具有领导作用，在法治社会建设中，应以党内法规体系为依托，重点普及有利于社会建设的党内法规。

---

① 中共中央组织部 .2019 年中国共产党党内统计公报 [EB/OL].（2020-06-30）[2020-10-3] http://www.12371.cn/2020/06/30/ARTI1593514894217396.shtml.

② 刘茂林 . 宪法体制视角下的党内法规体系化 [J]. 中共中央党校学报，2018（4）：73-83.

③ 王立峰，李洪川 . 党内法规配套立规的基本标准探析——基于制度文本与制度实践的双重维度 [J]. 理论与改革，2020（5）：23-36.

《中国共产党章程》（简称党章）作为党内法规体系的核心和最高法，确立了党的建设和党的活动的基本原则和根本的行为规范，其他党内法规都是以党章为根本遵循进行相关细化规定，党章对党的建设、党的事业，甚至整个国家和社会的影响都是最大的。在党内法规的宣传中，应把学习宣传党章放在首位，党章由总纲、党员、党的组织制度、党的中央组织、党的地方组织、党的基层组织、党的干部、党的纪律、党的纪律检察机关、党组、党和共产主义青年团的关系、党徽党旗等十二部分构成。对个体行为有直接指引作用的规范主要集中于党员的义务、党员的权利、党的纪律部分，这些规定偏重于基本内容的说明，如党的纪律部分主要涉及纪律处分的种类、程序等。对于党员来说，纪律是高压线，对于政党来说，纪律是生命线，党的纪律是刚性约束，各级党组织和广大党员不仅要带头遵守法律，还应按照党规党纪的高标准要求自己，坚定理想信念，践行党的宗旨，自觉接受党纪的约束，坚决同违法乱纪行为作斗争。[①] 党章第四十条规定："党的纪律主要包括政治纪律、组织纪律、廉洁纪律、群众纪律、工作纪律、生活纪律。"党的纪律规范主要集中于加强党的自身建设和监督保障法规，结合《中央党内法规制定工作五年规划纲要（2013—2017年）》的分类，契合服务社会和引领社会目标的纪律规范主要集中于作风建设相关的规范和反腐倡廉规范。法治社会建设中要发挥党员模范带头作用，应以党章中党员义务和权利为中心，辐射党的纪律规范。

## 一、党员的基本义务规范

基于执政党的特殊属性，党内法规在党员的权利义务分配上以义务为主，党章就党员权利和义务作出原则性规定时就将"党员义务"放在"党员权利"之前，体现了义务优先的思想。《中国共产党章程》第三条规定了党员的义务，其中涵盖了许多服务人民和社会的义务，如学习包括法律知识在内的各种知识，提高服务人民的本领；在生产、工作、学习和社会生活中起先锋模范作用；克己奉公，多做贡献；与不良现象作斗争；带头实践社会主义核心价值观和社会主义荣辱观，提倡共产主义道德，弘扬中华民族传统美德等。党章中的义务规定是基础性的，具体的实施和落实还需要在其他党内规范中进行细化，总体来说基本义务的核心是对内强调服从，对外强调奉献。

---

① 杨永庚，宋媛.纪法分开背景下中国共产党纪律建设研究 [M].北京：中共党史出版社，2019：241.

根据中共中央组织部公布的《2019 年中国共产党党内统计公报》，截至 2019 年 12 月 31 日，中国共产党党员总数为 9191.4 万名，具体情况如下 [①]：

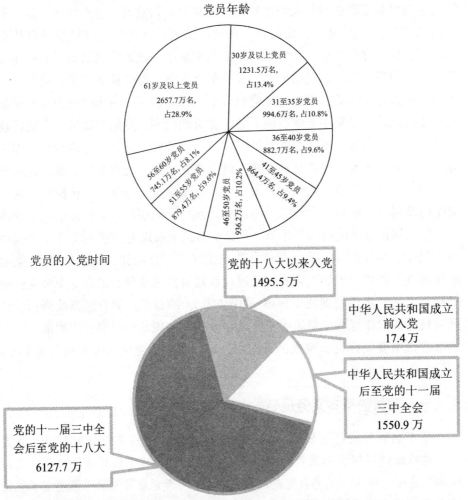

党员年龄

党员的入党时间

以上可见，中青年党员和十一届三中全会以后入党的党员占据了较大比例，这说明党员群体里绝大多数人成长在和平年代，现有党员大部分在入党时就已经迎来了改革开放，经济体制已经从计划经济转向了市场经济。在市场经济的浪潮中，与普通人一样，党员也容易受到各种思想文化的影响，加之社会环境的复杂及物质的极大丰富，容易迷失方向，催生自私、拜金等观念。党员的义务教育就是奉献教育，客观环境的复杂增加了教育的难度，不

① 中共中央组织部 .2019 年中国共产党党内统计公报 [EB/OL].（2020-06-30）[2020-10-30] http ://www.12371.cn/2020/06/30/ARTI15935514894217396.shtml.

能仅依靠纪律处分的强调来警示党员，要形成广大党员的真诚信仰，应寻找多种途径加强教育，通过持续不断的、更深层次的理想信念教育、党性教育、初心教育等唤起广大党员的崇高历史责任感、社会责任感，生发出党员履行义务的内在动力。

## 二、党员的权利规范

党内法规是中国特色社会主义法治体系的组成部分，要遵循法治的价值追求，其表现之一就是兼顾权利义务，在党内法规的学习和实践中，通常以义务为导向，党员的权利教育偏少，不利于调动党员的积极性和激发组织活力，在今后的党内法规教育过程中应加以注重。主要是以下方面的党员权利教育。

### 1. 民主参与的权利教育

党章中列举了党员具有一系列的民主参与权，如参加党的会议、参与政策讨论、提出建议和倡议的权利、批判权、检举权、表决权、选举权和被选举权、保留意见权等。《中国共产党党员权利保障条例》《关于新形势下党内政治生活的若干准则》等规定，进一步细化了党员参与讨论党内事务的途径和党员表达意见的渠道，通过党务公开、党内重大决策征求意见等制度来保障民主参与的权利，这些权利的普及和落实有利于活跃党内民主氛围，发挥党员的主体作用，有助于执政能力的提升。值得注意的是，党员主体地位和民主权利保障主要是在建立有效的权利保障机制，即确保民主参与、民主选举、民主决策以及民主监督等权利能够充分地行使。除了制度保障，关键因素还在于领导干部，需要其在思想认识上从"领导本位"转换到"党员本位"，自觉地在党内生活和工作中努力克服家长制、"一言堂"，克服官僚主义、主观主义、命令主义和包办代替的做法，努力营造尊重党员主体地位、发挥党员主体作用的氛围和条件。[①] 这是一个循序渐进、常抓不懈的过程，需要持续不断地教育。

### 2. 救济权利教育

党章赋予党员一系列的救济权利：党员可在组织对其进行党纪处分讨论

---

① 曾志刚.党员主体地位和民主权利保障问题研究 [M]. 北京：人民出版社，2014：263-266.

或鉴定时，参加相关会议，为自己申辩；允许其他党员为其作证和辩护；可以向上级组织直至中央提出请求、申诉和控告，并要求获得负责的答复。还有前面提及的《中国共产党党员权利保障条例》《中国共产党纪律处分条例》《关于新形势下党内政治生活的若干准则》等赋予党员的陈述申辩的权利，实践中救济权利的宣传较少，且"在具体的纪律检查工作中，存在调查人员滥用职权、侵犯基本人权的现象"①。这是对党员权利的漠视，会严重影响到党员对党组织的认同，产生消极的政治影响②，这也说明亟待加强党员权利教育。

## 三、党的作风建设规范

党员领导干部的工作作风是党风的重要体现。党的形象由千千万万个党员个体的形象来塑造，他们在实际工作和生活中对外展示的状态直接影响着人民群众对党和政府形象的评价。领导干部工作作风问题绝对不是小事，它不仅与党的形象紧密相连，而且对政风、民风乃至整个社会风气的形成具有重要的示范、引导和影响作用，毛泽东同志在延安时期就指出："只要我们党的作风完全正派了，全国人民就会跟我们学……这样就会影响全民族。"③邓小平同志也指出，"党是整个社会的表率，党的各级领导同志又是全党的表率……为了促进社会风气的进步，首先必须搞好党风"④。当前，党员领导干部在工作作风方面容易出现的问题有：官僚主义、形式主义、工作方法简单、工作作风粗暴，甚至弄虚作假、铺张浪费、奢靡享乐、腐化堕落，这些现象会极大地败坏党的形象和声誉。⑤在法治社会建设过程中，要加强作风建设相关的党内法规的普及，具体来说，应重点普及以下规范。

### 1. 与工作作风相关的规范

工作作风体现了党员干部在工作中为人民服务的党性修养，党员在工作中不违反国家的强制性法律规定的底线容易被遵守，但面对更高地服务群众的作风规定时容易懈怠，出现怕担责、怕麻烦的不作为和官僚主义、以权谋私的乱作为现象，如不及时处理群众举报问题、不履行一次性告知义务、失

---

① 陈柏峰.党内法规的功用和定位[J].国家检察官学院学报，2017（3）：105-117.
② 陈柏峰.党内法规的功用和定位[J].国家检察官学院学报，2017（3）：105-117.
③ 毛泽东.毛泽东选集（第3卷）[M].北京：人民出版社，1991：812.
④ 邓小平.邓小平文选（第2卷）[M].北京：人民出版社，1994：177.
⑤ 郭学德.切实改进领导干部工作作风的理论思考[J].学习论坛，2013（2）：24-26.

职致使他人违规领取专项资金、失职导致辖区骗保问题严重、插手干预工程建设①等，相关规定集中于《中国共产党纪律处分条例》《中国共产党问责条例》《十八届中央政治局关于改进工作作风、密切联系群众的八项规定》《党政机关国内公务接待管理规定》《党政机关办公用房管理办法》《党政机关公务用车管理办法》等党内法规中，为了提高服务群众的质量，应强调工作作风规范的学习。

### 2. 与密切联系群众相关的规范

群众路线是中国共产党执政的重要法宝和优势，随着社会的变革，利益关系日益复杂、多样，社会矛盾日益凸显，人们对法治的期待越来越强烈，随着人们政治参与意识、公平公正意识、权利义务意识普遍提高，需要进一步强调防止党员干部特殊化，密切保持与群众的血肉联系。近年来，媒体曝光的诸多群体性事件，究其实质，大多源于群众利益诉求得不到疏解和满足，党员干部对群众的诉求消极应对，漠视群众利益等。要增强忧患意识，加强群众纪律相关的党内法规的完善及普及，做到警钟长鸣。②相关规范有《中国共产党章程》《中国共产党纪律处分条例》《十八届中央政治局关于改进工作作风、密切联系群众的八项规定》《农村基层干部廉洁履行职责若干规定（试行）》《中共中央关于在全党深入开展党的群众路线教育实践活动的意见》等。

### 3. 与生活作风相关的规范

党员的生活作风直接反映了自身的修养，健康高雅的生活情趣、朴实的生活作风有利于展示党的良好形象。反之，在生活和日常交往中讲排场、比阔气、铺张浪费会损害党的形象，也不利于形成良好、纯洁的干群关系，影响党的执政根基。③从对外公布的党员干部的党纪处分信息中看，那些被处分的党员干部多伴有生活奢靡、贪图享乐、与他人保持不正当性关系等情节，在群众中影响极坏，对社会公众造成了不良的引导。社会要发展靠的是

---

① 《违反"六大纪律"典型案例评析》编写组. 违反"六大纪律"典型案例评析 [M]. 北京：中国方正出版社，2018：138-162.

② 杨永庚，宋媛. 纪法分开背景下中国共产党纪律建设研究 [M]. 北京：中共党史出版社，2019：280-281.

③ 杨永庚，宋媛. 纪法分开背景下中国共产党纪律建设研究 [M]. 北京：中共党史出版社，2019：292-293.

全体人民的艰苦奋斗，错误的示范不仅会影响风气，还会严重破坏社会公平，在社会转型、矛盾复杂集中的大环境下加速社会的分裂。生活作风无小事，只有心中有规范，牢记纪律才会时刻注意自己的言行。与生活作风相关的规范有《党政机关厉行节约反对浪费条例》《中国共产党廉洁自律准则》《中国共产党纪律处分条例》等。

### 四、反腐倡廉规范

党的反腐倡廉建设是党的纯洁性的保障。党的十八大以来，以习近平同志为核心的新一届中央领导集体高度重视反腐倡廉建设，多次强调必须坚定决心，有腐必反、有贪必肃，要有以猛药去病、重典治乱的决心，以刮骨疗毒、壮士断腕的勇气，以铁腕维护党纪，以铁律惩治腐败，打造出一支反腐铁军，形成惩治腐败的高压态势。[①] 近年来的反腐工作取得了较好的社会效果，收到了人民群众的正向反馈，但要让反腐工作长期规范推进，光靠中央的重视不够，需要制度的完善并发挥作用。目前我们有《中国共产党廉洁自律准则》《国有企业领导人员廉洁从业若干规定》《中国共产党纪律处分条例》《关于新形势下党内政治生活的若干准则》等规范来防范和治理腐败问题，努力营造风清气正的政治环境和社会环境，以期形成不敢腐、不能腐、不易腐局面。制度完善后，需要加大宣传力度，不仅便于党员干部遵守，也便于人民群众监督。另外，在反腐倡廉工作中，纪检工作是推进反腐败斗争的关键工作，纪检干部在执纪过程中要树立规则意识，依纪依法反腐，所以该类党内法规纪检干部也应重点学习并遵守。

随着反腐规范的数量突飞猛进，刘艳红教授认为立法的繁荣表明中国已进入"反腐制度大爆炸"时期，结合瑞典哥德堡大学政治学者罗斯坦反腐败的"爆炸理论"：经过一次密集的制度大变革，改变人们对腐败的根本预期，引发反腐"谢林式"触发点，才可能改变政治环境与社会环境，使全民腐败走向全民廉洁。[②] "谢林式"触发点能否起作用，相关规范的普及，做到入脑并落实在行动中是非常重要的。

综上，党员基本义务和党的纪律的广泛普及和深刻领会可提高广大党员干部的党性修养、思想觉悟，清洁作风，端正党风，"党风正，才能坚持原

---

① 张亚明，苏妍嫄.党的十八大以来反腐倡廉的新经验[J].理论探索，2016（1）：49-53.
② 刘艳红.中国反腐败立法的战略转型及其体系化构建[J].中国法学，2016（4）：218-244.

则，树立正气，推进改善政风和社会风气"[①]。党员权利规范的普及可以维持积极健康的政治生活。如此，才能让党员在法治社会建设中起好模范带头作用，党内法规的普及和践行是社会法治氛围形成的定海神针。

---

① 陈柏峰. 党内法规的功用和定位 [J]. 国家检察官学院学报，2017（3）：105-117.

# 第六章　多层次多形式的普法方式创新

普法是依法治国的常规工作，法治社会建设提出后其担负着更重大更深远的使命。追求多种形式的普法方法在效果提升上发挥的作用有限，创新力度不足，无法支撑普法充分实现其应有的担当。专业的、复杂的法治知识要进入街头巷尾，需要寻找新的模式并在实践中进行不断的改进调适。共建共治是法治社会的基本特征，法治社会建设中的普法在方法创新上应着眼于为所有参与普法工作的主体提供功能发挥的平台，并通过恰当的评价机制激发功能的发挥。

## 第一节　优化普法资源的合作普法

### 一、普法机关内部合作

传统普法作为政府职能的一部分长期处于行政机关"包办"的状态，"谁执法谁普法"的普法责任制确定之前，主要由司法行政部门包办，普法责任制确定后司法行政部门的普法职责逐步向统筹、指导方向调整，但从司法行政部门公开的职责范围看，其依然承担组织实施普法宣传的工作。普法责任清单是执法部门参与普法的实际体现，但清单列举的主要是某一部门对自身普法内容和计划的列举，不涉及合作，实践中也未建立统一的合作机制。普法责任制的确立有利于保障法治社会建设中普法的广度，但若要推动普法的深度建设，需要行政机关内部建立合作机制。

"谁执法谁普法"的普法责任制虽然一定程度上明晰了普法机关的责任，但实际上普法责任制的实施主体和对接机制等仍然不够清晰。司法行政机关作为普法主体的传统惯性导致在普法经验和资源上一般的执法机关并不占优势，普法责任制实施后，国务院办公厅发布的《关于实行国家机关"谁执法谁普法"普法责任制的意见》对司法行政机关的功能描述为：各级司法行政机关和普法依法治理领导小组办公室要充分发挥职能作用，加强对国家机关普法工作的指导检查，对涉及多部门的法律法规，要加强组织协调，形成工作合力。要定期召开联席会议，研究解决部门普法工作遇到的困难和问题，推动普法责任制的落实。普法机关内部合作应在司法行政机关的牵头下，解决以下问题：

（1）普法内容的科学分配。"谁执法谁普法"是从普法者的角度来划分职责，前面提到法治社会建设中负责普法的执法机关应做好服务，从社会需求出发，公民需要什么内容，涉及多部门职权交叉的，可通过内部的协调沟通，最终形成统一的对外宣传，这需要适当调整和完善普法牵头单位与普法资源单位之间的协同配合机制与督促落实机制，在单位之间把普法责任制夯实。以农民工群体为例，对其具有普法服务职责的不仅包括劳动部门、建设工程主管部门、农业部门等行政机关，村委会、居委会等基层自治组织在特定时间、情境下也负有对其普法的职责，公共的普法部门，如司法局、法院、检察院等也应对该群体提供普法服务，在涉及部门众多，缺乏统一领导的情况下，对该群体的普法容易出现相互推诿、重复普法、普法不成体系、知识碎片化、浪费普法资源、加重群体学法的时间成本等问题，不利于农民工形成全面的法治观念。所以对这一群体展开普法服务时，责任主体之间应进行协调，统一设计覆盖面广的内容进行法治教育，既有利于该群体对自己的权益有较系统的认识，也节省了多次多部门单独服务的组织成本。

（2）普法经费的统筹规划。行政机关的普法责任由集中到分散，普法经费也相应分散了，经费的分配直接与普法工作的积极性和质量挂钩，所以如何在现有"谁执法谁普法"的分散普法模式下对普法经费进行标准相对统一的拨付和各机关平等使用，需要内部展开合作统筹规划。

（3）普法资源的信息共享。对于普法机关来说，其负责法治宣传工作的人员相对有限，且在开展一些具体活动时可能需要人手，如开展普法讲座需要相关的专家讲师，开展大型普法活动需要普法志愿者等，可将这些与普法相关的智力和人力资源进行整合，实现共享，提高利用率和质量。

## 二、普法的社会资源整合利用

政府推进型的法治契合了中国的特殊国情，一方面中国社会自身法治资源稀缺，法治意识匮乏，法治力量脆弱；另一方面中国社会权利贫弱，国家权力强劲，一向重伦理轻法理，重义务轻权利，重人治轻法治，在这种文化土壤中不利于法治的全面展开。公权力机关内部的合作是政府推动型的普法形式，若要让社会自发自主选择法治光靠政府推动不行，还需要寻求公权力机关以外的力量进行合作。"新治理"理念强调政府与非政府组织的合作、公共机构同私人机构的合作，虽然传统普法号召了社会主体的普法参与，但还远未达到合作的程度，法治社会建设对普法效率有更高的期待，该种合作应该作为重要的普法力量补充。公众在社会管（治）理中的主体作用早就被政府肯定，且地位在不断提高：党的十七大提出了"党委领导、政府负责、社会协同、公众参与的社会管理格局"四位一体管理格局；党的十八大也强调社会的协调和公众的参与，并增加"法治保障"作为五位一体管理体制；党的十九届四中、五中全会将治理共同体的建设理念表述为人人有责、人人尽责、人人享有，更显示出了在社会治理中，政府的核心作用在弱化，公众的主体作用应提升。同时，最新教育理念也注意到长期以来，教育是各国政府和政府间组织的责任，但目前有大量非国家行动者更多地参与，并揭示了教育的多种职能不仅是政府的责任，同时也是整个社会的责任。该种理念可应用于法治社会建设的普法工作中，因为其与国家、社会、个人的利益都息息相关，应调动除了公权力主体之外的社会公众参与其中。

普法宣传教育是一项社会工程，受益者也是全社会，它不仅需要政府的主导、号召、宣传和监管，更需要全社会的支持，每一个社会人、社会组织、社会团体都应当在普法宣传教育中尽一份自己的义务，贡献一份自己的力量，可利用的社会资源有以下方面。

## （一）人力资源

普法人力资源包括学生、志愿者、律师、法律专家、社会组织、企业。学生，主要是法学专业的大学生。一方面可提高法治宣传队伍整体综合能力，便于开展更加专业的法治宣传教育活动；另一方面为更多大学生提供了参与法治实践的机会，让他们能够学以致用。普法志愿者，通过实践调查发现目前普法志愿者的团体和人员都不固定，常常是临时招募或对行政机关工作人员冠之以志愿者之名。需要建立志愿者库和统一管理制度，也可以与社会志愿服务挂钩，统筹进行。律师，该群体能够提供高质量的普法内容，重点需要对其普法的积极性进行调动。法律专家，通常是在高校工作的法学教师，其可以通过通俗的方式宣讲法治知识，吸引听众产生兴趣，并可以针对不同群体进行不同内容形式的普法宣讲，以对象易于接受为标准。社会组织，其公益性使其参与普法的积极性较高，要加强扶植并引导其在日常的工作中增加普法元素。企业，利用技术企业的优势，将科技与普法融合，如加强与移动通信企业的合作，充分发挥手机移动客户端的覆盖优势，进行普法信息推送；与大数据运用相关企业进行合作，分析普法对象的需求，精准普法等。

### （二）渠道资源

普法渠道资源有纸媒、电视、广播、互联网等。一是引导纸媒，报纸、书籍等出版物，可增加法治新闻的报道，普法读本从阅读者的良好体验出发进行内容的改进，文学作品可成为传播法治知识的形式和渠道，如《白银凶杀案》纪实文学既有文学性，又有普法性。二是完善电视渠道的普法，增强法治新闻报道的趣味性和专业性，"在加强法律条文宣传的同时，重视案例传播的影响力和社会效果，在策划选题上重视涉案事实背后的社会动因、家庭背景、人物个性等因素的深入挖掘"[1]。相对来说观众对娱乐化的电视节目接受度更高，如电视剧，可在此基础上加强法治元素的植入，影视作品来源于生活，情节中常常会涉及生活中的法律知识，可通过故事情节正确普法。三是利用广播普法的互动性普法，可以利用广播的互动性优势加强普法相关节目的制作，个案的咨询及解答也可作为普法传播的形式。四是互联网应是目前最便捷、覆盖面最广、成本相对较低的普法渠道，可尝试在微信朋友圈、QQ 等公众经常接触的渠道投放资源，通过大数据分析的方式精准投放普法内容，利用热点事件营造网络普法环境，官方微博普法、网站普法要在学习经验的基础上提升竞争力。媒介普法中官媒侧重从正面进行报道，如新闻记者反映，在宣传部门的把关下通常其做的都是正面报道，否则违背宣传纪律。[2] 与其相反，媒介普法中网络普法内容偏重社会阴暗面，这就走向了两个极端，应进行矫正。总体来说应在注重平衡的基础上传播法治正能量，如积极宣传公正的判决、社会正义实现的实例、公职人员秉公执法等，同时，也应允许客观的批评，并在批评中做好知识性的引导而非借助案件恶意营造敌对、仇视公权力机关的氛围。正能量的传播不仅有利于法律信仰的形成，使公众信任法律，相信法治，也有利于执法机关受到感召，向榜样学

---

① 王平.电视法制信息传播与农民法律意识培育研究——以江苏睢宁农村为例 [D]. 南京：南京师范大学，2014.

② 王平.电视法制信息传播与农民法律意识培育研究——以江苏睢宁农村为例 [D]. 南京：南京师范大学，2014.

习，形成良性循环。截至 2020 年 6 月，我国网民规模达 9.4 亿[①]，网络的高覆盖和低成本非常适合法治教育的普及，应重点做好该渠道的建设，《法治社会建设实施纲要（2020—2025 年）》倡导的运用新媒体新技术普法，推进"智慧普法"平台建设为法治社会建设中的普法指明了方向。

### 三、政府购买普法服务的扩展

鉴于法治社会普法的复杂性，应积极利用社会资源开展法治宣传教育。有的地方探索"项目式"普法模式[②]即是对政府购买普法服务的创新，可在借鉴经验的基础上进行统一的规范化运作。"七五"普法规划把法治宣传教育列入政府购买服务指导性目录，2020 年司法部、财政部《关于建立健全政府购买法律服务机制的意见》明确将法制宣传教育服务作为可纳入目录事项，同时在政府履职所需辅助性法律服务中，如法治建设相关调研、培训、督察等工作亦可通过购买服务的方式进行。需要注意的是，政府通过购买的方式向公众提供普法服务的目标是提高普法成效，并非是转移或分解责任，所以在实践中应明确可购买服务的事项，避免滥用，造成懒政和不必要的财政开支。《政府购买服务管理办法》第十条明确了应当由政府直接履职的事项和不属于政府职责范围的服务事项不得纳入购买服务的范围。目前政府购买法律服务的相关事项集中于法律咨询、法律诉讼、培训等，法制宣传教育常见的购买服务的方式是聘请普法讲师，且此种方式受限于目录编制的级别（指导性目录编制到三级），并未出现在公开的指导性目录中，所以，在缺乏明确指令的情况下，需要负有普法责任的国家机关发挥主动性，探索适合本部门本地区的购买事项。以下事务类型可作为购买法治宣传教育服务的领域：

第一类：人员密集型。该种类型主要适用于需要大量的人力资源来完成法治宣传相关指令的事务。包括针对特定群体（农民工群体、青少年群体……）进行固定化标准化宣传内容的覆盖式传播。例如，2017 年，中华全国总工会、司法部和中华全国律师协会决定开展"尊法守法·携手筑梦"服务农民工公益法律服务行动，湖北省总工会、湖北省教育厅的实施方案中需要组织宣传小分队，分赴全省重点乡镇、街道、社区、企业、项目工地等

① 陈历凤. 中国网民达 9.4 亿！第 46 次 CNNIC 中国互联网报告发布 [EB/OL].（2020-09-29）[2020-12-19]，https://new.qq.com/rain/a/20200929A0CN9F00.

② 项红星. 关于"六五"普法工作的几点思考 [J]. 中国司法，2014（2）：27-28.

开展相关法治知识的宣讲工作，这就可通过购买服务的方式进行。再如，大型普法活动的人力支持，如在 12·4、3·15 等特殊的法治宣传日进行集中活动时，需要通过文艺作品或团体表演的形式进行的，责任机关内部人员无法满足时可购买相关服务……

第二类：技术密集型。该种类型主要适用于法治教育相关的研究或产品的研发。课题研究服务是国家机关购买服务的类型之一，部分地区如海南省还在法律援助、人民调解、社区矫正等司法行政事务中列举了规划与政策研究服务，这偏重于决策研究，对技术含量要求较高，在地方进行相关法治教育创新时可采取此种方式。现有的普法模式缺乏创新，对上级机关的决策依赖性较强，通过购买服务的方式可激发创新活力。随着科技的发展，法治教育的输出模式可多样化呈现，如与人工智能结合、与电子游戏融合、与益智读物结合等，可视为新型的法治教育产品，这些产品的研发需要借助社会力量，通过向相关技术企业、机构购买服务的方式可以提高法治教育产品的质量。

第三类：人员技术复合型。该种类型适合于既要人力又需要借助技术进行的法治教育辅助性服务。例如，普法的事前需求调查和事后的满意度调查需要借助一定的标准，标准的制定需要科学的研究，且通常需要借助第三方调查的方式确保结果的真实性和客观性，调查过程往往需要大量的人力参与，调查相关的分析和结论的获得需要借助技术，实际建议的输出也需要通过研究进行转化，这类辅助性服务可以通过政府购买的方式进行。

## 第二节　情境式普法的新模式

环境对公民法律素质的形成和发展有重要的影响，这些影响有以下几个特点：一是环境往往在潜移默化中对公民产生影响，且这种影响通常是持续不间断的，所以，环境是公民法律素质的制约或推动因素。二是影响公民法律素质的环境广泛，不仅有社会环境，家庭、学校等环境同样重要。三是法治环境对公民法律素质的影响最大。① 需要将环境塑造为培养公民法治能力的大课堂，可通过"情境式"普法实现。

"情境式"（"体验式"）的教育方法在教学实践中已被关注和使用，其基

---

① 张光东.法制宣传教育全覆盖的理论与实践 [M].南京：江苏人民出版社，2014：14.

本理念是通过参与、体验获得知识，如"在教学过程中，教师以一定的理论为指导，有目的地创设教学情境，激发学生情感，并引导学生直接参与设定的情境活动，通过事前准备、事中参与、事后评价，让学生亲自去感知、领悟知识，并在实践中得到证实，从而成为真正情知合一、参与体验、实践创新的教学模式"①。"'情境式教学'简单地说，是教师在授课的过程中将情境模拟这种形式作为教学方法引入并运用于课堂教学过程中"②。"情境教学法是在教学过程中综合运用多种教学手段，积极创设情境、营造情境，使学生在具体情境中学习知识、培养能力的一种教学方法"③。法治教育虽然不是传统的课堂教育，但其本质上亦是"老师"（普法者）通过各种方法让"学生"（普法对象）掌握（法治）知识。该种知识与日常工作生活息息相关，只通过文字的输出不能让普法对象充分理解法治，需要将其外化，普法工作应浸入各种涉法活动，充分利用各环节进行反复演示和提醒。即使对于专业的法律学习者来说，将法律规定落实于实践操作尚需要大量的实习和实践，更不用说普通公民，单纯依靠法条普法不能达到效果。需要倡导法治宣传融入立法、执法、司法、社会活动，用贴近实际生活的案例和嵌入日常实践的演示进行教育，不仅"言传"，而且"身教"，法治教育从"灌输式"转变为"情境式"，推动形式普法转向实质普法。目前的法治宣传在方法的选择上开始注重受众的接受体验并探索方法，如《关于实行国家机关"谁执法谁普法"普法责任制的意见》中，在职责任务上提及围绕热点难点问题向社会普法，让群众在解决问题中学习法律知识，法官、检察官、行政执法人员、律师等以案释法制度是通过真实案例进行普法，《青少年法治教育大纲》中，教学方法列举了故事教学、情境模拟（如法庭模拟）、角色扮演、案例研讨等多种方法，亦是"情境式"的方法。《法治社会建设实施纲要（2020—2025年）》在健全普法责任制部分提及了（国家机关）把案（事）件依法处理的过程变成普法公开课；完善法官、检察官、行政复议人员、行政执法人员、律师等以案释法制度，注重加强对诉讼参与人、行政相对人、利害关系人等的法律法规和政策宣讲；引导社会各方面广泛参与立法，把立法过程变为宣传法律法规的过程等，均是在倡导将普法融入某一情境中。但总体来说该方

---

① 刘冰.情景参与体验式教学模式初探 [J].中国成人教育，2019（16）：96-97.

② 丁银河."思想道德修养与法律基础"实践教学研究 [M].武汉：武汉大学出版社，2017：28.

③ 黄刚，冯秀军.北京高校思想政治理论课教育教学改革的实践与探索 [M].北京：北京交通大学出版社，2015：55.

法的运用不全面且不深入，应构建成体系的"情境式"法治教育方法。

## 一、立法过程中的普法

在历次普法规划中，没有提及立法机关的普法，在公权力机关中普法一般被认为是行政机关的职能，立法机关专司立法职能，并无普法职责。《关于实行国家机关"谁执法谁普法"普法责任制的意见》扩大了普法主体范围，其中充分利用法律法规规章和司法解释起草制定过程向社会开展普法可被视为立法机关的普法责任。利用立法过程开展普法是将法治教育纳入立法情境中，为了充分利用情境，需要在立法过程中挖掘普法时刻，在可以进行法治教育的场域抓住时机进行普法。

### （一）立法前通识性立法知识的普及

虽然目前我们已具备较全面的法律制度体系，但在遇到新问题或已有法律不适应客观实践时，还需要进行立法、修法和废法。现有的普法给公民传达的是立法后的法制信息，对于为何要立法（制定规则）、法（规则）的产生过程，公民对法（规则）的运行和完善有何贡献等法产生前的知识并未纳入普法的视野中，或只是通过立法相关法的法条公开来展示这部分内容，对于普通公民来说，枯燥的法条和烦琐的立法程序并不能唤起其对该部分法治知识的渴望。

应让公民意识到法治作为共同利益实现的最佳途径，与每个人的利益息息相关。法作为定纷止争的工具，其规定背后包含着利益的分配，权利代表的利益是在博弈后被法所确定的，正如耶林在《为权利而斗争》中深刻揭示的：法的背后不单是国家的权力，是所有国民持续不断地为其奋斗、竞争的结果，这些竞争与其他领域的竞争一样，必须站在自己的立场上，切实主张自己的权利，这就是公民在为世间的法理念尽绵薄之力。[①] 虽然当今社会，斗争性在立法过程中已没那么激烈，但利益的博弈却依然伴随，如物权法因为各方分歧，经历了13年才得以审议通过，反垄断法历经20年酝酿、13载论争才尘埃落定。立法具有社会成本，即"社会为实施立法而增加的成本支出"[②]。"现实中可能出现这样的情况：立法自身工作上的投入少，立法工

---

① （德）鲁道夫·冯·耶林.为权利而斗争[M].胡宝海，译.北京：中国法制出版社，2004：2.

② 汪全胜.立法效益研究——以当代中国立法为视角[M].北京：中国法制出版社，2003：21.

作效率高，但司法、执法、守法上的难度（亦即成本）大，违法或规避法律的现象增多，导致社会支出成本加大，社会效益减少，从而使整个法律效力或效益降低。"① 所以在立法时就应让利益相关群体发表意见，增强对法的认同感，公众参与与自身利益相关的法律、法规、规章的制定，可使规则最大化地吸纳利益相关者的诉求和意见，提高公众的认可度和支持度，再实施起来更容易被公民自发地遵守，"他律"变成"自律"，且在监督他人遵守规范的积极性上更高，如此可以减少社会成本。

在让公民参与立法活动之前，需要对参与者的立法参与素质进行培养，这也可以视为立法前的通识知识教育，公众应该认识到，良好的立法参与，公民应在意识和能力上做好如下准备：首先，应充分认识到立法参与对公民合法权益的保障具有积极意义，提高参与的积极性和主动性；其次，参与过程要有序，通过合法的途径参与，理性表达利益诉求，维护社会公共秩序；最后，不断提高自身的能力，具有合作精神，保障参与质量。②

### （二）立法中的交互式法治教育

立法机关的普法有其自身的优势，它更了解法律的本意，更容易在法案的形成过程中广纳民意，也更容易吸引公众眼球而诱导其参与其中。应利用立法中公众的参与情境做好法治教育，这一过程亦是对立法通识知识掌握的检验，同时，参与时还获得了实体知识并进行了程序体验。要让公民从立法过程中认识到自身的主体地位，要形成这种认识：公民应当具有参与与自身利益相关的法律法规制定的责任感，并承认通过参与程序制定的规范是合法的并服从它们，服从的义务来自其自身是社会的一员，社会的法律是由其参与制定的，如果该法律是公正的，可引以为荣，如果是不公正的，其有义务继续为法律的改善而努力。③ 所以，践行法治不仅是遵守法律，还包括为了更好的法治而参与立法中，在与公民的交互过程中，立法机关可以向公众介绍立法背后的价值选择和考量，公民也能直观地感受在立法活动中公民所享有的一系列权利，如知情权、批评建议权、监督权等，公民是立法参与的权利主体和行为主体。

立法中的交互式法治教育可孕育良好的民主环境：首先，每个公民个

---

① 汪全胜.立法效益研究——以当代中国立法为视角 [M].北京：中国法制出版社，2003：21.
② 黄洪旺.公众立法参与研究 [M].福州：海峡出版发行集团，福建人民出版社，2015：95.
③ （美）卡恩·科恩.论民主 [M].聂崇信，朱秀贤，译.北京：商务印书馆，1988：233.

体都有自身的利益追求和价值秉持，但在参与立法时，是置身于一个利益多元化的环境中，通过交流，其他个体的利益也能更直观地展示，得到尊重和理解，同时，也可以制约立法权的滥用。其次，立法参与是一个培养公民社会责任感的良好机会，公民置身其中可以感知个体利益和公共利益之间的关系，二者或促进或服从，最终规范的展示是每位参与立法的公民社会责任的表达。最后，有助于理解和谦让氛围的形成，立法过程中，不同的利益群体并非局限于自身的视角，可以从参与的其他群体的意见表达中更客观全面地看待立法所要达成的共识，使规范更容易被公民内心认可并得以顺利实施，减少其在社会运行中的成本，不同利益诉求群体之间可以相互理解并展开合作，最终促成共同利益的实现。①

### （三）立法后的热度普法

新法出台或修改后，是公民对其关注和了解积极性最高的时候，应抓住此普法时刻，利用热度进行法治教育。2020年5月28日，《中华人民共和国民法典》（以下简称《民法典》）在十三届全国人大三次会议上表决通过，民法进入法典时代，各大新闻媒体都在重要版面报道了这一消息，掀起了全民学习《民法典》的热潮，街头巷尾，几乎人人都知晓了《民法典》的诞生，这是很好地利用热度进行普法的时机，但法治教育不是让公民只知晓有什么名称的法律，最重要的是知晓该法律对我们生活有什么影响，如何在日常生活中遵守它，这就需要提高普法的深度，通过各种方式，让公众了解、记住并在日常生产生活中践行。这次《民法典》出台后做了一个较好的热度普法示范，如在其即将出台之前，5月24日人民日报的微信公众号就发布了《热剧主角"现身说法"：民法典将这样改变我们的生活》②的视频，用影视化、戏剧化通俗易懂的方式展示了《民法典》的新变化及变化的原因，瞬间阅读量就有十万加，《民法典》新旧规定的对照也很快在各种法律学习相关的公众号发布，这与全文公布法条进行普法的方式相比更加生动，容易被受众记住，也是很好地利用社会资源进行普法的范例。

立法机关的热度普法应着重对立法过程解释，特别是在征求意见过程中，并非只是公布一下草案或修改稿的内容，应同时进行相关解读并明示有

---

① 方世荣. 论公众参与地方立法的理论基础及现实意义 [J]. 湖北行政学院学报，2005（5）：23-27.

② 人民日报微信公众号. 热剧主角"现身说法"：民法典将这样改变我们的生活 [EB/OL].（2020-05-24）[2020-09-03]，https：//mp.weixin.qq.com/s/Cqvu5_qlDbYQFoxDv-a0Rw.

哪些变化。由于每项法律对于不同的人有不同的意义，不仅有自身利益的考量，也可能由每个人所处的具体社会地位、观察法律的角度、文化条件、接受的社会思想理论、对社会秩序的实际感受等因素决定，对法律的理解，必然有所差别。① 公民对法律的理解越正确越接近立法原意，立法、执法、司法、公民守法就越能在同一个话语平台进行对话，避免因对法律的理解不同产生矛盾。立法机关的普法内容应加强对立法精神和法律规定背后价值选择的解读，尽量统一人们的基本认识。

## 二、执法、司法过程中的普法

执法活动和司法活动均属于对法律的适用，要让公众在执法和司法的环境中接受法治的熏陶，需要充分利用好各自的程序优势，将普法融入执法和司法的各环节中。用普法责任的履行施压执法和司法的公信力建设，净化执法和司法环境，反哺法治氛围的形成。

### （一）执法机关阶段推进式普法

"谁执法谁普法"普法责任制需要执法机关首先具备普法意识，执法实践具有一定的复杂性，需要运用到多种思维，除了法治思维，还需要政治思维、经济思维、道德思维等，如何提升普法在执法中的现实作用，从而有效培育执法主体的普法主体意识，需要以法治思维贯穿，对不同思维方式进行统筹兼顾。② 同时，普法机关需由管理意识向服务意识转变，将法治社会建设中的普法作为对社会主体提供的服务，站在服务的立场进行普法，在执法过程中紧绷普法意识的弦。

#### 1. 对规则的正确遵守进行指导

行政执法机关对其业务范围内的法律法规有普法的义务，普法责任清单制度的设立为行政机关明确自身的普法内容提供了契机，其应认真梳理与业务相关的法律法规。内容的呈现不应只是法条的列举和宣传，对于社会主体来说，此时其服务性就体现在行政执法机关消化法律规定的内容后，向公众以简单易懂的方式予以呈现。例如，《中华人民共和国道路交通安全法》第四十七条第一款规定："机动车行经人行横道时，应当减速行驶；遇行人正

---

① 张光博.社会主义法律观 [M].长春：吉林文史出版社，2016：278.
② 夏锦文.法治思维 [M].南京：江苏人民出版社，2015：4.

在通过人行横道，应当停车让行。"这是机动车斑马线礼让行人的依据，近年来，各地交通管理部门越来越重视该项规定，加装礼让行人的电子抓拍设备，并大力宣传该项规定。实践中，交管部门为该项法律规定的普及做出了努力，如将法条的法言法语转化为"斑马线请礼让行人"，做成宣传横幅、宣传板等张贴或放置在斑马线附近，在地面上加画停车实线标志并写上"车让人"的大字，该种做法仅可达到让机动车司机知晓不礼让行人违法，但不能教育机动车司机如何正确地遵守规则。在网络上以"斑马线礼让行人"搜索，出来的靠前的相关内容均与如何礼让相关，有文字描述、静态图片、动态图片等方式，要达到守法的标准有诸多注意的地方，不只是见人停车那么简单。可见，交通管理部门的传统普法内容本质上还是站在管理者的角度，将规定公布出来，至于如何正确地遵守规定不至于造成利益受损（扣分、罚款）却缺乏进一步说明，站在普法角度，行政机关的事前普法应注重普及"如何正确遵守规则"的相关内容。

### 2. 教科书式执法展示

2018 年 5 月，上海民警因一段执法视频成为网红：口头传唤，连续三次警告，武力升级，行动前提醒无关人员远离……这一系列操作被众人称为"教科书式执法"。该种执法展示不仅是执法规范的要求，也是 2019 年 1 月国务院办公厅发布的《关于全面推行行政执法公示制度执法全过程记录制度重大执法决定法制审核制度的指导意见》（以下简称《行政执法意见》）的落实，行政执法公示制度可为行政机关的事中普法提供场景和内容，如规范的执法程序包括出示执法证件、主动告知当事人执法事由、执法依据、权利义务、岗位信息公示牌明示工作人员岗位职责、申请材料示范文本等，执法人员严格遵守不仅可视作程序展示的内容，让公众了解执法程序的法律知识，还是向公众普及具体权利义务的时机。行政执法过程作为普法的时机，应特别注重执法行为的规范性，规范的执法是最好的文明执法，也是生动的普法，是对普法规划中行政执法以案释法号召的响应。除此之外，执法机关还应对权利的救济进行充分的提醒。

### 3. 公开信息接受监督

《行政执法意见》确定了执法决定公开制度：执法决定作出后，行政执法机关应在 20 个工作日内，将执法机关、执法对象、执法类别、执法结论等信息向社会公布，接受社会监督，行政许可、行政处罚的执法决定信息要在 7 个工作日内公开，法律、行政法规另有规定的除外；要有信息的公开发布、撤销和更新机制，建立行政执法统计年报制度，按时公开本机关上年度行政执法总体情况有关数据。该制度类似于裁判文书公开制度，即行政执法机关的执法决定作出后，应在特定工作日内向社会公布执法机关、执法对象、执法类别、执法结论等信息，行政许可、行政处罚的执法决定亦应公开（法律、行政法规另有规定的除外）。该公开制度使每一个执法案例都能成为普法的素材，执法完成后行政机关可以将这些案例作为普法的内容向公众提供，也便于公众进行监督。

**（二）司法机关体验融入式普法**

党的十八届四中全会通过的《中共中央关于全面推进依法治国若干重大问题的决定》和普法规划中涉及司法机关的普法形式主要是以案释法，目前我们已有司法文书上网公示制度，可以作为普法素材，但对于绝大多数公民来说，除非带有很强的目的性，如维权需要等，其基本上不会主动去浏览裁判文书网，专业性太强也容易拉开与受众之间的距离。可利用司法过程的可参与性，如人民陪审员制度等让公众参与司法职能的履行进行普法。

1. 司法审判中的普法：利用人民陪审员制度普法

人民陪审员制度是司法审判的基本制度，其是对符合法定条件的公民，通过随机抽选和推荐成为人民陪审员候选人后，由基层人民法院院长提请同级人大常委会任命，依法同法官享有同等权利而参加审判活动的司法参与制度。从司法功能上讲，公民作为人民陪审员对司法活动的参与，是深入度最大，实质性影响最强的司法民主。就社会功能而言，托克维尔在《论美国的民主》一书中，曾把法庭看成是法律培训学校。"这个学校向人民传授治国的艺术，培养公民的守法精神。"[1] 广大公民通过参与亲历法庭审判活动，在鲜活的案例中获得法律的洗礼，收获法律知识，增强法律观念，培育和凝聚法律感情，有利于推进全体社会成员都信法、尊法、用法和守法的法治社会建设。2018 年《中华人民共和国人民陪审员法》出台，对陪审员选任的条件做出了提高年龄、放宽学历的选择，即年满 28 周岁，高中以上学历，从长远看能够涵盖更广泛的公民，近年来，我国高中阶段教育普及水平在

---

① （美）托克维尔. 论美国的民主（上卷）[M]. 董果良，译. 北京：商务印书馆，1996：316-317.

不断提高①，要充分利用这一制度让更多符合条件的公民有机会参与人民陪审员工作接受法庭审判的洗礼。此外，《中华人民共和国人民陪审员法》第二十四条要求法院应确定每名人民陪审员年度参加审判案件的数量上限，这可避免"常驻陪审员""陪审专业户""驻庭陪审""编外法官"②的现象，让更多公民有机会参与法院审判活动。

　　以人民陪审员制度为普法切入点后，不仅可以提高人民陪审员的履职能力，还有利于普法的深度发展，人民陪审员履职的多个环节都能作为普法的时机，如培训中的普法，培训是人民陪审员的规定环节，《中华人民共和国人民陪审员法》第二十五条规定了"人民陪审员的培训、考核和奖惩等日常管理工作，由基层人民法院会同司法行政机关负责。对人民陪审员应当有计划地进行培训。人民陪审员应当按照要求参加培训"。实践中，人民陪审员的培训偏向于职业培训，内容比较专业，采取集中授课的方式较多，集中授课的学时较少，对于大多数没有受过法学专业训练的普通大众来说，能在短学时之内掌握相关知识有一定的难度，且培训的方式中集中授课、庭审观摩、专题研讨大多需要在工作日之内进行，势必需要人民陪审员所在的单位给予配合，但往往这种配合没有强制力。对此，要通过优化人民陪审员的培训加以解决：在培训内容上，应以基本的法律常识为主，偏重于对程序和职业道德的培训。对于大多数人民陪审员来说，其没有接受过法律知识系统化的学习，不具备法律逻辑思维，在几十个学时之内掌握并运用专业的法律知识并不现实。其发挥的作用应侧重于常识、情理的判断，对于过于具体的法律规定可以在案件陪审过程中由法官作出一定的说明；在培训方式上，目前主要采用的是统一集中式的培训模式，灵活性不强，也不是效率最优的选择。可以通过人民陪审员信息管理系统的运作来优化培训，在系统中加入网上培训的项目。人民陪审员可以利用闲暇进行学习，修够要求的学分和内容即可，不需要占用工作日时间集中参加培训。还应利用好庭审观摩这种培训方式，因为切实感受陪审的氛围是最直观的学习。法院在审理公开审判的案件时，应主动向辖区内的陪审员推送审判信息，陪审员可以自由选择是否

① 截至 2019 年，高中阶段的毛入学率为 89.5%。2017 年教育部、国家发展改革委、财政部、人力资源社会保障部四部门联合印发《高中阶段教育普及攻坚计划（2017—2020 年）》，明确了全国普及高中阶段教育的目标：到 2020 年，全国、各省（区、市）毛入学率均达到 90% 以上，所以高中以上水平能够涵盖较广泛的公众。

② 廖永安，蒋凤鸣.人民陪审制改革目标的反思与矫正——以 A 市两试点法院为例 [J]. 华侨大学学报（哲学社会科学版），2018（1）：67-77.

观摩。另外，在庭审过程中也可向人民陪审员进行案件相关的法律知识的普及。

审判活动中，除了通过人民陪审员制度进行深度普法外，目前，最高人民法院建有庭审直播网，自建设以来，全国已累计直播一千多万件案件，累计访问逾百亿次①，这是一个巨大的普法平台，相较于法庭旁听，其更便捷，公民随时随地可以旁听法院的庭审。这意味着每一个直播（录播）的案例都可以成为普法的素材，法官应将以案释法工作作为常规工作，将每一次庭审作为普法现场，在直播中加入普法的环节。同时，法院可对关注度高且与公民生活关联度高的热点案例进行权威解读，相比其他主体的解读易被重点关注，容易收到较好的普法效果。

2. 检察机关：利用人民监督员制度普法

为了保障检察机关依法行使职权和履行职责，我国在对检察机关进行自上而下的人大监督制度之外，创建了自下而上的人民监督员制度。人民监督员制度建立的基本目的是加强来自检察机关外部的社会监督，防止和纠正检察机关查办职务犯罪工作中出现违法失职行为，发挥广大公民对检察机关的监督作用。自 2003 年 10 月最高人民检察院下发《关于人民检察院直接受理侦查案件实行人民监督员制度的规定（试行）》，天津、内蒙古、四川等 10 个省（区、市）检察机关开展人民监督员制度试点工作起，人民监督员制度至今已有 19 年的发展。随着我国监察体制的改革，检察机关的职能发生了重大变化，2018 年 3 月 20 日，第十三届全国人大一次会议通过的《中华人民共和国监察法》，将原由检察机关反贪、反渎等部门行使的职务犯罪侦查权转隶于国家监察委员会，人民监督员制度由此失去了原监督对象，面临现实存在和未来发展走向的问题，制度运行处于停摆状态，但基于司法民主和社会监督的重要价值以及实践效果，人民监督员制度应继续坚持并发挥其重要作用。2018 年两会网络访谈中，最高人民检察院办公厅主任兼新闻办公室主任王松苗就"持续深化司法改革"主题回答记者提问，其中提及人民监督员工作面临重大变化后，实践中"在认真做好案件监督工作的同时，检察机关还积极邀请人民监督员参与案件跟踪回访、执法检查、案件评查、涉检

---

① 该数据来源于 2021 年 3 月 13 日中国庭审公开网首页。

信访、公开听证等检务活动"①。对于下一步的工作安排"王松苗表示，要科学定位人民监督员制度基本属性，将人民监督制度定位从单纯强调'案件监督'调整为'案件监督'和'公民参与'并重，更好地突出这项制度所体现出来的人民群众对检察工作的'参与'价值。同时，还要合理拓宽人民监督员监督范围，提高人民监督员参与率。拟探索将普通刑事案件和公益诉讼案件中的相关情形纳入监督范围"②。除了实务部门的工作设想外，职务犯罪侦查权转隶监察机关之后，人民监督员如何发展并发挥监督作用，学者也提出了三种思路：一是维持人民监督员的监督对象是检察机关不变，将其监督范围调整为职务犯罪以外的其他案件；二是将人民监督员制度并入监察委员会制度，人民监督员的监督范围扩大到监察委员会的所有监督事项；三是将人民监督员制度并入监察委员会制度，人民监督员的监督范围不变。③ 从人民监督员制度的设置原意来看，人民监督员制度由检察机关自身创立，检察机关已形成了较成熟的制度和实践经验。检察机关原职务犯罪侦查权转隶监察机关后，其仍需坚持和发展这一好的传统和制度设计，应当将监督的事项范围延伸到检察机关办理职务犯罪之外的其他案件之中，尤其是可以在检察机关办理民事和行政公益诉讼案件等新的工作领域中加以展开，继续发挥这一制度的重要作用。人民监督员制度最初的建立是专门针对职务犯罪侦查权的行使，经过多年的运行，实践证明对这一重大的公权力确有加强社会监督的必要性，而且已取得了明显的效果。检察机关原职务犯罪侦查权转隶监察机关后，国家监察机关办理职务犯罪案件，也可借鉴检察机关的工作经验，同步构建人民监督员制度，继续对"三类案件"及"十一种情形"开展监督，但需要根据监察机关的工作特点和机制，做出适当的调整变化。

人民监督员制度除了要寻求新的监督对象外，其公众参与性和监督性是核心特征，2016 年颁行的《人民监督员选任管理办法》中，连续担任人民监督员不超过两届（第六条）、高中以上文化学历（第八条）、接受自荐报名（第十条）、具有公务员或者事业单位在编工作人员身份的人员一般不超过选任名额的 50%（第十一条）等规定有意将人民监督员朝着大众化方向

① 于潇.最高检：合理拓宽人民监督员监督范围 [EB/OL].( 2018-03-09 )[2019-01-03]https：//www.spp.gov.cn/spp/zdgz/201803/t20180309_369707.shtml.

② 于潇.最高检：合理拓宽人民监督员监督范围 [EB/OL].( 2018-03-09 )[2019-01-03]https：//www.spp.gov.cn/spp/zdgz/201803/t20180309_369707.shtml.

③ 秦前红.国家监察委员会制度试点改革中的两个问题 [J].四川师范大学学报（社会科学版），2017（3）：16-20.

发展，下一步在参与质量上的核心问题就是人民监督员的素质，这也是制约人民监督员制度发展的重要因素，因为"监督员参与案件评议时，信息获取来源主要是检察院单方提供，对于其中不清楚的专业性问题基本上依靠主办检察官解释和说明。但是，制度本就是为了监督检察权运行，如果此时让检察官为自己行为或者判断的合理、合法性背书，难免会影响监督的中立性和公正性。人民监督员制度运行过程中，若没有中立的辅助人员进行专业性法律知识的解答和说明，对于完全没有法律知识储备的普通民众来讲，既难以在短时间内完成枯燥、复杂的阅卷任务，也很难保障这种检察权监督的有效性"①。检察机关的普法责任重点在人民监督员的依法履职上，且这种普法针对的对象应是可以担任人民陪审员的潜在群体，既充分宣传了人民陪审员制度，让更多的公众关注到此司法参与领域，在后续的选任中增加参与基数，又能够在任职前就做好履职常识的普及工作。所以检察机关以人民监督员制度的发展为契机，做好相关法治知识的普及，既是普法，又可盘活人民监督员制度。

### 3. 司法执行中的普法：以失信执行为教育平台

司法执行是借助国家公权力促使生效的法律文书所确定的权利义务得到履行。我国的司法执行机关为司法行政机关和法院，其中司法行政机关主要负责刑罚的执行，包括监狱管理、社区矫正。法院的执行工作主要由执行庭负责②，承担法院已经发生法律效力并具有给付内容的判决书、裁定书、调解书、民事制裁决定书，刑事判决书、裁定书和调解书中的财产部分以及行政机关申请法院强制执行的案件的执行工作。法院的失信执行就是司法执行中普法的契机，《关于对失信被执行人实施联合惩戒的合作备忘录》列举了30多种惩戒措施，但对于普通公众来说，大部分人对失信人的惩戒印象仍停留在对"老赖"的信息要公布，"老赖"不能坐飞机、高铁这些模糊的认识。为了营造"守信光荣，失信可耻"的社会氛围，可在社会场境中融入普法元素，如在消费场所显眼的位置设置失信被执行人限制消费的提醒，在高消费合同签订时明示合同项对方有诚实告知是否为失信被执行人的义务，否则承担不利的后果，注意网络购物平台上对失信被执行人高消费的限制，网

---

① 匡旭东，于乐乐.人民监督员制度：改革背景、困境反思与完善进路 [J].广西政法管理干部学院学报，2020（4）：24-30.

② 详见《最高人民法院关于人民法院执行工作若干问题的规定（试行）》。

购平台企业可对失信被执行人的购物账号做出权限设置，限制其购买高档消费品；通信企业可以对失信被执行人的手机号进行标注，提醒与被执行人有通信联系的公众其为失信人；除官方媒体外，主流媒体及较有影响力的自媒体可加大对法院惩治"老赖"新闻的报道、司法机关在对"老赖"进行现场执法时，可与媒体进行合作，采用直播的方式，既有利于监督司法机关规范执行，又可以更直观地凸显司法权威，同时也是对其他"老赖"和广大公众的教育；司法机关可以与社交媒体进行合作，如QQ、微信等，对被纳入失信被执行人名单的用户进行标注，让"好友圈""朋友圈"内的用户都可以看见，既可以激发"老赖"的羞愧感，又能够提醒其身边的亲友；在村委会、居民生活区公告栏公告失信被执行人的信息，发挥邻里生活圈的教育功能……发挥全社会的力量参与其中，推动形成诚实守信社会氛围，并以此为契机开展全民守信教育，建设守法诚信的法治社会。

### 4. 司法调解中的普法：利用调解网络辐射式普法

人民调解、行政调解、司法调解共同构成我国"三位一体"化解社会矛盾纠纷的大调解机制，其中司法调解由于有人民法院的属性加持，是最容易产生权威感和认同度的调解方式。虽然在法律规范、历史发展和知晓度上人民调解更具有相对优势，但自最高人民法院开发建设的人民法院调解平台2018年上线后，近年来发展较快，法院依托平台，将人民调解员、行政调解员、行业专家、律师、社区工作者、法律工作者、热心人士、专家学者、志愿者社会力量等纳入专业调解员队伍，与人民调解和行政调解具有一定的兼容性，目前调解的案件已逾千万。该平台能够实现诉前调解、调解协议的司法确认、诉调对接、繁简分流等在线作业[1]，诉前调解成功率51%，诉中调解成功率88%[2]，不仅减轻了法院的办案压力，还减少了公众解决矛盾纠纷的成本。法院牵头，社会力量广泛参与的司法调解利用人力优势、专业优势将普法元素融入其中。

首先，利用司法调解网络进行普法。在司法调解中，法院不仅通过引进来的方式增强调解力量，还在探索走出去，如河南省高级人民法院在"豫法

---

① 2016年最高人民法院出台了《最高人民法院关于进一步推进案件繁简分流优化司法资源配置的若干意见》对繁简分流作出了说明，目的是推动"简案快审、繁案精审"，以优化司法资源，提高司法效率，促进司法公正，减少当事人诉讼成本。人民法院调解平台也接入了繁简分流的程序，实现了诉调对接。

② 数据来源于2020年11月16日人民法院调解平台上显示的信息。

阳光"微博开设"专家调解室",邀请社会知名教授、律师、各行业专家义务在线为网民进行释法、答疑、解惑,并建立专家库。湖南安乡法院积极走出去,不仅在乡镇、社区、企业设立了"巡回审判联络站"和"社区法官工作室",而且按照村(居)户行政区域和居住位置,以十户为单位,推选一名威信高、办事公道、热心调解的人担任"十户调解员",形成了以法院指导下的乡镇人民调解委员为龙头,村(社区)、企事业单位基层人民调解委员会为基础,义务调解小组为补充的人民调解组织网络体系。①这些调解室、工作室、联络室均可以作为普法站点,以服务当地为宗旨,针对居民常见的纠纷进行相关法律知识的普及。

其次,每一个调解案例都可作为普法现场并成为普法素材。不断完善的调解机构及调解员的选任②、对调解人员进行的培训是司法调解法律专业性的保障,应发挥调解人员的专业优势,在每一个案件的调解过程中注重法律知识的普及工作。目前调解员的案件信息只有案号,应完善相关案件信息,除了涉密案件,可朝着调解案例公开的方向发展,便于公众通过案例了解法律知识,亦可通过优秀调解案例展示进行案例普法。

司法调解这一便捷、专业、低成本且覆盖面广的纠纷解决途径在普法工作的推进上大有可为,应加大推广力度并进行完善。通过利用和借鉴人民法院的调解平台,将人民调解、行政调解资源纳入,进行系统性整合,建立调解普法的大网络。同时,平台在调解结果、调解成功率、调解满意度等基本信息上不断完善,通过法院和社区基层的宣传介绍、媒体报道等多种形式加

---

① 详见禹爱民,何俊.安乡万名"十户调解员"奋战一线[N].人民法院报.2013-09-27(4).
② 律师调解员的选任部分试点地区已经制定出了标准,如北京市高级人民法院、北京市司法局《关于开展律师调解试点工作的实施意见(试行)》中对设立律师调解中心(律师调解工作室)的律师事务所,要求应当同时具备以下条件:(1)律师事务所存续期间每个年度考核均合格;(2)执业律师 10 人以上,在同一专业领域有不少于 5 人且符合规定条件的律师调解员;(3)内部管理规范,5 年内未受到过行政处罚或行业处分;(4)专业特色突出,在某个律师法律服务专业领域具有丰富的工作经验;(5)有满足律师开展调解工作需要的办公场所、工作人员及相应的办公设施设备。担任律师调解员,应当同时具备以下条件:(1)拥护中国共产党的领导、拥护社会主义法治,认真执行国家法律法规,品行良好,热心公益,热爱调解事业;(2)公道正派、诚实信用、认真勤勉、注重效率;(3)执业 8 年以上(在区、街乡镇公共法律服务中心担任律师调解员的,执业年限可以放宽到 3 年以上),执业期间未因执业行为受到过刑事处罚、行政处罚或行业处分;(4)在相关专业领域具有丰富的工作经验;(5)具有较强的沟通协调能力、语言表达能力、文字能力及组织协调能力;(6)身体健康,能保证为调解工作所必需的时间和精力。

大宣传，提升信任度和知晓度，为调解普法的效果打基础。

## 三、社会场景中的普法

由于立法、执法、司法活动的特殊性，在与公民生活的贴合度上存在一定的局限，如若不与这些机关直接打交道，即使通过参与活动感受法治教育也是偶然的，不持久的。法治社会建设中的普法应充分挖掘社会场景，在场景中进行普法展示，让法治宣传教育渗透进日常生活，通过环境不间断地、潜移默化地对公民进行法制宣传教育。

### （一）社会场景法治宣传元素的加强

以现有"法律六进"（进机关、进乡村、进社区、进学校、进企业、进单位）主题活动为依托，将法治宣传元素融入生活、学习、生产场景。社会是人的集群，人在集体生活中会面临共同的问题，法治社会建设的共同体形成需要通过在一个个集群中进行环境的营造，进而培育法治思维和践行能力。生活场景主要有乡村社区生活场景、城市社区或小区生活场景、公共场所生活场景。在乡村生活场景中有些地方将法治宣传与乡村振兴工作结合起来，各宣传单位开展"八个到乡村"活动，即法治宣传队伍到乡村、法治宣传资料到乡村、以案释法到乡村、法治讲座和法律咨询到乡村、法治文艺到乡村、法律援助和法律顾问到乡村、人民调解落实到乡村、公共法律服务到乡村。城市社区在公共场所植入法治元素，充分发挥网格员、社区党员的作用，建立一支专兼职人员相结合的法治宣传队伍；利用律师进社区、党员进社区、工作联系点等活动形式，定期开展社区法治宣传和法律便民活动。设置法治宣传栏（橱窗）、法律图书角、社区法治课堂等。在学校场景中通过举办法治文艺演出、模拟法庭、法治讲座、法律知识竞赛、法治征文等生动活泼的形式开展青少年学生法治教育。积极利用第二课堂以生动活泼的形式开展青少年学法用法活动，组织青少年接受警示教育等，将法治元素融入校园建设，将法治知识和法治精神借助名言警句、宣传栏等文化载体展示出来，营造校园法治教育氛围。在公共场所生活场景中如车站、码头、机场、公园、市民服务中心等人群集中的公共场所，通过宣传橱窗、宣传栏、宣传册、公示牌、触摸屏等形式，积极向社会宣传法治知识。在生产场景中，针对企业诚信守法经营开展法治宣传，解决安全生产、节能减排、职工合法权益保护等方面的问题，增强企业诚信观念，增强企业守法意识。建设企业法治文化阵地，把法治文化融入企业文化，融入职工生产生活中去。法治元素的增加应越来越细微和广泛，美国将法治融入日常生活的方式可以借鉴："在食品、服装或电器的包装上都有标签警示该商品的危险性，说明其用途，并告知如果出现问题是否可以投诉。每当人们停车、干洗衣服或将雨伞存放在寄存处时，会被告知保管人对于存放物品发生丢失时所应负的有限责任。法律可以这么说，它无处不在——在语言上、产品包装上……"① 社会场景的普法就是要让法治元素无处不在。

### （二）社会场景法治宣传内容质量的提升

目前，虽然我们各领域的普法都注重方式方法的创新，但方式方法只是手段，目的是要让公民知晓法治的重要性。只记住几句法治的口号不行，核心是要提高公民法治的运用能力，要真懂真用。在社会场景的法治宣传中应注重内容质量的输出，如普法读物的质量，虽然在改进，但"在法学逐步'走红'的今天，面向普通读者的普法读物却寥寥无几，无论是在数量还是质量上，不仅完败于历史类、经济类读物，甚至跟看起来更小众的心理学、哲学、美学类读物相比，都相形见绌"② 。在以人为本的服务理念下，可针对不同群体的法治知识需求和理解能力，进行个性化的改良，而不是向大家发放不实用也不易消化的法条汇编。法治宣传标语是生活场景中常出现的普法方式，标语简短且容易记忆，是很好的宣传方式，但在实践中法治标语相对宏观，诸如"传播法治理念，弘扬法治精神""学法用法，依法办事"等，这类标语在营造氛围上可以，但并不能给公众传递有效的法治信息，还有一些雷人的宣传标语，诸如"放火烧山，牢底坐穿""人死债不烂，父债子来还""一胎生二胎杀三胎四胎扎扎扎"等，虽然给人留下了很深的印象，但内容却与法律的规定有出入，甚至是错误的，不仅起不到法治宣传的效果，还有可能让公民产生厌恶心理，但并非雷人标语不可以，通过戏谑的方式让公民记住法治知识也并非不可，但最基本的是要保证知识的正确性。

### （三）社会场景法治宣传互动的增强

鼓励公众对公共法律问题进行讨论，以往官方对于热点的涉法公共事件进行大讨论持保守态度，主要担心舆情向不好的方向发展。应转变思想，将

---

① （美）苏珊·西尔比，王晓蓓.美国的法治社会与民众心理认知 [J].江苏社会科学，2003（1）：65-71.

② 陈俊涛.法治，我们共同的生活方式 [M].北京：法律出版社，2012：25.

此种情况视为普法的时机，在准确把握舆情的基础上，用科学合理的方式引导公众，将讨论向法治氛围营造方向发展。在此环境下，没有灌输式普法的压力，易唤起公众主动学法的积极性。还应鼓励公民多参与与自身利益相关规则的制定，在制定规则的过程中感知法治氛围，如城市公民参与居住小区的《小区管理规约》《业主大会议事规则》《业主委员会选举办法》等自治规范的制定，有利于深刻感知规范的产生并便于后期的遵守，同样，农村公民可参与村规民约的制定，学生在校生活学习，根据其身心发展和认知能力的发展，在适当的年级引导、支持学生通过民主协商的方式制定班纪班规，自主管理、自我约束，养成按规则办事的习惯，并在其中感受法治的观念和力量。

## 第三节　普法对象与普法方法的合理调适

### 一、普法对象的类型化

所有公民都是法治社会的建设者，但由于身份不同，在建设中的作用也不同，通过划分可明确不同主体的普法要求。同时，普法对象的划分事关普法内容的确定，如"四五"普法规划在工作要求中提到"一切有接受教育能力的公民，都要认真学习宪法和国家基本法律知识……企业经营管理人员要重点学习和掌握社会主义市场经济法律法规知识、国际经贸法律知识、企业管理法律知识"；"六五"普法规划在对象和要求部分提到"各级领导干部要把宪法和法律作为学习的重要内容"，公务员"加强通用法律知识和与履行职责相关的专门法律知识学习"，青少年"加强青少年权益保护、预防和减少青少年违法犯罪等有关法律等有关法律法规宣传教育"，企事业经营管理人员"加强社会主义市场经济和与企业经营管理相关的法律法规宣传教育"，农民"宣传与农民生产生活相关的法律法规"。虽然在普法规划中对象和内容的挂钩并未成为常态，亦没有精细化的安排，但为了提高普法实效，应针对不同普法对象合理规划内容，普法对象的科学划分可为精准普法做准备。

### （一）党政领导干部及机关工作人员

党政领导干部及机关工作人员是法治社会建设的领导者和践行者，其运用法治思维的能力和示范作用的发挥关系着法治社会的建设程度，所以，其是法治社会建设中法治教育的首要和重要对象。

### 1. 政党组织及其成员

我国的政党制度是中国共产党领导的多党合作和政治协商制度，中国共产党作为执政党，在各领域都应该发挥先锋模范作用，在法治社会建设中也是如此，自觉遵守党的纪律、模范遵守国家的法律法规是党员的基本义务，为了更好地履行基本义务需要接受法制宣传教育。民主党派是我国的参政党，履行参政议政、民主监督的职能，熟悉法律法规可提高参政议政的能力。该群体践行法治不仅是法治社会实践建设的需要，亦是政治文明的需要，在我国，"执政党扮演着中国社会发展的'动力引擎'角色，'法治国家''政治文明''和谐社会'等纲领性目标都是执政党提出来用以牵引社会发展的……每一个纲领的提出都带来资源配置、利益分配、权力组合的巨大改变"①。前面也提及执政党对普法工作的领导包含意识形态的话语权和改革倡导等，实现领导权的前提和基础包括对法治精神的深刻掌握以及灵活运用，如何让社会发展又不带来资源、利益、权力的分配失衡留下社会不稳定的隐患，亦需要通过法治践行来保驾护航，所以对该群体的法治教育的效果要求更高。

### 2. 国家机关及其工作人员

习近平在多个场合强调了要增强领导干部的法治观念，领导干部要带头尊崇宪法、学习宪法、遵守宪法、维护宪法、运用宪法。《中华人民共和国公务员法》第十四条规定了公务员的义务，"忠于宪法，模范遵守、自觉维护宪法和法律"位列首位，公务员学法、用法不仅是依法行政的要求也是出任选拔所必须具备的素质。《法治社会建设实施纲要（2020—2025年）》在全民法治观念的增强部分也强调了国家机关工作人员的学法社会示范作用："充分发挥领导干部带头尊法学法守法用法对全社会的示范带动作用，进一步落实国家工作人员学法用法制度，健全日常学法制度，强化法治培训，完善考核评估机制，不断增强国家工作人员特别是各级领导干部依法办事的意识和能力。"法治政府建设中公务员的学法重点是与履行公职相关的法律法规，其既是职业要求，又可提升服务社会水平。法治社会建设中公务员的学法重点还应包括日常生活中的法律法规，部分地区对公务员交通违法行为进行曝光，抄送、通报单位并与相关评选挂钩的做法，是实践中倒逼公务员带

---

① 秦前红.走出书斋看法[M].上海：上海三联出版社，2015：202.

头遵守法律的例子。该主体同时还是普法中的宣传教育者，其"在法制宣传教育过程中处于主导地位，首先要接受教育，这是开展法制宣传教育的前提，是提高法制宣传教育实效性的重要环节。具体而言，宣传教育者要把社会所要求的法治观念、法律观点和法律规范内化为自己的思想体系，然后把自己所熟练掌握的知识通过恰当的方式、方法传授给宣传教育对象，从而提高宣传教育对象的法律素质和法治水平。相反，宣传教育者如果没有认同和内化社会要求的法治观念、法律观点和法律规范，就会导致法制宣传教育的目标出现偏差以及宣传教育内容出现错误，对法制宣传教育过程阶段的"良性循环"带来负面影响。同时，宣传教育者还要把社会发展的法治要求内化为自身的思维习惯和行为习惯，依靠自身人格魅力，为宣传教育对象做出榜样，这样才能真正完成宣传教育者的内化过程"①。所以，对于这一群体的普法不仅是法治的内化，还需要其外化展示，并且自身掌握法治教育的方法对社会公众展开再教育。

## （二）普通民众

普通民众是法治社会建设中最广泛的主体，其对法治的践行是检验普法成效的关键。在普通民众中应特别重视以下群体的普法。

### 1. 青少年

"法律知识与年龄存在客观的规律：年龄越小的人，其意识处于形成阶段，对于新知识的适应度和接受度相应较快，而且印象也较为深刻。由此可知我国的普法教育应从娃娃抓起。在人们的知识结构、思维体系尚未完全建立起来之时，政府就可以通过普法教育向人们灌输与法治国家相关的理念和知识。"② 在历次普法中，该群体一直以来都是重点普法对象，2018年2月24日，习近平总书记在十九届中央政治局第四次集体学习时的讲话时强调：要坚持从青少年抓起，引导青少年从小掌握宪法法律知识、树立宪法法律意识、养成遵法守法习惯。《法治社会建设实施纲要（2020—2025年）》也特别提及了加强青少年法治教育。随着社会环境的复杂化及信息技术的发展，青少年面临着诸多权利风险，信息爆炸使得这一群体更容易受到各种不

① 张光东. 法制宣传教育全覆盖的理论与实践 [M]. 南京：江苏人民出版社，2014：20-21.
② 殷发志. "上海市市民法律素质抽样调查"的统计分析报告（上）[J]. 中国司法，2005（5）：59-65.

良现象的误导。青少年处于思想和认知不成熟阶段，如果不进行法治教育的引导更容易走入歧途，及早对其进行法治的熏陶有利于使其形成正确的法治观念，观念的形成可能伴随一生，青少年阶段法治教育抓得好，可为社会源源不断地输送合格公民，需要极其重视。2035 年法治社会建成之时正值这一代青少年成长为社会中坚力量，他们的法治素养决定了法治社会的基本水平，所以应重点关注，重点培养。

2. 弱势群体

弱势群体是指"由于自然、经济、社会和文化方面的低下状态而导致其处于不利社会地位的人群或阶层"①。《普劳顿报告书》作为当代关于教育机会平等的最重要的研究报告之一，其提出了"积极差别待遇"（positive discrimination）的理念，使教育机会均等的内涵由入学机会的均等，扩大至使来自"社会—经济"不利地位的学生有得到补偿文化教育不足的机会，后"积极差别待遇"意指对弱势群体实施的各种特殊优惠措施的总和。② 法治社会建设中的法治教育强调服务共享，但共享不意味着平均，应在普法教育资源上对弱势群体有所倾斜。

在弱势群体中，信息占有的弱势群体应受到重点关注。网络技术的发展使得人们能够便捷地获取信息，普法作为一项公共事业，要做到资源共享很容易，所以对于大多数人来说，想要了解基本的法律知识非常便捷。但对于信息占有弱势群体来说，可能因文化水平不足的原因导致其不能使用现代化渠道获取法律知识，也可能是经济的原因使其不能拥有相关设备获取法律知识，对这部分因客观原因不能便捷获取法律知识的群体应该给予照顾。2020年 11 月 15 日，国务院办公厅印发了《关于切实解决老年人运用智能技术困难实施方案的通知》，针对老年人在智能技术运用上存在的困难，要求为老年人提供便利化服务。该通知体现了国家层面对不会使用智能技术的老年人群体的服务意识，用制度凸显了人文的关怀。普法作为一项重要的公共服务，其也是通过一定的介质向公众传达法治知识，充分利用网络是大势所趋，未来因为技术障碍或经济障碍陷入法治信息占有弱势的群体应当是普法重点关注的对象。

① 申素平 . 教育法学原理、规范与应用 [M]. 北京：教育科学出版社，2009：301.
② 杨莹 . 教育机会均等——教育社会学的探讨 [M]. 台北：台北师大书苑有限公司，1995：169；李立峰 . 我国高校招生考试中的区域公平问题研究 [M]. 武汉：华中师范大学出版社，2016：153.

### 3. 社会不稳定群体

社会不稳定群体的形成因素复杂，该群体可能由于转型时期社会分化、缺乏利益诉求机制产生，可能由于政府职能未转变引发社会问题导致不满而产生，可能因信息网络的非理性刺激产生，也可能因民族宗教矛盾产生，可存在于社会的各个阶层中，① 这部分群体易在特定情形下对法律规则产生破坏，不仅对社会带来不良影响（如引发群体事件、恶性事件），对自身也会产生较大伤害（其本身可能是其他社会问题的受害者，选择违法甚至犯罪的方式宣泄情绪易酿成不可挽回的后果）。由于该类群体并非是固定的，其在生活中可能随机出现，需要在基层治理中加强识别，除了立足于矛盾的解决来消解其对社会的危害性外，重点对其进行法治教育，可以起到预防性引导的作用，使其选择利用法治思维解决问题，有利于维护社会的稳定。

## 二、不同普法对象的重点方法

### （一）党政领导干部及机关工作人员：实践训练和自我学习相结合

党政领导干部及机关工作人员在法治社会建设中担当决策者和示范者，所以在对其进行法治教育时要求最高，需要真懂真做。在依法执政、依法行政被倡导和实践多年的基础上，该群体在对法治重要性的认识上有较深体会。有调查研究显示，地方领导干部及机关工作人员学习法律的首要途径是参加行政学院培训课程，其次是自学，再次是单位组织学习。② 在领导干部及机关工作人员法治素养提升的相关研究中，开展法治教育的形式主要有组织党委（党组）中心组集体学法活动、举办高水平的法治教育讲座、通过党校、行政学院、干部学院的培训等。③ 可见教育的方法主要为集体学习、会议学习的方式，这种方法对掌握基础的法治理论和基本的法治知识很有必要，但要让理论知识转化为实践运用，需要加强实践的训练，特别是与党政机关业务直接相关的法治知识，需要加强实践的训练，如行政处罚的一般程序在实践中的要点有：至少 2 人执法、由行政机关负责人（集体）作出决定、

---

① 张斌. 社会"不稳定群体"的形成与社会管理 [J]. 探索与争鸣，2011（4）：78-80.

② 白杨. 以法治思维和法治方式提升治理能力——地方领导干部运用法治思维能力现状调查与研究 [J]. 中共成都市委党校学报，2015（6）：44-46.

③ 梅黎明. 切实提升领导干部的法治素养 [J]. 中国井冈山干部学院学报，2014（6）：17-21.

当事人不在场的应在 7 日内送达处罚决定，行政强制的一般程序包括：实施前报告批准（紧急情况，当场实施，24 小时报告，补办批准手续）、确认实施人员、现场出示执法身份证件、通知当事人并告知权利、听取陈述申辩、制作现场笔录（签名盖章）。以上涉及的执法程序相关的法律知识不难，但由于琐碎，需要执法人员在不断训练、演练中形成习惯，然而实践中存在简化、变通甚至不遵守程序的情况，加之大多数公民的程序意识较差，对执法机关无法形成监督，导致行政执法工作人员的程序意识也相对淡薄。所以在法治教育上注重将知识与工作实践结合并加强实践训练。党政领导干部及机关工作人员通常接受过系统的教育，具有一定的文化水平，在学习能力上与其他群体相比有优势，所以可以通过自我学习，增加业务之外的相关法治知识，在生活中带头践行法治。自我学习的方式应较为灵活，如通过网络学习的方式，在规定的时间内获取学分，当然，应为党政干部及机关工作人员的自我学习提供优质的资源，保证学习内容的质量。

此外，实践中，通过党校、行政学院培训等方式进行法治知识的系统学习主要针对领导干部。法治社会建设中，要让党政机关充分发挥辐射影响作用，除了提高领导干部的法治素养，与广大人民群众直接接触的基层工作人员和窗口单位的工作人员素质提升也很重要，且很多法治实践的示范都通过这些人员直接进行，所以法治社会建设中，对党政领导干部及机关工作人员的法治教育资源分配上，应适当向基层倾斜、向窗口单位倾斜。

**（二）青少年：课堂教育为主，课下观摩学习为辅**

前面已经提及针对青少年，在中小学和大学阶段都开设有法制教育相关课程，且由于青少年大量的时间在学校度过，所以应充分利用课堂教育培养青少年的法治素养，课堂教学应重点解决师资不足的问题，并着眼于课程内容质量的提升。针对师资不足的问题，除了落实法治副校长、法治辅导员的制度要求外，逐步实现相关课程教师的专业化，要求教师有法学教育的背景或系统接受过法治知识的培训。鼓励法学专业大学生参与针对青少年群体的公益普法活动，将其与社会实践学分相结合，充实教学力量。在课程内容质量上，应加大法治教育内容的比重，并在教材编写时结合青少年身心发育的阶段性特征，科学安排教学内容并提高趣味性，落实《青少年法治教育大纲》中分学段的教学内容和要求。同时，应注重正面引导的方法进行教学，侧重激励式教学，树立正确的法治观，防止青少年将法律仅视为惩罚的工具。

除了课堂学习之外，还应注重社会法治教育资源的利用，通过课下观摩、学习、体验的方式加深印象，如《青少年法治教育大纲》中倡导建设青少年法治教育实践基地并鼓励政府部门、高等学校、相关社会组织等设立法治教育基地为青少年提供便利。除了基地建设，还可以通过设置开放日的形式进行，由学校组织或家长带领对青少年进行法治教育，拓展法治教育的"第二课堂"。

### （三）弱势群体和社会不稳定群体：了解需求，精准援助

我国建立了法律援助制度，目的是保障经济困难的公民获得必要的法律服务，各地的法律援助中心都会向所有公众提供免费的法律咨询，通常可现场咨询或拨打 12348 免费热线咨询。从实践调查来看，该项公益性的法律服务公众知晓程度较低，特别是弱势群体相对集中的农村地区，对法律援助的知晓度只有 20% 左右。[①] 在此情况下，法律援助部门应积极探索走出去：首先应加大法律援助政策的宣传工作，让公众普遍知晓这一公共法律服务；其次，应主动识别弱势群体和社会不稳定群体，虽然目前我们已经取得了脱贫攻坚的胜利，但困难群众依然存在，低保户、五保户这些信息在相关部门都有存档，应重点对这些群体宣传法律援助政策；最后，主动了解这一群体的需求，为有需要的群众建档立卡，提供有针对性的服务，进行精准援助。

## 第四节　以评估推动普法方法的改进

从现有普法评估的相关实践看，大部分评估指标的设置直接指向普法方法[②]，评估后的分值差距也集中于该部分，可以说普法评估很大程度上是对普法方法的评估。评估是行动的指南针，为了获得较好的评估结果，普法相

---

① 该数据源于 2016 年和 2017 年，笔者连续两年带领学生在湖北省十堰市所做的相关调查。

② 以《湖北省"七五"普法规划实施情况考评标准》为例，分值比重较高的部分为：重点对象学法用法（20 分）、法治宣传教育（30 分）、推进依法治理（14 分），这些领域的具体衡量标准以方法为主，如设立法治知识课程、建立青少年学生法治教育实践基地、集中学法、法律知识培训、法治宣传栏、宣传橱窗、宣传长廊、图书室、文化墙等健身、普法微视频征集评选、打造"互联网＋法治宣传"工程、建立普法微信、微博和新闻客户端、加强法治文艺创作等都体现了对普法方法的重视。

关工作的开展会主动围绕评估指标展开，建立科学的普法评价体系，有助于客观展示普法工作的实效，辅助分析普法工作的薄弱环节，为普法工作的完善指引方向，激励普法方法的不断改进。目前，普法规划虽然积极倡导要加强法治教育的考核评估工作，建立健全考评指导标准和指标体系，但没有统一的指导性标准，一般情况下是各省在实践中制定自己的考评标准。在原有自上而下、由行政机关主导的普法格局下，对普法工作的考评标准必然不适应法治社会建设中对普法工作提出的新要求和做出的新调适，未来普法格局做出新的调整后，相应的评估标准也应更新，为保障评估的科学性，应对包含普法方法在内的普法整体性评估进行改进，至少应从以下方面做好安排。

## 一、多元评估的系统再造

近年来随着国内和国际对法治环境的重视，我国的法治相关的评估也逐渐兴起，有学者将我国的法治评估归纳为法治环境评估和法治建设评估（包括法治政府评估）两大类型，且随着"全面依法治国"成为新时代中国特色社会主义建设的基本方略，法治建设评估成为中国法治评估的主要类型。①法制宣传教育评估属于法治建设评估，实践中，各地的评估主要在行政机关内部展开，评估标准也尚未统一，部分地区或部门自行制定了相关评估细则，如湖北省、江苏省等。以湖北省为例，湖北省普法工作办公室 2018 年印发了《湖北省法治宣传教育第七个五年规划实施情况考评办法》，针对全省国家机关、党群部门、企事业单位、人民团体和社会组织的法治宣传教育工作展开评估。从考评办法所列举的细则来看，其是以普法者的视角展开，相关评估可完全通过报送的材料进行量化打分。为确保考评工作的客观公正，考评办法明确了省普法工作办公室可通过邀请人大代表、政协委员全程监督，采取组织各市（州）参与交流检查、随机抽查、第三方抽样评估的方式进行。根据实际情况，具体采取实地考察、听取汇报、查看台账资料、召开座谈会、发放调查问卷以及对普法对象进行测评等方式综合考评。考评结果被作为各类法治创建和法治建设绩效考核的重要内容，为绩效评估服务。评估过程和结果通常不对外公开，只作为内部上级对下级的考评，用于敦促下级机构或工作部门履行相关职能。内部评估作为内部管理的手段有其存在的必要性，但也存在缺陷。由于评估主体与评估对象通常是一个系统内的共同体，有诸多关系上的牵绊，评估结果容易受到主观因素的影响，导致不

---

① 孟涛 . 法治评估与法治大数据 [M]. 北京：法律出版社，2020：46-48.

能客观地反映实际情况，如 2009 年度深圳市参与法治政府建设的各单位自评成绩都在 90 分以上，年度考评结果均达到优秀。① 这容易遭到外界质疑，降低公信力，也无激励意义，且无法反映知晓法治建设的不足之处，为改进工作提供方向。再者，内部评估的结果大多被闲置，没有发挥评估应有的价值。

法治社会建设中的普法是要为广大的公民提供服务，并促使全社会成员践行法治的目标能够实现，普法者的工作内容固然重要，但公民的接收体验和行为输出才是最关键的，内部评估为主的手段不能很好地显示效果，也不利于查漏补缺，互动参与性不足亦会使普法工作继续走向封闭化、形式化，没有外力的刺激也不利于激发创新的活力。应恰当规划评估主体，保障评估客观性。除了内部自我评估，应建立全方位、多层次的评估体系，拓展完善外部评价机制，如通过群众评估、第三方评估等，发挥科研院所、社会主体等的作用，结合入户、网络等形式，加强对调查内容的分析研判，客观评价服务过程和效果。② 同时，在评估实践中要充分认识到各类评估的优缺点，如公众评估能够反映社会整体的意见，集思广益，特别是能够直观反映普法对象的感受；公众的满意度是衡量普法效果的重要标准，对普法主体具有更大的鞭策作用。其缺陷也很明显：要求严谨的统计调查方法，并付出较高的成本；公众评估能力有限，容易以主观判断为主，人云亦云，可能出现随意评判的现象，导致结果没有参考性。采取公众评估的方式需要充分考虑公众的情况，科学地制定问卷。③ 内部评估或第三方评估也会有专家参与评估的情况，专家评估的成本较小，可从宏观的、长远的视角展开一定的指导，但目前法治建设相关的评估主要是法学专家在参与，法学专家并非全才，不可能掌握法治的所有情况，如与实务相关的情况，评估可能还涉及社会学、管理学、教育学相关知识，一些评估技术手段的运用还需要诸如数据分析、统计学的知识等，所以在评估主体的安排上要不断优化结构，扩大参与主体，发挥各自的优势。

## 二、评估指标体系的完备

评估标准即"怎么评"的问题，法治社会建设中的普法工作涉及的普法

① 孟涛 . 法治评估与法治大数据 [M]. 北京：法律出版社，2020：75-76.
② 杨劲松 . 构建立体化社会普法教育机制的实践与思考 [J]. 中国司法，2017（10）：34-37.
③ 孟涛 . 法治评估与法治大数据 [M]. 北京：法律出版社，2020：32-33.

主体更多、对象更广泛、对社会效果的要求更高，相应的评估标准必然是一个更为复杂的系统，需要在广泛调研的基础上，精心研制评估标准。

评估指标的一体化构建。目前，法治社会尚且缺乏指标体系，法治社会建设中的普法作为法治建设的重要环节其评估指标亦应是其中的一部分，所以在 2035 年建成法治社会的目标达成过程中，相关指标的设定要考虑普法评估指标的适应性，进行一体化的建构。普法评估指标除了与法治社会建设的指标体系同建构外，亦可与其他法治相关的评估融合。有学者对法治建设指标体系展开研究，如仇立平在《上海法治建设指标体系的理论和构想》中构建了上海法治建设指标体系，其中包括普法指标，其下级指标为：普通公民、党政干部、青少年、外来人员的普法教育比率；法制新闻报道比例；交通安全处罚率；外来人员刑案发生率；法制出版物销售量；经济合同履行率；群众参加重大案情庭审的平均人数；市民不乱穿马路、排队上车的状况；一般民事纠纷直接提起诉讼的比率；由人民调解转为提起诉讼的比率；法人和个人依法纳税的比率。还包括立法指标、司法指标、执法指标、普法指标、法律监督指标、公共安全指标、社会参与指标、法律资源指标、法律服务指标、基础指标、其他指标等①，法治社会建设中的普法是多主体参与的普法，除了行政机关，其他公权力机关、社会主体都有共同普法的责任，所以在法治建设的其他指标中，也可能渗透与其他主体履行普法责任相关的指标，以仇立平的法治建设指标为例，其在立法指标的下级指标中设立了一般市民参与立法听证会的比率、立法听证平均次数等指标，这与立法机关的情境式普法契合，在社会参与指标的下级指标中设立了居民参加居委会选举比率，居委会达到自治标准的比率，实行直接选举的居委会比率，村规民约、居民公约覆盖率，村规民约、居民公约认同率等指标，这与社会的情境式普法契合。再如，在全国影响范围最广、参与积极性最高的全国文明城市评比中，已经形成了相对科学完善的评估体系，2006 年 9 月中央文明委印发了《全国文明城市测评体系》，且不定期对该体系进行更新，2018 年版包括 12 个测评项目、90 项测评内容、188 条测评标准②，可借鉴该测评体系的

---

① 仇立平. 上海法治建设指标体系的理论和构想 [J]. 社会，2003（8）：4-10.

② 南昌文明网. 全国文明城市（地级以上）测评体系操作手册及责任分工 [EB/OL].（2018-06-05）[2019-10-13]，http：//nc.wenming.cn/gsgg/201806/t20180605_5248686.html.

成功经验完善普法的评估体系。[1]《全国文明城市测评体系》也包括法治教育的相关测评标准，但相对简洁，为了节省人力资源，普法的评估标准和结果可切入全国文明城市测评体系，如此有利于搭文明城市评选的便车，提高普法的效果。另外专门领域的法治建设评估体系，以法治政府评估最为突出、数量最多，从中央到地方都有指标体系的建设实践，也可进行借鉴融合。同时，要注意指标的相互渗透，互相印证支撑，本章所倡导的法治社会建设的普法新格局，普法的成效是与立法、执法、司法、社会环境相融合的，是多因促成的结果，践行法治源于信仰法治，信仰法治并非仅靠宣传法律规定即能达成，法治社会的普法需要将多因融合起来，使用一体化建设的方式推动目标的达成。

共性指标和个性指标共同发展。法治教育是全社会范围内都要进行的法治活动，但由于各地在具体工作中亦有自身的特色，如有的指标设定在一些地方能够得到大概率地实现，或通过努力实现，但在其他地方不具备可实现的客观条件，所以指标既需要反映基本要求，又需要兼顾特性，保障在实践中的可评估性。虽然各地构建自己的指标体系保障了针对性，但由于指标体系的建构需要耗费人力、物力、财力，所以在共性指标的建设上，可由国家统一指导，各地参照执行，我们可以从现有法治政府指标体系建设中借鉴经验：2004 年国务院发布了《全面推进依法行政实施纲要》，提出"全面推进依法行政，经过十年左右坚持不懈的努力，基本实现建设法治政府的目标"。为了促进这一纲要的实施，2009 年国务院法制办组织起草了《关于推进法治政府建设指标体系的指导意见（讨论稿）》，后来深圳市政府、湖北省政府先后出台了最早的一批地方性法治政府评估指标体系。党的十八届三中全会、四中全会做出新的"全面依法治国"的部署后，2015 年 12 月 27 日中共中央、国务院颁发了《法治政府建设实施纲要（2015—2020 年）》，提出"到 2020 年基本建成职能科学、权责法定、执法严明、公开公正、廉洁高效、守法诚信的法治政府"。深圳市政府对于"全面依法治国"精神的响应甚至更早，2014 年该市法制办启动了《深圳市法治政府建设指标体系》的修订工作，2015 年 12 月 2 日率先公布了修订后的《深圳市法治政府建设指标体系》。在地方层面上，全国所有省级政府都根据《法治政府建设实施

---

① 该指标体系的成功经验有三：一、其是学术界与全国性党政部门合作开发评价指标体系的成功范例；二、该指标体系兼顾了文明程度评价的科学性与实际评比中的可操作性；三、它由权威性的和综合性的党的领导部门加以推动，容易得到地方党政领导的重视和配合。详见俞可平. 国家治理评估——中国与世界 [M]. 北京：中央编译出版社，2009：27.

纲要（2015—2020 年）》制定了法治政府指标体系，市、县乃至乡镇、街道的指标体系更是不计其数。虽然指标体系的设计各有特点，但共同之处也很多，都涉及政府职能、行政决策、行政执法、社会矛盾、行政监督、行政能力建设或组织领导六大项内容。因为几乎所有的法治政府评估指标体系的拟定都依据党中央和国务院的文件：《全面推进依法行政实施纲要》《关于加强市县政府依法行政的决定》《关于加强法治政府建设的意见》《中共中央关于全面深化改革若干重大问题的决定》《中共中央关于全面推进依法治国若干重大问题的决定》《法治政府建设实施纲要（2015—2020 年）》。这些文件明确了建设法治政府的总体要求，为法治政府指标体系建设提供了框架性依据。[①] 这其中就存在一些重复性工作，这部分重复性工作可以通过国家统一的指标体系构建来节省资源，同时，又保障了基本要求的一致性。当然在统一的指标体系建构中应广泛吸收各地的意见，包括公众的意见和专家学者的相关研究。个性指标可由各地根据自身情况制定细化，但应打通内部的交流机制，建立开放的平台，相互之间可借鉴，经验可分享，不仅有利于个性指标的完善，亦能够节约制定成本。

重视完善主观指标的建设。客观指标确实具有客观实在、便于搜集量化、更经得起质疑等优点，所以在法治评估指标的构建时以客观指标为主、主观指标为辅。但客观指标也存在缺点，如客观指标的选取是主观判断的结果，所以其并非绝对"客观"；客观指标同样可以被伪造、篡改，民谚"村骗乡、乡骗县、县骗国务院"并非空穴来风，每一个客观指标背后都隐含着主观意图。主观指标可以全面测量法治的各个领域，充分弥补客观指标的缺陷，更易进行横向比较。[②] 同时，国际法治评估的指标体系中绝大多数是主观指标。[③] 我国的普法作为一项公共服务，重点应注重普法对象的感受，所立主观指标的数量和分值都应当加大。主观指标的重点应放在广大公众的法治教育体验上，法治社会建设的最终目的，是为了广大人民群众根本利益的实现，公众是法治教育效果的最终感受者，是最有资格进行评价的主体。并且公众能够提供普法实践各个领域的体验信息，弥补专家评估等的缺陷。当

---

① 孟涛 . 法治评估与法治大数据 [M]. 北京：法律出版社，2020：69-70.

② 孟涛 . 法治评估与法治大数据 [M]. 北京：法律出版社，2020：78.

③ See Daniel Kaufmann, Aart Kraay, Massimo Mastruzzi, "The Worldwide Governance Indicators：Methodology and Analytical Issues", Hague Journal on the Rule of Law 3, 2011, pp.224-225. Juan C.Botero and Alejandro Ponce, "Measuring the Rule of Law", The World Justice Project-Working Papers Series No.001，2011，pp.39-54.

然主观指标也并非以诸如设定"满意度"这种模糊且没有客观印证的感受为主，在其中可挖掘满意度的客观标准，如在可接触的各种法治教育情景中，相关主体是否有普法内容的输出，如此亦可引导公众进行理性的主观判断，而非道听途说、人云亦云，还可避免其把在其他法治领域形成的不满情绪转嫁到普法领域。

### 三、评估结果对普法方法改进的导向性驱动

评估结果的合理使用可以激发普法工作热情，反之会削减积极性，法治社会建设中的普法牵涉的主体更多，除了公权力主体，调动社会公众的广泛参与是提升普法效果的重要保障。

普法评估结果应发挥调动普法主体不断改进普法方法的积极性的作用。前面提到的全国文明城市评选能够受到广泛的追捧，和其可以给城市和公权力机关带来显性的利益（如金钱奖励、改善人居环境）或隐性的利益（如吸引投资）有重要关系。普法工作应注重评估结果与奖惩措施挂钩，合理设置奖惩措施，调动参与主体的积极性。同时，当普法评估体系完善后，全国各地可在一致的评估框架内进行横向对比，将普法评估作为法治 GDP 提升的激励因素。法治 GDP 是由马怀德教授提出的，他认为：中国法律难以有效实施的根本原因在于缺少推行法治的动力，建设法治国家与发展经济都需要政府方面的强大动力，应该借鉴经济锦标赛的模式，把法治建设纳入领导干部绩效考核体系，建立"法治 GDP"[①]，该建议在实践中已经在逐步实现，如 2013 年党的十八届三中全会提出"建立科学的法治建设指标体系和考核标准"，2014 年党的十八届四中全会专题研究了全面推进依法治国重大问题，提出"把法治建设成效作为衡量各级领导班子和领导干部工作实绩重要内容，纳入政绩考核指标体系"。这些顶层设计，使法治评估正式成为中国治国理政的重要方式。如今，全国几乎所有省级政府都开展了法治政府建设专项考核，或将其纳入党委、政府组织的本地区经济社会发展综合考核指标体系。法治 GDP 本质上是政治锦标赛[②]，是一种地方政府的竞争，通过评估可形成竞争的压力，在竞争中促使普法工作共同繁荣。同时，普法评估可促使

---

① 马怀德.法律实施有赖于"法治 GDP"的建立 [J].人民论坛，2011（29）：8-10.

② 是地方政府竞争的类型，地方政府竞争理论是经济学界解释中国经济发展的主流理论之一，包括"兄弟竞争""财政联邦主义""政治锦标赛""登顶比赛"等几种类型，关于地方竞争理论的综述，参见周业安，李涛.地方政府竞争和经济增长——基于我国省级面板数据的空间计量经济学研究 [M].北京：中国人民大学出版社，2013：56-73.

相关法治环境的完善，使法治建设竞争变现，如优化的法治环境更有利于招商引资。

普法评估应作为普法方法改进的指挥棒。从提升社会整体的普法服务质量角度看，评估的根本目的不是奖惩，而是发现工作中的不足并加以改善。评估通常是系统性的，一次普法评估就可以集中发现普法工作中存在的问题，并有明确的改进指向性。应充分利于评估的价值，找差距，补短板，提升普法服务的水平，如此亦能推动法治教育服务共享，该种共享不仅是服务类别上的共享，还是服务质量上的共享，用高质量发展的法治教育培养出尽可能多的合格法治公民。

# 参考文献

（一）中文著作类

[1]　蔡定剑. 历史与变革——新中国法制建设的历程 [M]. 北京：中国政法大学出版社，1999.

[2]　程燎原. 从法制到法治 [M]. 北京：法律出版社，1999 年版.

[3]　陈俊涛. 法治，我们共同的生活方式 [M]. 北京：法律出版社，2012.

[4]　陈光中. 法治思维与法治理念 [M]. 北京：清华大学出版社，2016.

[5]　邓小平. 邓小平文选（第 2 卷）[M]. 北京：人民出版社，1994.

[6]　邓正来. 国家与市民社会——一种社会理论的研究路径 [M]. 北京：中央编译出版社，1999.

[7]　杜金榜. 法律语言学 [M]. 上海：上海外语教育出版社，2004.

[8]　丁银河. "思想道德修养与法律基础"实践教学研究 [M]. 武汉：武汉大学出版社，2017.

[9]　段秋关. 中国现代法治及其历史根基 [M]. 北京：商务印书馆，2018.

[10]　费孝通. 乡土中国：生育制度 [M]. 北京：北京大学出版社，1998.

[11]　冯象. 木腿正义——关于法律与正义 [M]. 广州：中山大学出版社，1999.

[12]　冯契. 哲学大辞典 [M]. 上海：上海辞书出版社，1992.

[13]　范纯璃. 道德自觉及其实现 [M]. 汕头：汕头大学出版社，2019.

[14]　宫志刚. 社会转型与秩序重建 [M]. 北京：中国人民公安大学出版社，2004.

[15]　高其才. 当代中国的非国家法 [M]. 北京：中国政法大学出版社，2015.

[16]　谷春德. 西方法律思想史 [M]. 北京：中国人民大学出版社，2004.

[17]　高鸿钧. 现代法治的出路 [M]. 北京：清华大学出版社，2003.

[18]　葛洪义. 法与实践理性 [M]. 北京：中国政法大学出版社，2002.

[19]　高宣扬. 鲁曼社会系统理论与现代性 [M]. 北京：中国人民大学出版社，2016.

[20] 黄建武.法的实现——法的一种社会学分析 [M].北京：中国人民大学出版社，1997.

[21] 黄茂荣.法学方法与现代民法 [M].北京：中国政法大学出版社，2001.

[22] 黄人颂.学前教育学 [M].北京：人民教育出版社，1989.

[23] 黄刚，冯秀军.北京高校思想政治理论课教育教学改革的实践与探索 [M].北京：北京交通大学出版社，2015.

[24] 黄洪旺.公众立法参与研究 [M].福州：海峡出版发行集团，福建人民出版社，2015.

[25] 霍宪丹.法律教育：从社会人到法律人的中国实践 [M].北京：中国政法大学出版社，2010.

[26] 胡正荣.传播学总论 [M].北京：北京广播学院出版社，1998.

[27] 贺雪峰.新乡土中国 [M].北京：北京大学出版社，2013.

[28] 何清莲.现代化的陷阱 [M].北京：今日中国出版社，1998.

[29] 强世功.调解、法制与现代性：中国调解制度研究 [M].北京：中国法制出版社，2001.

[30] 强世功.法制和治理：国家转型中的法律 [M].北京：中国政法大学出版社，2003.

[31] 江泽民.论社会主义市场经济 [M].北京：中央文献出版社，2006.

[32] 江泽民.江泽民文选（第 3 卷）[M].北京：人民出版社，2006.

[33] 季卫东.正义思考的轨迹 [M].北京：法律出版社，2007.

[34] 柯卫.当代中国法治的主体基础——公民法治意识研究 [M].北京：法律出版社，2007.

[35] 罗豪才.软法与公共治理 [M].北京：北京大学出版社，2006.

[36] 罗豪才，宋功德.软法亦法：公共治理呼唤软法之治 [M].北京：法律出版社，2009.

[37] 罗豪才.软法的理论与实践 [M].北京：北京大学出版社，2010.

[38] 罗豪才，毕洪海.软法与治理评论（第 1 辑）[M].北京：法律出版社，2013.

[39] 李矗.法制新闻报道概说 [M].北京：中国广播电视出版社，2002.

[40] 李秀艳.新时期社会建设与改革 [M].沈阳：沈阳出版社，2015.

[41] 梁治平.法辨 [M].贵阳：贵州人民出版社，1992.

[42] 梁治平.寻求自然秩序中的和谐：中国传统法律文化研究 [M].北京：中国政

法大学出版社，1997.

[43] 梁治平 . 法治在中国：制度，话语与实践 [M]. 北京：中国政法大学出版社，2000.

[44] 梁治平 . 国家、市场、社会：当代中国的法律与发展 [M]. 北京：中国政法大学出版社，2006.

[45] 林火旺 . 正义与公民 [M]. 长春：吉林出版集团有限责任公司，2008.

[46] 凌斌 . 法治的中国道路 [M]. 北京：北京大学出版社，2013.

[47] 联合国教科文组织 . 反思教育：向"全球共同利益"的理念转变 [M]. 北京：教育科学出版社，2017.

[48] 孟昭华，王涵 . 中国民政通史（下卷）[M]. 北京：中国社会出版社，2006.

[49] 茅彭年 . 中国国家与法的起源 [M]. 北京：中国政法大学出版社，2013.

[50] 马长山 . 国家、市民社会与法治 [M]. 北京：中国商务出版社，2002.

[51] 马振清 . 国家治理方式的双重维度研究 [M]. 北京：中国言实出版社，2014.

[52] 毛泽东 . 毛泽东选集（第 3 卷）[M]. 北京：人民出版社，1991.

[53] 孟涛 . 法治评估与法治大数据 [M]. 北京：法律出版社，2020.

[54] 苗连营 . 公民法律素质研究 [M]. 郑州：郑州大学出版社，2005.

[55]《彭真传》编写组 . 彭真传（第四卷）[M]. 北京：中央文献出版社，2012.

[56] 彭冲 . 民主法制论集 [M]. 北京：中国民主法治出版社，1993.

[57] 齐延平 . 当代中国的法制转型——以权利为视角的考察 [M]. 济南：山东大学出版社，2016.

[58] 乔石 . 乔石谈民主与法制（上）[M]. 北京：人民出版社、中国长安出版社，2012.

[59]《十一届三中全会以来历次党代会、中央全会报告公报决议决定》编写组 . 十一届三中全会以来历次党代会、中央全会报告公报决议决定（上）[M]. 北京：中国方正出版社，2010.

[60]《十一届三中全会以来历次党代会、中央全会报告公报决议决定》编写组 . 十一届三中全会以来历次党代会、中央全会报告公报决议决定（下）[M]. 北京：中国方正出版社，2010.

[61] 苏力 . 制度是如何形成的 [M]. 广州：中山大学出版社，1999.

[62] 苏力 . 送法下乡——中国基层司法制度研究 [M]. 北京：中国政法大学出版社，2000.

[63] 苏力.法治及其本土资源（修订版）[M].北京：中国政法大学出版社，2004.

[64] 苏力.道路通向城市——转型中国的法治 [M].北京：法律出版社，2004.

[65] 桑本谦.私人之间的监控与惩罚——一个经济学的进路 [M].济南：山东人民出版社，2005.

[66] 宋惠昌.当代意识形态研究 [M].北京：中共中央党校出版社，1993.

[67] 孙笑侠.浙江地方法治进程研究 [M].杭州：浙江人民出版社，2001.

[68] 申素平.教育法学原理、规范与应用 [M].北京：教育科学出版社，2009.

[69] 檀传宝.公民教育引论 [M].北京：人民出版社，2011.

[70] 庹继光，李缨.法律传播导论 [M].成都：西南交通大学出版社，2006.

[71] 魏建国.多维视野下：英国法治秩序生成的深层解读 [M].哈尔滨：黑龙江大学出版社，2009.

[72] 王耀海.制度演进中的法治生成 [M].北京：中国法制出版社，2013.

[73] 王宁霞，黄海燕，董欢.未成年人性侵害现状分析与对策研究 [M].北京：九州出版社，2020.

[74] 汪全胜.立法效益研究——以当代中国立法为视角 [M].北京：中国法制出版社，2003.

[75] 徐显明.中国法制现代化的理论与实践 [M].北京：经济科学出版社，2011.

[76] 许章润.说法活法立法 [M].北京：中国法制出版社，2000.

[77] 谢晖，陈金制.民间法 [M].济南：山东人民出版社，2009.

[78] 许纪霖.中国，何以文明 [M].北京：中信出版社，2014.

[79] 习近平.习近平谈治国理政（第一卷）[M].北京：外文出版社，2018.

[80] 习近平.习近平谈治国理政（第二卷）[M].北京：外文出版社，2018.

[81] 谢晖.法律信仰的理念与基础 [M].北京：法律出版社，2019.

[82] 许哲.自媒体话语权研究 [M].北京：知识产权出版社，2018.

[83] 徐家良.行业协会组织治理 [M].上海：上海交通大学出版社，2014.

[84] 夏锦文.法治思维 [M].南京：江苏人民出版社，2015.

[85] 俞可平.国家治理评估——中国与世界 [M].北京：中央编译出版社，2009.

[86] 张光博.社会主义法律观 [M].长春：吉林文史出版社，2016.

[87] 姚建宗.法理学——一般法律科学 [M].北京：中国政法大学出版社，2004.

[88] 姚建宗.法治的生态环境 [M].济南：山东人民出版社，2003.

[89] 叶孝信.中国法制史 [M].上海：复旦大学出版社，2002.

[90] 俞吾金 . 意识形态论 [M]. 北京：人民出版社，2009.

[91] 杨莹 . 教育机会均等——教育社会学的探讨 [M]. 台北：台北师大书苑有限公司，1995.

[92] 殷啸虎 . 中国共产党党内法规通论 [M]. 北京：北京大学出版社，2016.

[93] 杨永庚，宋媛 . 纪法分开背景下中国共产党纪律建设研究 [M]. 北京：中共党史出版社，2019.

[94] 张晋藩 . 中国法律的传统与近代转型 [M]. 北京：法律出版社，2005.

[95] 张文显 . 法哲学范畴研究 [M]. 北京：中国政法大学出版社，2001.

[96] 朱景文 . 当代西方后现代法学 [M]. 北京：法律出版社，2002.

[97] 卓泽渊 . 法的价值论 [M]. 北京：法律出版社，1999.

[98] 赵旭东 . 和谐社会建设中的利益冲突及其法律调整 [M]. 北京：法律出版社，2013.

[99] 中国法学会 . 中国法治建设年度报告（2014）[M]. 北京：新华出版社，2015.

[100] 中国法学会 . 中国法治建设年度报告（2015）[M]. 北京：法律出版社，2016.

[101] 中国法学会 . 中国法治建设年度报告（2016）[M]. 北京：法律出版社，2017.

[102] 中国法学会 . 中国法治建设年度报告（2017）[M]. 北京：法律出版社，2018.

[103] 朱景文 . 中国法律发展报告：数据库和指标体系 [M]. 北京：中国人民大学出版社，2007.

[104] 张永和 . 信仰与权威：诅咒（赌咒）、发誓与法律之比较研究 [M]. 北京：法律出版社，2006.

[105] 张澍军 . 德育哲学引论 [M]. 北京：人民出版社，2002.

[106] 张光东 . 法制宣传教育全覆盖的理论与实践 [M]. 南京：江苏人民出版社，2014.

[107] 张友渔 . 张友渔文选（下）[M]. 北京：法律出版社，1997.

[108] 张树军 . 十八大以来全面深化改革纪事（2012—2017）[M]. 石家庄：河北人民出版社，2017.

[109] 张岱年 . 中国人的人文精神 [M]. 贵阳：贵州人民出版社，2018.

[110] 周业安，李涛 . 地方政府竞争和经济增长——基于我国省级面板数据的空间计量经济学研究 [M]. 北京：中国人民大学出版社，2013.

[111] 周隆宾 . 社会历史观大辞典 [M]. 济南：山东人民出版社，1993.

[112] 朱景文 . 法社会学 [M]. 北京：中国人民大学出版社，2005.

[113] 赵银红.自媒体时代农民工维权表达研究 [M].北京：经济日报出版社，2016.

[114] 赵继伟.马克思主义意识形态接受论 [M].武汉：武汉大学出版社，2009.

[115] 郑杭生，李强，李路路，等.社会学概论新修 [M].北京：中国人民大学出版社，1994.

[116] 曾志刚.党员主体地位和民主权利保障问题研究 [M].北京：人民出版社，2014.

（二）翻译著作类

[117] （英）阿历克斯·英克尔斯.人的现代化素质探索 [M].曹中德，译.天津：天津社会科学院出版社，1995.

[118] （美）本杰明·N.卡多佐.法律的成长：法律科学的悖论 [M].董炯，彭冰，译.北京：中国检察出版社，2002.

[119] （古希腊）柏拉图.理想国 [M].郭斌和，张竹明，译.北京：商务印书馆，1986.

[120] （美）伯尔曼.法律与宗教 [M].梁治平，译.北京：中国政法大学出版社，2003.

[121] （美）大卫·D.弗里德曼.经济学语境下的法律规则 [M].杨欣欣，译.北京：法律出版社，2004.

[122] （英）弗里德里希·冯·哈耶克.法律、立法与自由（第 1 卷）[M].邓正来，张守东，李静冰，译，北京：中国大百科全书出版社，2000.

[123] （美）弗朗西斯·福山.大分裂：人类本性与社会秩序的重建 [M].刘榜离，王胜利，译.北京：中国社会科学出版社，2002.

[124] （德）G.希尔贝克，N.伊耶.西方哲学史——从古希腊到二十世纪 [M].童世骏，郁振华，译.上海：上海译文出版社，2004.

[125] （法）古斯塔夫·勒庞.乌合之众：大众心理研究 [M].吴松林，译.北京：中国文史出版社，2013.

[126] （意）葛兰西.狱中札记 [M].北京：人民出版社，1983.

[127] （英）哈特.法律的概念 [M].张文显，郑成良，杜景义，等，译.北京：中国大百科全书出版社，1996.

[128] （美）亨廷顿.变化社会中的政治秩序 [M].王冠华，刘为，译.上海：三联书店，1989.

[129]（德）哈贝马斯.在事实与规范之间——关于法律和民主法治国的商谈理论[M].童世骏，译.上海：生活·读书·新知三联书店，2003.

[130]（德）哈贝马斯.交往行为理论（第1卷）[M].曹卫东，译.上海：上海人民出版社，2004.

[131]（德）黑格尔.法哲学原理[M].范扬，张企泰，译.北京：商务印书馆，2009.

[132]（美）卡罗尔·佩特曼.参与和民主理论[M].陈务，译.上海：上海人民出版社，2006.

[133]（德）卡尔·曼海姆.意识形态与乌托邦[M].黎鸣，李书崇，译.北京：商务印书馆，2000.

[134]（美）科恩.论民主[M].聂崇信，朱秀贤，译.北京：商务印书馆，2007.

[135]（英）洛克.政府论（下篇）[M].叶启芳，瞿菊农，译.北京：商务印书馆，1964.

[136]（美）罗斯科·庞德.通过法律的社会控制[M].沈宗灵，译.北京：商务印书馆，2010.

[137]（瑞典）罗斯坦.政府质量执政能力与腐败社会信任和不平等[M].蒋小虎，译.北京：新华出版社，2012.

[138]（德）鲁道夫·冯·耶林.为权利而斗争[M].胡宝海，译.北京：中国法制出版社，2004.

[139]（美）罗尔斯.正义论[M].何怀宏，何包刚，廖申白，译.北京：中国社会科学出版社，2003.

[140]（法）卢梭.社会契约论[M].何兆武，译.北京：商务印书馆，2003.

[141]（美）劳伦斯·M.弗里德曼.法律制度[M].李琼英，林欣，译.北京：中国政法大学出版社，2004.

[142]（美）罗伯特·C.埃里克森.无需法律的秩序[M].苏力，译.北京：中国政法大学出版社，2005.

[143]（美）马克·布坎南.隐藏的逻辑：乌合之众背后的模式研究[M].李晰皆，译.天津：天津教育出版社，2011.

[144]（美）米歇尔·刘易斯·伯克，（美）艾伦·布里曼，（美）廖福挺.社会科学研究方法百科全书（第2卷）[M].沈崇麟，赵锋，高勇，译.重庆：重庆大学出版社，2017.

[145]（美）梅尔文·德弗勒，桑德拉·鲍尔—洛基奇.大众传播学绪论[M].杜力平，译.北京：新华出版社，1990.

[146]（德）马克斯·韦伯.论经济与社会中的法律[M].张乃根，译.北京：中国大百科全书出版社，1998.

[147]（英）帕特丽夏·怀特.公民品德与公共教育[M].朱红文，译.北京：教育科学出版社，1998.

[148]（美）斯蒂文·小约翰.传播理论[M].陈德民，叶晓辉，译.北京：中国社会科学文献出版社，1999.

[149]（美）托克维尔.论美国的民主（上卷）[M].董果良，译.北京：商务印书馆，1996.

[150]（德）托马斯·莱塞尔.法社会学导论[M].高旭军，译.上海：上海人民出版社，2011.

[151]（美）小奥利弗·温德尔·霍姆斯.普通法[M].冉昊，姚中秋，译.北京：中国政法大学出版社，2006.

[152]（日）小川仁志.完全解读哲学用语事典[M].郑晓兰，译.武汉：华中科技大学出版社，2016.

[153]（德）耶林.为权利而斗争[M].胡海宝，译.北京：中国法制出版社，2004.

[154]（俄）伊·亚·伊林.法律意识的实质[M].徐晓晴，译.北京：清华大学出版社，2005.

[155]（古希腊）亚里士多德.政治学[M].吴寿彭，译.北京：商务印书馆，1965.

[156]（英）约瑟夫·拉兹.法律的权威[M].朱峰，译.北京：法律出版社，2005.

[157]（英）约翰·密尔.论自由[M].许宝骙，译.北京：商务印书馆，2015.

[158]（美）珍妮特·V.哈登特，罗伯特·B.哈登特.新公共服务：服务，而不是掌舵[M].丁煌，译.北京：中国人民大学出版社，2010.

[159]（美）朱迪丝·N.施克莱.守法主义[M].彭亚楠，译.北京：中国政法大学出版社，2005.

（三）中文论文类

[160] 包仕国.和谐社会构建与西方社会冲突理论[J].学术论坛，2006（4）：69-72.

[161] 白杨.以法治思维和法治方式提升治理能力——地方领导干部运用法治思维能力现状调查与研究[J].中共成都市委党校学报，2015（6）：44-46.

[162] 陈思明.“谁执法谁普法”普法责任制的法治思考 [J].行政法学研究，2018（6）：102–114.

[163] 陈思明.核心价值观视阈下的普法转型发展 [J].长白学刊，2018（4）：79–84.

[164] 柴哲宏.论电视法制节目的法律传播作用及其去同质化 [J].中国广播电视学刊，2018（3）：38–41.

[165] 陈蒙，雷振扬.民族地区普法的价值分析与路径选择 [J].青海社会科学，2017（5）.

[166] 陈建新，袁贵礼.中国当代大学生的法律意识透视 [J].社会科学论坛，2002（4）：135–140.

[167] 陈忠林.“常识、常理、常情”：一种法治观与法学教育观 [J].太平洋学报，2007（6）：16–19.

[168] 仇立平.上海法治建设指标体系的理论和构想 [J].社会，2003（8）：4–10.

[169] 董芳.法制栏目剧的传播现状及创新思考 [J].电视研究，2018（3）：84–85.

[170] 邓多文.高校普法目标：从增强观念到重塑行为的转向 [J].社会科学家，2017（12）：119–124.

[171] 戴茂堂.道德自觉·道德自信·道德自强 [J].道德与文明，2011（4）：24–27.

[172] 付子堂，肖武.普法的逻辑展开——基于 30 年普法活动的反思与展望 [J].社会科学战线，2017（6）：204–214.

[173] 方世荣.论公法领域中“软法”实施的资源保障 [J].法商研究，2013（3）：12–17.

[174] 方世荣.论我国法治社会建设的整体布局及战略举措 [J].法商研究，2017（2）：3–14.

[175] 方世荣，杨新元.社会治理法的几个基本理论问题 [J].湖北警官学院学报，2016（2）：41–48.

[176] 傅国涌.百年转型中的公民教科书 [J].江淮文史，2011（3）：148–164.

[177] 冯象.当普法遭遇房奴——答 D 君 [J].政治与法律评论，2010（1）：247–252.

[178] 付镇铖.人工智能普法传播模式创新研究 [J].编辑学刊，2019（2）：44–48.

[179] 高龙.关于中国普法工作的几点思考 [J].思茅师范高等专科学校学报，2009（2）：26–29.

[180] 关保英.公民法律素质的测评指标研究 [J].比较法研究，2011（1）：11–34.

[181] 郭道晖.论国家权力与社会权力 [J].法制与社会发展，1995（2）：18–25.

[182] 郭学德 . 切实改进领导干部工作作风的理论思考 [J]. 学习论坛，2013（2）：24-26.

[183] 何登辉 . 国家机关"谁执法谁普法"责任制实施问题及出路 [J]. 黑龙江省政法管理干部学院学报，2017（3）：4-8.

[184] 何蓉 . 基于提升幼儿法治素养的法律安全教育探索 [J]. 中国教育学刊，2018（S1）：218-221.

[185] 黄洪旺 . 从顺民到公民 [J]. 领导文萃，2008（14）：30-33.

[186] 海纳 . 真是普法惹的"祸"？ [J]. 瞭望新闻周刊，2003（39）：53.

[187] 韩大元，王德志 . 中国公民宪法意识调查报告 [J]. 政法论坛，2002（6）：106-119.

[188] 黄静潇，汤晓蒙 . 从公益事业到共同利益——从联合国教科文组织教育理念的转变谈起 [J]. 教育发展研究，2017（9）：78-84.

[189] 江必新，王红霞 . 法治社会建设论纲 [J]. 中国社会科学，2014（1）：140-157.

[190] 姜明安 . 论法治国家、法治政府、法治社会建设的相互关系 [J]. 法学杂志，2013（6）：1-8.

[191] 江必新 . 法治精神的属性、内涵和弘扬 [J]. 法学家，2013（4）：1-10.

[192] 季卫东 . 论中国的法治方式——社会多元化与权威体系的重构 [J]. 交大法学，2013（4）：5-23.

[193] 季卫东 . 论法制的权威 [J]. 中国法学，2013（1）：21-29.

[194] 姜明安 . 软法的兴起与软法之治 [J]. 中国法学，2006（2）：25-36.

[195] 柯卫 . 论普法中的公民意识培养——"秋菊的困惑"引发的思考 [J]. 政法学刊，2007（4）：111-114.

[196] 匡旭东，于乐乐 . 人民监督员制度：改革背景、困境反思与完善进路 [J]. 广西政法管理干部学院学报，2020（4）：24-30.

[197] 刘茂林 . 宪法体制视角下的党内法规体系化 [J]. 中共中央党校学报，2018（4）：73-83.

[198] 刘艳红 . 中国反腐败立法的战略转型及其体系化构建 [J]. 中国法学，2016（4）：218-244.

[199] 刘冰 . 情景参与体验式教学模式初探 [J]. 中国成人教育，2019（16）：96-97.

[200] 廖永安，蒋凤鸣 . 人民陪审制改革目标的反思与矫正——以 A 市两试点法院为例 [J]. 华侨大学学报（哲学社会科学版），2018（1）：67-77.

[201] 李昭熠. 论新媒体普法传播 [J]. 编辑学刊，2018（1）：27–31.

[202] 刘武俊. 让"谁服务谁普法"成为"七五"普法新风尚 [J]. 中国司法，2017（9）：28–30.

[203] 李林. 建设法治社会应推进全民守法 [J]. 法学杂志，2017（8）：1–9.

[204] 刘勇. 公民法治意识培养的内在逻辑及其路径——以社会主义核心价值观为视角 [J]. 四川理工学院学报（社会科学版），2015（1）：66–74.

[205] 吕明. 在普法与守法之间——基于意识形态"社会黏合"功能的意义探究 [J]. 南京农业大学学报（社会科学版），2012（7）：118–123.

[206] 林凌. 法制宣传教育：从普法模式到公众参与模式 [J]. 编辑学刊，2015（5）：44–48.

[207] 林凌，高雅雯. 新媒体环境下普法信息传播优化策略 [J]. 编辑学刊，2017（3）：45–49.

[208] 刘莹，林伯海. 新媒体环境下我国青少年普法教育探索 [J]. 思想教育研究，2013（5）：55–58.

[209] 李铖. 自上而下与自下而上关于普法模式的宏观思考 [J]. 中国司法，2010（8）：75–77.

[210] 林蕾，黄进喜. 中国法治建设的大众化进路及其推进方式 [J]. 东南学术，2008（5）：122–132.

[211] 凌斌. 法治的两条道路 [J]. 中外法学，2007（1）：1–20.

[212] 凌斌. 普法、法盲与法治 [J]. 法制与社会发展，2004（2）：126–140.

[213] 李正华. "泛法律主义"思潮中的道德失缺 [J]. 当代法学，2002（4）：43–47.

[214] 李春明. 法治人格及其培养 [J]. 山东师大学报（人文社会科学版），2001（2）：63–65.

[215] 陆宇峰. 系统论法学与社会理论法学：三点回应 [J]. 人大法律评论，2019（1）：46–52.

[216] 鲁楠，陆宇峰. 卢曼社会系统论视野中的法律自治 [J]. 清华法学，2008（2）：54–73.

[217] 吕明. 在普法与守法之间——基于意识形态"社会黏合"功能的意义探究 [J]. 南京农业大学学报（社会科学版），2012（3）：118–123.

[218] 李海青. 理想的公共生活如何可能——对"公共理性"的一种政治伦理学阐释 [J]. 伦理学研究，2008（3）：55–60.

[219] 李彩红. 初中道德与法治教学中培养学生法制意识的对策研究 [J]. 考试周刊, 2020（71）: 109-110.

[220] 刘作翔. 当代中国的规范体系: 理论与制度结构 [J] 中国社会科学, 2019（7）: 85-108.

[221] 刘作翔. 法治文化的几个理论问题 [J]. 法学论坛, 2012（1）: 5-10.

[222] 莫桑梓. 普法教育绩效测评指标体系的构建 [J]. 法治与社会发展, 2018（6）: 210-220.

[223] 缪平, 吉宏莉. 关于建立执法主体普法质效评估指标体系的思考 [J]. 中国司法, 2018（5）: 25-30.

[224] 胡玉鸿. 全民守法何以可能? [J]. 苏州大学学报（哲学社会科学版）, 2015（1）: 58-63.

[225] 莫于川. 全民法治实践的参与权利与责任——依法治理主体问题研究 [J]. 河南省政法管理干部学院学报, 2003（5）: 24-38.

[226] 莫纪宏. 全民守法与法治社会建设 [J]. 改革, 2014（9）: 6-10.

[227] 马怀德. 法律实施有赖于"法治 GDP"的建立 [J]. 人民论坛, 2011（29）: 8-10.

[228] 梅黎明. 切实提升领导干部的法治素养 [J]. 中国井冈山干部学院学报, 2014（6）: 17-21.

[229] 彭栓莲. 法律教育, 还是法治教育? [J]. 思想理论教育, 2004（10）: 31-34.

[230] 秦前红. 国家监察委员会制度试点改革中的两个问题 [J]. 四川师范大学学报（社会科学版）, 2017（3）: 16-20.

[231] 齐红英. "谁执法谁普法"责任制的探索与思考 [J]. 中国司法, 2017（8）: 36-40.

[232] 宋婷. 试论我国公民普法教育之破与立 [J]. 教育评论, 2017（9）: 33-36.

[233] 齐佳民. 整合社会资源构建"大普法"工作格局 [J]. 中国司法, 2008（6）: 87-88.

[234] 戚建刚. 绝对主义、相对主义和自由主义——行政紧急权力与宪政的关系模式 [J]. 法商研究, 2004（1）: 52-60.

[235] 任成金, 刘青. 新时代中国共产党意识形态领导权面临的挑战及应对 [J]. 中共杭州市委党校学报, 2020（5）: 17-22.

[236] 邵志择. 关于党报成为主流媒介的探讨 [J]. 新闻记者, 2002（3）: 15-18.

[237] 史卫功, 任建华, 法治社会建设的价值选择及主要路径 [J]. 山东社会科学,

2014（9）：183–188.

[238] 孙建.加拿大公众法律教育研究 [J].中国司法，2010（9）：95–99.

[239] 孙笑侠.拆迁风云中寻找法治动力——论转型期法治建构的主体 [J].东方法学，2010（4）：3–13.

[240] 宋晓.普法的悖论 [J].法制与社会发展，2009（2）：25–33.

[241] 孙笑侠，胡瓷红.法治发展的差异与中国式进路 [J].浙江社会科学，2003（4）：3–11.

[242] 苏力.再论法律规避 [J].中外法学，1996（4）：12–18.

[243] 桑田.理论史视野中的系统论法学 [J].人大法律评论，2019（2）：209–235.

[244] 沈嘉熠.知识付费发展现状与未来展望 [J].中国编辑，2018（11）：35–39.

[245] 田绘.结构功能主义、法律进化论和法律的自动生成理论——卢曼的法社会学思想评述 [J].广西政法管理干部学院学报，2001（2）：55–57.

[246] 童兵.突发公共事件的信息公开与传媒的宣泄功能 [J].南京社会科学，2009（8）：37–44.

[247] 魏志荣，李先涛.大数据环境下网络普法模式创新研究——基于需求与供给的视角 [J].电子政务，2018（8）：119–125.

[248] 王晓烁，刘庆顺.影响我国普法实效的因素分析 [J].河北大学学报（哲学社会科学版），2011（2）：47–53.

[249] 王康敏.通过"法盲"的治理 [J].北大法律评论，2010（11）：45–87.

[250] 王立民.普法：城市法治化的基石 [J].探索与争鸣，2010（4）：46–49.

[251] 王平.从组织传播到大众传播：普法传播的路径选择 [J].广西社会科学，2010（2）：148–151.

[252] 王永杰.从独语到对话——论当代中国法制宣传的转型 [J].复旦学报（社会科学版），2007（4）：124–132.

[253] 汪太贤.从"受体"的立场与视角看"普法"的限度 [J].探索，2006（1）：154–156.

[254] 王金增.我国普法教育中存在的一些薄弱环节和亟待解决的问题 [J].中国劳动关系学院学报，2005（6）：101–103.

[255] 王启梁.法律是什么？——一个安排秩序的分类体系 [J].现代法学，2004（5）：96–103.

[256] 王宏选.作为一个自创生系统的法律——卢曼和托依布纳的法律概念 [J].黑

龙江社会科学，2006（5）：187–189.

[257] 王雨林 . 对农民工权利贫困问题的研究 [J]. 青年研究，2004（9）：1–7.

[258] 汪进元 . 论生存权的保护领域和实现路径 [J]. 法学评论，2010（5）：13–21.

[259] 吴元元 . 认真对待社会规范——法律社会学的功能分析视角 [J]. 法学，2020
（8）：58–73.

[260] 王立峰，李洪川 . 党内法规配套立规的基本标准探析——基于制度文本与制
度实践的双重维度 [J]. 理论与改革，2020（5）：23–36.

[261] 徐前，叶建丰 . 社会普法教育机制的完善构想 [J]. 中国司法，2014（3）：16–
20.

[262] 谢晓斌 . 对普法工作的反思与重构——基于普法性质的考量 [J]. 人民论坛，
2011（35）：82–83.

[263] 谢晖 . 论民间规范司法适用的前提和场域 [J]. 法学论坛，2011（3）：51–58.

[264] 许章润 . 普法运动 [J]. 读书，2008（1）：41–46.

[265] 许章润 . 法律的实质理性——兼论法律从业者的职业伦理 [J]. 中国社会科学
2003（1）：151–163.

[266] 许章润 . 论国民的法治愿景——关于晚近三十年中国民众法律心理的一个描
述性观察 [J]. 清华大学学报（哲学社会科学版），2011（3）：5–23.

[267] 向红 . 新农村建设视角下农民法律意识的培育 [J]. 经济与社会发展，2007(12)：
142–145.

[268] 谢海光，陈中润 . 互联网内容及舆情深度分析模式 [J]. 中国青年政治学院学
报，2006（3）：95–100.

[269] 习近平 . 全面提高依法防控依法治理能力，健全国家公共卫生应急管理体系
[J]. 求是，2020（5）：1–2.

[270] 新华社 "舆论引导有效性和影响力研究" 课题组 . 主流媒体如何增强舆论引
导有效性和影响力之一：主流媒体判断标准和评价 [J]. 中国记者，2004（1）：
10–11.

[271] 闫友森 . 强化普法责任制的三种责任 [J]. 中国司法，2015（12）：28–29.

[272] 杨伟东 . 落实 "谁执法谁普法"，推动普法转型升级 [J]. 人民论坛，2017（6）：
109–111.

[273] 俞吾金 . 培植公平正义观念的文化土壤 [J]. 中国社会科学，2009（1）：51–56.

[274] 姚建宗 . 法治与公共话语 [J]. 吉林大学社会科学学报，2001（1）：5–14.

[275] 应星.国外社会建设理论述评 [J].高校理论战线，2005（11）：29–34.

[276] 杨秀香.论人的社会性与人的共同利益 [J].辽宁大学学报，1994（2）：109–111.

[277] 吴育林，赵悦彤.人民主体性的意识形态当代治理：一个微观分析视角 [J].思想战线，2020（5）：16–24.

[278] 喻国明.一个主流媒体的范本——《纽约时报100年》读后 [J].财经界，2002（5）：104.

[279] 杨小敏，戚建刚.论应对"危机型"突发事件的代替性策略——"必需之法则" [J].法律科学，2009（5）：85–93.

[280] 杨建军.法律与宗教关系的多向度追问 [J].河北法学，2008（8）：52–56.

[281] 张兴武.执法普法一体化工作机制的原则与措施 [J].辽宁公安司法管理干部学院学报，2016（3）：46–48.

[282] 张文显.法治的文化内涵——法治中国的文化构建 [J].吉林大学社会科学学报，2015（4）：5–24.

[283] 张文显.全面推进依法治国的伟大纲领——对十八届四中全会精神的认知与解读 [J].法制与社会发展，2015（1）：5–19.

[284] 张丽琴.从国家主导到草根需求：对"法律下乡"两种模式的分析 [J].河北法学，2013（2）：28–33.

[285] 张福刚.国家普法与民间维权——渐进式发展模式下宪政启蒙之路径选择 [J].郑州大学学报（哲学社会科学版），2012（3）：38–41.

[286] 张斯琦."法律信仰理论"在中国的学术脉络 [J].人民论坛，2010（26）：60–61.

[287] 张鸣起.论一体建设法治社会 [J].中国法学，2016（4）：5–23.

[288] 周立刚，周琳.法治意识的培育——我国青少年普法教育的根本任务 [J].黑龙江省政法管理干部学院学报，2010（9）：153–155.

[289] 张明新.对当代普法活动的认识与评价 [J].江海学刊，2010（4）：137–142.

[290] 张明新.对当代中国普法活动的反思 [J].法学，2009（10）：30–36.

[291] 赵丽君.探索网络普法新途径增强普法实效性 [J].中国高教研究，2004（5）：78–79.

[292] 张文显，卢学英.法律职业共同体引论 [J].法治与社会发展，2002（6）：13–23.

[293] 曾坚. 对我国"普法"目标取向的法理学思考 [J]. 当代法学，2001（7）：8-9.

[294] 周汉华. 法律教育的双重性与中国法律教育改革 [J]. 比较法研究，2000（4）：
389-406.

[295] 张坤世. 普法热中的冷思考——以法律文化为视角 [J]. 行政与法，2000（2）：
60，20.

[296] 邹瑜. 用五年时间基本普及法律常识是能够实现的 [J]. 现代法学，1985（6）：
3-4.

[297] 周胜林. 论主流媒体 [J]. 新闻界，2001（6）：11-12.

[298] 翟宇. 浅谈当前大学生法律意识的缺失与培养策略 [J] 教育探索，2016（4）：
92-95.

[299] 张斌. 社会"不稳定群体"的形成与社会管理 [J]. 探索与争鸣，2011（4）：
78-80.

[300] 张文显. 全面推进法制改革，加快法治中国建设——十八届三中全会精神的
法学解读 [J]. 法制与社会发展，2014（1）：5-20.

[301] 朱贻庭. "伦理"与"道德"之辨——关于"再写中国伦理学"的一点思考 [J].
华东师范大学学报（哲学社会科学版），2018（1）：1-8.

[302] 张亚明，苏妍嫄. 党的十八大以来反腐倡廉的新经验 [J]. 理论探索，2016（1）：
49-53.

（四）学位论文类

[303] 陈洁. 我国大学生法治教育研究 [D]. 上海：复旦大学，2012.

[304] 陈丽芳. 城乡统筹视域下的电视民生新闻报道研究 [D]. 重庆：西南大学，
2012.

[305] 董光鹏. 法律意识培育进程中农民工普法的路径探究 [D]. 广州：暨南大学，
2018.

[306] 杜健荣. 卢曼法社会学理论研究 [D]. 长春：吉林大学，2009.

[307] 高学敏. 中国公民普法教育演进研究 [D]. 上海：复旦大学，2014.

[308] 卢刚. 新时期中国普法问题研究 [D]. 长春：吉林大学，2014.

[309] 刘莹. 改革开放以来中国普法教育之嬗变 [D]. 成都：西南交通大学，2009.

[310] 李红玲. 当代大学生法治思维培育研究 [D]. 哈尔滨：哈尔滨师范大学，2019.

[311] 宋婷. 建国以来高校法制教育研究 [D]. 天津：南开大学，2013.

[312] 沈志林.政府普法的沟通效果研究[D].上海：上海交通大学，2010.

[313] 王平.电视法制信息传播与农民法律意识培育研究——以江苏睢宁农村为例[D].南京：南京师范大学，2014.

[314] 夏雨.法治的传播之维[D].武汉：武汉大学，2012.

[315] 夏丹波.公民法治意识之生成[D].北京：中共中央党校，2015.

[316] 叶立周.当代中国法律接受研究[D].长春：吉林大学，2008.


（五）外文文献类

[317] AMERICAN BAR ASSOCIATION, CHICAGO, IL. Special Committee on Youth Education for Citizenship[J]. Update on Law–Related Education, 1998, 22(6)

[318] CASSIDY, WANDA, PITSULA, PAT. Forging a New Pathway : Learning from Experience and Research to Shape Practice in Public Legal Education Efforts in Canada[J]. Education and Law Journal, 2005, 15(2) : 113–138.

[319] DONALD R. KELLEY. The Human Measure : Social Thought in the Western Legal Tradition[M]. Harvard University Press, 1990.

[320] DENVIR, CATRINA. Online and in the know ? Public legal education, young people and the Internet[J]. Computers & Education, 2016, 92(1): 204–220.

[321] DANIEL KAUFMANN, AART KRAAY, MASSIMO MASTRUZZI. The Worldwide Governance Indicators : Methodology and Analytical Issues[J]. Hague Journal on the Rule of Law, 2011, 3(2): 220–246.

[322] FELDMAN, Y. How Law Changes the Environmental Mind : An Experimental Study of the Effect of Legal Norms on Moral Perceptions and Civic Enforcement[J]. Journal of Law and Society, 2009, 36(4) : 501–535.

[323] HAROLD. D. LASSWELL, MYRES. S. MCDOUGAL. Legal Education and Public Policy : Professional Harvard Law Review[J]. Recent publications — Logic and Experience : The Origin of Modern American Legal Education by William P. LaPiana. Harvard Law Review, 1996, 109(6):1475–1480.

[324] JEREMY WALDRON. How Law Protects Dignity[J]. Cambridge Law Journal, 2012, 71(1):200–222.

[325] HAYEK, F. A. LAW, LEGISLATION, etal. Rules and Order[M]. Chicago : University of Chicago Press, 1973.

[326] JEFFREY MCGEE, MICHAEL GUIHOT, TIM CONNOR. Rediscovering Law Students as Citizens : Critical Thinking and the Public Value of Legal Education[J]. Alternative Law Journal, 2013, 38(2):77–81.

[327] LITTLE, TIMOTHY H. Introduction to Law —— Related Education[J]. Michigan Social Studies Journal, 1989, 4(1):11–12.

[328] DANIEL Lee. The Society of Society : The Grand Finale of Niklas Luhmann[J]. Sociological Theory, 2000, 18(2):320–330.

[329] MACDONALD, R. A. Law Schools and Public Legal Education : The Community Law Programme at Windsor[J]. Dalhousie Law Journal, 1979, 5(3):779–790.

[330] NORTH, DOUGLASS C. Institutions, Transaction Costs and Economic Growth. Economic Inquiry, 1987, 25(3):419–428.

[331] NIKLAS LUHMANN. The Differentiation of Society[M]. New York : Columbia University Press 1982.

[332] NIKLAS LUHMANN. The Concept of Society. Thesis Eleven 31, 1992.

[333] NIKLAS LUHMANN. Globalization or World Society ? : How to Conceive of Modern Society[J]. International Review of Sociology, 1997, 7(1):67–79.

[334] NIKLAS LUHMANN. Religious Dogmatics and the Evolution of Societies[M]. Peter Beyer. New York/Toronto : The Edwin Mellen Press, 1984.

[335] NIKLAS LUHMANN. Social System[M]. Stanford : Stanford University Press, 1995.

[336] NIKLAS LUHMANN. Risk : A Sociological Theory[M]. New York : Aldine de Gruyter, 1993.

[337] START, LINDA. Law —— Related Education : A Remembrance —— A Perspective[J]. International Journal of Social Education, 1987, 2(2):15–18.

[338] TOM R, TYLER. Why people obey the law[M]. Princeton : Princeton University Press, 2006.

[339] VAGO, S. Law and Society[M]. Englewood Cliff : Prentice —— Hall. 1981.

[340] WINTERSTEIGER, LISA. Legal Education Beyond the Academy : The Neoliberal Reorientation of Public Legal Education[J]. Law & Critique, 2019, 30(2):123–129.

# 结　语

　　法治社会建设的普法是个系统工程，需要在全面统筹规划的基础上进行细致研究，完善规则。在"七五"普法收官、"八五"普法开局之际，站在承上启下的当口，应充分认识现阶段普法的核心任务——助推法治社会建设，准确研判，设计出符合新目标的新规划，为法治社会的顺利建成铺平道路。本研究的构想是建立在法治社会的整体布局之上，契合法治社会的发展方向，在形式普法日渐式微的今天，为普法找到新路径，为普法工作走出困境提供综合性整体性解决方案。本研究所倡导的普法不仅仅是一项知识的传达活动，应将其视为一项社会的系统工程，集全社会力量共同推进。2035年建成法治社会的远景目标不是通过一个五年普法规划就能完善，需要在接下来的实践和多个五年普法规划中循序渐进。2020年被视为法治社会系统建设元年，在此起点上，需要综合的制度设计来指引目标的达成，普法是连接法治社会各项建设的毛细血管，此通道的完善，可以为法治社会固本强基。

# 致　谢

　　此书是我在博士论文的基础上修改完成的，读博对于我来说是个梦想，但梦想的实现之路并不平坦，在与中南大学法学博士结缘之前，我经历了四年的考博生涯，最高压的时候一个月奔波于四个不同的城市。"念念不忘，必有回响"，最终我的导师方世荣教授接纳了资质平平的我。进入方门是我最大的幸运：在这里，我增长了科研的本领和见识，跟着方老师系统地学习了论文写作课程，他的论文写作课是我的学术启蒙，让我受益匪浅，在我的资格论文和博士论文写作阶段发挥了重要的理论和实践指导作用；手把手教学生写论文是方门的一大福利，在跟着方老师做课题的过程中，时常有幸坐在方老师身边，接受一字一句的指导，印象最深的是 2018 年下半年，方老师到美国做访问学者，在大洋彼岸隔着时差还多次通过微信语音指导我修改论文，所以虽然愚钝，但也感受到了自己在一点点进步，方老师严谨的治学态度让人敬佩，是吾辈学习的标杆；在毕业论文的选题方向和核心观点上，方老师给予了我关键性的指引，导师不仅给我的是一个毕业论文的方向，还为今后我的学术研究之路打开了视角。方老师除了在学术研究上对我悉心指导，在生活上更是像家人一样给予我关怀，在学校，方老师一有机会就会叫学生们去家里吃饭，每次都亲自掌勺，厨艺水平丝毫不逊色于学术水平，我们每次去吃饭不仅能收获美食，还能得到额外的学术加餐，方老师的那句"来一次能收获一些新点子，所以多来家里吃饭！"是最真实的写照。关于方老师对我生活的关怀，特别要提的是读博期间我经历了怀孕生子，那段时间每次方老师因指导论文打来电话都会先询问我的状况、孩子的状况，是否方便说话？一些正常的批评指正说完后还担心我，让我不要有心理压力，每每想起我都感念自己何德何能遇到如此好的导师！在生活上师母丁莉莉老师也给予我莫大的关心，平时和她聊天不仅能够获得生活智慧，还能得到润物细无声的安慰，我的孩子即将出世时收到了丁老师亲手织的毛衣毛裤，一针一线都何其辛苦！有师母如此，怎不叫人感动。洋洋洒洒写了一大段，还有非常多的点点滴滴没有记录，但千言万语都不能表达内心的感恩之情。近几年方老师身体多有不适，但从未减少对学生的关心，即使是毕业后，也常常不遗余力地支持学生的工作，希望老师和师母能健健康康！开心快乐！

　　能够顺利完成本书的写作还离不开众多老师和同学的帮助和支持。感谢在博士论文开题和答辩等环节给我提供过指导的刘茂林教授、王广辉教授、胡弘弘教授、戚建刚教授、徐银华副教授等，各位老师给我论文提出的诸多意见，使我的论文能够不断完善，同时老师们的包容和大度给了我巨大的鼓励，今后在治学和学术研究上还需向老师们不断学习。四年读博生涯使我收获了珍贵的同窗情谊，2017级宪法学与行政法学博士同学们既是学伴又是玩伴，还是强大的后援团：唐东平博士是我们的小班长，他不仅学术做得扎实，还非常热心，给我分享了很多论文写作的经验，还曾为我的文章提供了整整两页A4纸的修改意见，着实令我感动！博士毕业论文写作的过程中，即使他有繁忙的工作事务，但依然能不厌其烦地接受我的叨扰，一点点地帮我分析问题、提出建议；肖季业博士是个生活家，是行走的美食地图，而且情商高，跟他聊天经常能够获得一些社畜生存小技巧，他为我的博士论文提供了诸多帮助，不论白天黑夜，向他求助时他都在线，靠谱度满分；陈可翔博士是我们的开心果，科研能力非常强，特别能熬夜，感觉是"累不死"的小强，不管是谁找他帮忙都是热情又尽心，也为我的毕业论文提供了很多建设性的意见。阿力木博士、王丹博士、乌兰博士、刘良志博士也对我的学习和生活帮助颇多，我都铭记于心。有这一群神仙队友，我的博士生活多了很多欢乐和安全感。另外，谭冰霖副教授、葛伟、朱茂磊、刘峰铭、吉亮亮、李浩、付鉴宇、孙思雨等同门师兄弟姐妹们也是我博士生涯中的良师益友，祝愿大家都能前途坦荡，一路繁花！

　　除此之外，感谢日本北九州市立大学法学院矢泽久纯教授，他通过邮件表达想要翻译并在日本发表我在《中国环境管理》杂志上发表的拙文，当时正值我毕业论文写作的瓶颈期，他的认可是我克服困难的动力。感谢十堰市司法局法宣科的王群科长、张娟华副科长，他们为我的调研工作提供了诸多便利。感谢吉林大学的邢斌文博士，时常为我答疑解惑，还在"清湖宪法研习社"公众号上积极推荐我的文章。感谢西北政法大学的段阳伟博士，我们曾有同事之缘，也是关系要好的朋友，他在我修改论文阶段提供了建议。感谢我工作单位湖北汽车工业学院人文学院的领导和同事们，特别是黄永昌博士、安军博士，读博期间经常关心我的状况并提供帮助。感谢我的挚友张星萍博士，我们一路从同事走向同学，当了三年半的室友，在一起有说不完的话，她给我的毕业论文的主要框架和语言表达提供了很多建议。

最后，我要郑重感谢在背后默默支持我的家人们：我的父母身体不是很好，本该安享晚年，但读博期间为了支持我的学业坚持帮我带孩子，让我拥有整块的时间写作；我的爱人给予了我精神上的支持，让我能够安心完成学业；我的宝贝儿子康康，虽然是个高需求的宝宝，但总能在关键时候不掉链子，他是我毕业的强大驱动力。生孩子虽然是学业路上的小艰难，但孩子带给了我精神上的滋养，帮助我维持平稳的心态，不至于因为学业而崩溃。我也要感谢自己，熬过了无数个无眠的夜晚，度过了一个个艰难的时刻，这些阅历都将化作人生的徽章，论文完成之际尚未出现脱发、腰椎颈椎等健康问题也值得庆幸，当然，这也要再次回归到以上老师、同学、朋友、家人们的帮助和支持上，再次感谢大家！

写于辛丑年除夕夜